JN4436781

2019 라틴아메리카

위기와 혼돈

2019 라틴아메리카
위기와 혼돈

서울대학교 라틴아메리카연구소(편)

2019 라틴아메리카를 발간하며

2018년 라틴아메리카는 다양한 정치·경제적 사건으로 매우 역동적인 한 해를 보냈다. 지역 경제는 2017년에 이어 완만한 회복세를 보이며 대부분의 국가에서 전년보다 향상된 경제성장률을 나타내었지만, 주요국들의 경제가 기대만큼 호전을 이루어내지 못하면서 5년 연속 세계에서 가장 경제 성장이 더딘 지역이 되었다. 라틴아메리카 경제의 양대 산맥인 브라질과 멕시코는 플러스 성장을 이어 가긴 했지만 연초의 기대치에 미치는 못하는 성장률을 달성하였으며, 아르헨티나와 베네수엘라는 심각한 경제 위기로 인해 마이너스 성장률을 기록하였다. 도미니카, 파나마, 칠레 등 중소형 국가들이 양호한 경제 성장률을 나타내었지만, 거대 경제들의 경기 침체가 지역 경제 전반의 안정화에 부정적인 영향을 미쳤다.

한편, 2018년 역내 6개국에서 치러진 대통령 선거는 세계의 이목을 라틴아메리카에 집중시켰다. 2월 코스타리카를 시작으로 4월 파라과이, 5월 베네수엘라 및 콜롬비아, 7월 멕시코, 10월 브라질로 이어진 일련의 대선 행렬은 다가올 라틴아메리카의 미래에 대한 기대와 염려를 한껏 증폭시켰다. 특히, 라틴아메리카의 두 맹주인 멕시코와 브라질에서 각각 온건좌파 포퓰리스트 안드레스 마누엘 로페스 오브라도르와 극우파 자이르 보우소나르가 대통령으로 당선됨으로써 라틴아메리카 정치·경제의 방향성에 대한 논의는 더욱 심화했다. 한편 각국이 선거와 관련해 유권사 확보에 총력을 기울이면서, 거시경제의 안정성은 저하되고 경제개혁은 더디게 진행된 반면 사회복지에 대한 부담은 더욱 가중되었다.

라틴아메리카 전반이 정치·경제적으로 변화와 혼란을 겪는 와중에, 특별히 눈에 띄는 몇몇 위기와 혼돈의 사례가 라틴아메리카의 2018년을 장식했다. 베네수엘라는 12월에 예정되어있던 대선을 6개월로 앞당겨 실시하는 과정에서 반정부 세력이 선거의 부당성에 문제를 제기하며 니콜라스 마두로 정권에 대한 대규모 반정부 시위를 본격화하였다. 니카라과는 연금 축소 개혁안의 발표에 대응하여 시작된 국민들의 개혁 철회 시위가 반정부 시위로 급속히 확대되면서 다니엘 오르테가 정권의 장기 집권과 부정부패가 문제의 핵심으로 떠올랐다. 21세기 초반 남아메리카와 중앙아메리카에서 각각 좌파 정권의 선주주자를 자청하던 두 국가가 정권의 존폐 위기를 경험하면서, 최근 라틴아메리카 진보주의의 미래는 더욱 어두워지게 되었다.

이 책은 최근 이러한 라틴아메리카를 둘러싼 국내외 정세의 변화에 대한 분석과 전망을 제공하고자 하였다. 동시에 라틴아메리카 내부적인 정치·경제·사회적 주요 이슈들에 관한 분석과 비판을 제공하고자 하였다. 물론 여전히 유동적인 국제정세와 라틴아메리카 내부적 혼란으로 인해 분석에 어려움이 존재하는 것이 사실이다. 하지만 이 책을 통한 연구와 시도가 라틴아메리카를 좀 더 올바르게 이해하는 데에 큰 기여를 하리라 기대한다.

앞서 언급한 분석과 함께, 이 책에는 작년 11월 '혼돈의 베네수엘라, 그 출구는 어디인가?'라는 주제로 개최한 시사토론회의 전문(全文)을 부록으로 수록하여 베네수엘라 정치·경제의 문제점과 미래, 그리고 그 시사점에 대한 수준 높은 식견을 제공하였다. 토론에 참여해주신 김기현 선문대 교수, 김지엽 KOTRA 팀장, 손혜현 외교안보연구원 교수, 이상현 전북대 교수에게 이 자리를 빌려 특별한 감사를 표한다. 아울러 연구와 교육으로 바쁜 가운데서도 성심을 다해 이 책에 실린 글을 집필 또는 번역해주신 여러분께 감사의 인사를 드린다.

2019년 6월

서울대학교 라틴아메리카연구소장

김춘진

감사 인사

이 책을 위해 옥고를 투고해주신 분, 해외 논문을 번역해주신 분, 글의 전재를 허락해준 해외 저널 관계자 여러분에게 깊은 감사를 표합니다.

| 집필자, 번역자, 편집자(가나다 순) |

권기수(한국외국어대학교 교수)
김순성(고려대학교 연구교수)
박병규(서울대학교 라틴아메리카연구소 HK교수)
우석균(서울대학교 라틴아메리카연구소 HK교수)
이성훈(서울대학교 라틴아메리카연구소 HK교수)
이은아(서울대학교 라틴아메리카연구소 HK교수)
이재학(고려대학교 교수)
임태균(서울대학교 라틴아메리카연구소 HK교수)
정동희(서울대학교 강사)
정혜윤(고려대학교 강사)
조영실(서울대학교 강사)
조혜진(고려대학교 강사)

| 해외협력 저널 |

Revista *Nueva Sociedad*

목 차

제1부 정치

1. 멕시코: '때늦은' 진보 정권－로페스 오브라도르의 대선 승리 의미와 한계 _마시모 모도네시 13

2. 콜롬비아: 정치 쓰나미 _에두아르도 피사로 레온고메스 25

3. 칠레: 중도좌파의 두 번째 자살 _카를로스 오미나미 41

4. 쥐덫 속의 마우리시오 마크리: 점진적 유토피아의 종말 _호세 나탄손 53

제2부 경제

5. 라틴아메리카의 허약한 경제 상황 _리카르도 마트너 69

6. 베네수엘라의 경제 재앙을 어떻게 설명할 것인가? _레오나르도 베라 75

7. 멕시코의 기회와 도전, 그리고 한국기업의 대응: AMLO 정부 출범 이후의 비즈니스 환경과 한국기업의 CSR을 통한 현지화 전략 _김순성 / 이재학 89

제3부 사회

8. 라틴아메리카 노동시장의 문제점 _다니엘 슈타인가르트 115

9. 라틴아메리카의 로비 규정: 투명성과 참여의 사이 _다비드 코르도바 137
10. 브라질의 도시 위기와 '아래로부터의' 해법 _베아 비트거 153

제4부 위기와 혼돈

11. 베네수엘라 몰락은 《사회주의》도 《혁명》 탓도 아니다. _마누엘 서더랜드 169
12. 니카라과: 새로운 전환점에 도달했는가? _엘비라 쿠아드라 리라 181
13. 라틴아메리카: 과거로 회귀하나? _마르틴 샤피로 191

부록

[부록 1] 2018 시사토론: 혼돈의 베네수엘라, 그 출구는 어디인가? _김기현·김지엽·손혜현·이상현 205
[부록 2] 라틴아메리카 경제지표 2018 _권기수 251

제1부 정치

멕시코: '때늦은' 진보 정권—로페스 오브라도르의 대선 승리 의미와 한계 _마시모 모도네시

콜롬비아: 정치 쓰나미 _에두아르도 피사로 레온고메스

칠레: 중도좌파의 두 번째 자살 _카를로스 오미나미

쥐덫 속의 마우리시오 마크리: 점진적 유토피아의 종말 _호세 나탄손

멕시코: '때늦은' 진보 정권
로페스 오브라도르의 대선 승리 의미와 한계

마시모 모도네시

멕시코 국립대학교 사회과학대학 교수

원제와 출처: Massimo Modonesi, "México: el gobierno progresista 『tardío』. Alcances y límites de la victoria de AMLO", *Nueva Sociedad*, No. 276, julio-agosto de 2018, pp. 50-57.

핵심어: 선거, 좌파, 후기신자유주의, 안드레스 마누엘 로페스 오브라도르, 암로(AMLO), 멕시코

1988년부터 2006년까지는 대선을 치를 때마다 논란이 일었는데(부정선거라는 견해가 팽배했다), 2018년 대선에서 처음으로 멕시코 우파의 패배가 확실시되자 수십만 명이 사람들이 감격한 나머지 거리로 쏟아져나와 안드레스 마누엘 로페스 오브라도르(Andrés Manuel López Obrador, 일명 AMLO[1])의 대통령 당선을 축하했다. 로페스 오브라도르는 세 번의 도전 끝에 득표율 53%를 획득하고, 전국 32개 주 가운데 31개 주에서 승리했다. 반면, 국민행동당(PAN) 후보

1) 암로(AMLO)는 안드레스 마누엘 로페스 오브라도르의 머리글자를 따서 만든 말이다. 멕시코 사람들은 일상적으로 암로라고 부른다. -옮긴이

리카르도 아나야는 22%를 얻었고, 제도혁명당(PRI)의 후보 호세 안토니오 메아데는 16%를 얻는데 그쳤다. 이로써 1929년부터 2000년까지 70년 동안 연속 집권했을 뿐만 아니라 2012년 대선에서 다시 승리하여 집권 여당이 된 제도혁명당은 역사적인 패배를 맛보았다.

로페스 오브라도르의 당선을 축하하기 위해 소칼로(Zócalo) 광장에 집결한 사람 가운데는 좌파가 적지 않았다. 좌파는 이런 상황이 과거의 대중 집회와는 다르다고 의식하고 있었지만, 서민적이고 반(反)과두제적인 성향이 없지는 않은 일종의 설욕전으로 여겼기에 일시적으로나마 통쾌한 기분을 억누를 수가 없었다. 좌파가 옛 생각에 젖어 투쟁가 "단결한 민중은 결코 흔들리지 않으리라"(El pueblo unido no serávencido)를 부르는 동안, 열성적인 오브라도르 지지자들은 "오브라도르와 함께한 것은 영광이다"라고 광장이 떠나갈 듯이 외쳤다.

지난 7월 1일 대선의 역사적 의미는 이번에 승리한 선거 연합의 명칭, '우리 함께 역사를 만듭시다'에 이미 포함되어 있었다. 그리고 로페스 오브라도르의 당선으로 지난하고 곡절 많은 절차적 민주주의 이행 과정은 사실상 정점을 찍었다. 중도좌파의 야당이 승리함으로써 진정한 정권 교체를 이룬 것이다. 1988년에 등장한 이 중도좌파는 제도혁명당 집권 시절 제1야당 자리를 놓고 민주행동당(PAN)과 경쟁했다. 그로부터 30년이 지난 후, 민주행동당은 제도혁명당 정권에서 책임 있는 야당이 되었고, 부상하는 신자유주의와 강압적인 권위주의를 용인했다. 신카르데나스주의(neocardenismo)[2]와 민주혁명당이 제시한 대안은 발전주의로 복귀하자는 것이었으나 강조점은 사회 정의에 있었다. 게다가 불평등의 원

2) 신카르데나스주의는 1988년에 등장한 정치 운동이다. 1930년대 멕시코 대통령을 지낸 라사로 카르데나스(Lázaro Cárdenas)의 좌파적이고 민족주의 운동을 이어 받아 멕시코 사회를 개혁하겠다는 이 운동은 라사로 카르데나스의 아들 콰우테목 카르데나스(Cuauhtémoc Cárdenas)가 주도했으며, 1989년 민주혁명당(PRD) 창당으로 구체화되었다. - 옮긴이

인 진단에서도 로페스 오브라도르의 대선 공약이나 국가쇄신운동당[3]과 차이가 있었다. 민주혁명당은 부패를 구조적 요인이자 원인으로 간주했지, 국가쇄신운동당처럼 권력 균형이나 권력 관계의 결과로 여기지 않았다. 1988년에 등장한 민주 혁명 계획은 절차적 민주주의로의 이행뿐만 아니라 실질적인 민주주의로의 이행을 담고 있었다. 바꿔 말해서, 대의제이건 직접민주주의이건 민주주의 실현의 조건으로 사회경제적 불평등 해소를 주장한 것이다. 나중에 민주혁명당은 이러한 이상적인 지평을 포기하고, 관변 정당으로 변신함으로써 2013년 이래 사실상 죽은 정당이나 다를 바 없이 되었다. 최근 선거에서는 민주행동당에 기생함으로써 국가쇄신운동당이라는 쓰나미 앞에서 간신히 명맥을 유지하고 있다 로페스 오브라도르가 5년 전에 창당한 국가쇄신운동당은 민주혁명당의 정치적·이데올로기적 기반과 조직과 정신을 로페스 오브라도르에게 끌어왔고, 그 결과 지난 7월 1일 선거에서 과거 좌파나 중도좌파의 득표율을 훨씬 상회하는 득표율을 달성했다.

이번 선거가 정권 교체라는 역사적 이정표를 세우고 마무리되었으나(아울러 로페스 오브라도르에 대한 우호적인 침묵도 마무리되었다), 정권 교체 자체가 진보의 역사적 목표 달성을 보장하는 것은 아니다. 오히려 정권에 거는 기대는 어느 때보다 한층 높아졌다. 이는 로페스 오브라도르가 멕시코의 전통적인 '개혁 진영'의 선두에 서겠다고 다짐하고, 자신을 호세 마리아 모렐로스[4],

3) 국가쇄신운동당(Movimiento Regeneración Nacional)은 2011년 로페스 오브라도르가 창당한 정당이다. 머리글자만 따서 모레나(Morena)라고 부른다. –옮긴이

4) 호세 마리아 모렐로스(José María Morelos, 1765~1815)는 19세기 초 멕시코 독립운동을 이끈 농민 운동 지도자로 이달고(Hidalgo) 신부와 함께 국부 대접을 받는 인물이다. –옮긴이

베니토 후아레스[5], 프란시스코 마데로[6], 라사로 카르데나스[7]의 후계자라고 천명했기 때문이다. 대통령 당선자 로페스 오브라도르는 선거운동 기간 내내 그리고 새로운 '도덕 헌장'을 제정하겠다는 대선 공약을 통해서 앞서 언급한 사람들의 민주적이고 국가지도자적인 풍모와 도덕적인 측면을 강조했는데, 이런 태도는 어느 좌파와도 거리가 멀다. 게다가 갈등을 야기할 수 있는 급격한 개혁보다는 '평화적'이고 '따뜻한' 개혁이 되리라고 말한 점도 주목하지 않을 수 없다. 이는 사기도, 속임수도 아니다. 로페스 오브라도르의 선거 공약이나 선거 연설에 따르면, 이런 개혁은 윤리적인 측면에서 국가 재건과 밀접한 관련이 있으며, 이를 계기로 삼아서 위기에 처한 멕시코 사회를 안정시킬 수 있는 경제적·사회적 반향을 일으키겠다는 것이다. 로페스 오브라도르가 반부패 운동을 성공적으로 이끈다면 공적인 도덕성의 실현이라는 역사적 위업을 달성할 뿐만 아니라 치안 안정, 국내 시장이 주도하는 경제 성장, 모든 국민의 최저 생계를 보장하는 잉여의 재분배라는 세 가지 국정 과제도 성공할 확률이 높아진다. 아울러 사유 재산과 자유 무역을 존중하고, 정직한 기업주를 지원하겠다고도 약속했다. 로페스 오브라도르는 지지자와 반대자를 설득하기 위해 이런 방정식을 선거운동 기간 내내 강조했고, 소칼로에서 역사적 환호를 올린 그날에도 귀에 못이 박하게 반복했다.

근래의 중남미 진보 정권에 대한 로페스 오브라도르의 실용적 시각은 '반신자유주의' 입장에서 두 걸음이나 후퇴한 것이다. 그 대신 강박적이라고 할만큼 도덕

5) 베니토 후아레스(1806~1872)는 원주민 출신의 대통령으로 프랑스라는 외세의 침입을 물리치고, 멕시코를 자주독립를 성취한 인물이다. –옮긴이

6) 프란시스코 마데로(Francisco Madero, 1873~1913)는 독재자 포르피리오 디아스에 대항한 사업가이자 정치인으로, 1910년 멕시코혁명의 기폭제가 된 인물이다. –옮긴이

7) 라사로 카르데나스(Lázaro Cárdenas, 1895~1970)는 1930년대 대통령이 되어 친원주민 정책, 에히도 설치, 석유산업 국유화 단행 등 굵직한 업적을 남겼다. 현재까지도 멕시코 역사상 가장 훌륭한 대통령으로 꼽히는 인물이다. –옮긴이

적인 문제를 강조했다. 바로 이 문제로 많은 중남미 진보 정권이 좌초했기 때문이다. 다른 한편으로, 대통령 당선자 로페스 오브라도르는 비록 막강한 권력을 가진 제도혁명당을 분쇄했지만, 치안 안정과 폭력 근절이라는 과제를 안고 있다. 이런 과제를 해결하려면 숱한 어려움에 직면하겠지만, 어느 면에서는 훌륭한 대통령으로서 멕시코인에게 각인될 수 있는 기회이자 현 멕시코를 근본적으로 변화시킬 수 있는 기회이기도 한다. 이런 시급하고 민감한 현안 해결(최우선 과제로, 경제적·재정적 변동과도 관계가 있다)의 여부에 따라서 몇 달 후에는 신정부의 지지도와 안정성이 평가받을 것이다. 모두가 기대하는 정부의 단호한 조치, 즉 고위 공무원의 월급과 판공비 삭감을 제외하면 여타 대선 공약(이를테면, 농촌 재건, 학생 장학금, 서민주택 건설, 성인 지원 등등)은 부패 근절만큼 시급하지는 않다.

한편, '역사를 만들자'는 공약은 '다함께'(juntos) 참여하는 국민, 즉 모든 '민중'을 끌어들였다. 이 말은 선거 구호 특유의 다면성과 의도적인 모호성을 지니고 있지만, 이제부터는 어렵더라도 추진 주체와 혜택을 받는 주체를 명확하게 구체화해야 한다. 2006년 이래 로페스 오브라도르의 공약은 서민적이고 반(反)과두제적인 요소를 포함하고 있었다. 이런 요소는 지도자가 곧 민중이라는 등식으로 정립되었고, "민중만이 민중을 구할 수 있다"는 구호로 나부꼈다. 아울러 국가쇄신운동당은 물론이고 선거운동 또한 로페스 오브라도르 중심으로 이루어졌고, 로페스 오브라도르가 지휘했다는 점을 두말 할 나위가 없다. 이러한 사인화(私人化)는 공식 선거운동 종료 행사를 암로페스트(AMLOFest)라고 명명하고, 별칭 암로를 붙여 해시태그(#amlomanía)를 만든 것에서 절정에 달했다. 또 로페스 오브라도르 지지자와 더불어 매우 다양한 성향의 그룹이 있는데, 이를테면 국가쇄신운동당의 지도부, 국가쇄신운동당과 연합한 군소정당(마오이즘 계열의 노동당과 복음주의적이고 보수적인 사회화합당), 선거 막바지에 제도혁명당, 민주혁명당, 민주행동당을 탈당하여 로페스 오브라도르에게 넘어온 그룹이 있다. 사회

진영에서는 기업인을 비롯하여 보수 중산계급이 광범위하게 참여했다. 로페스 오브라도르는 선거 운동에서 기업인의 반감을 불러일으키지 않으려고 무척이나 주의를 기울였다. 어쩌면 2018년 12월 대통령 취임식 때 기업인의 협조를 바라고 있었는지도 모른다. 아무튼 이들 각 영역은 자기 몫을 주장할 것이고, 계급 균형과 통치력을 유지하는 선에서 각 영역의 사회적·정치적·경제적 비중에 따라 자기 몫을 챙길 것이다. 53%라는 압도적인 지지는, 최근 20년 동안 실정을 저지른 정당에 대한 반감과 염증이 표출이지만, 대다수 국민이 열망하는 정치적·문화적 전환을 의미하지는 않는다. 이런 의미에서 형식적인 연합 뒤에는 무척이나 다양한 성향의 유권자가 웅크리고 있고, 이들 가운데 대다수는 선거 운동 기간 막바지의 분위기에 이끌려 로페스 오브라도르를 지지했다. 이때 로페스 오브라도르의 지지율은 이미 확고한 우세를 점했고, 경쟁 후보들은 2위 자리를 놓고 다투고 있었다.

선거 연합의 명칭 '다함께'(그렇지만 잡동사니 같은)는 여전히 포퓰리즘의 틀이다. 이런 틀은 이것저것 덕지덕지 모아서 만든 것으로 정세에 따라 모호한 담론으로 채워야 하는데, 이제부터는 지도자의 중재력과 결단력에 의지할 수밖에 없다. 임시방편적인 균형과 불안정한 동맹이라는 틈바구니에서 멕시코 국가주의와 대통령제의 전통과 문화(카리스마적이고 권위주의적인 곡예술)에 의지하는 것은 불가피하다. 선거 운동 기간 내내 이에 대해 아무런 문제제기도 없었던 것은 결코 우연이 아니다. 그렇더라도 로페스 오브라도르 정권이 '무한한 제도혁명당 정권'(priísmo infinito)의 신 버전이라고 단정하기에는 아직은 이르다. 무한한 제도혁명당 정권은 1980년대 중반부터 국민행동당을 포위했고, 1997년부터는 민주혁명당을 포위했다. 우파는 에체베리아[8] 정권의 망령을 떠올리면서 로페스

8) 루이스 에체베리아(Luis Echeverría, 1922년 생)는 1970년부터 1976년까지 멕시코 대통령을 지낸 인물이다. 1968년 내무부장관으로 학생운동을 무력으로 진압하는 데 앞장섰다. —옮긴이

오브라도르가 '낡은' 사상을 가지고 있다고 끊임없이 문제를 제기했다. 에체베리아는 1968년 이후 방향을 선회하여 통제된 민주적 개방, 적극적인 국가 투자(특히 석유 호황기 시기), 반기업적이고 제3세계주의적인 수사를 지향했다. 이와 동시에, 좌파는 로페스 오브라도르가 이런 일을 하나도 하지 못하리라고 우려하고 있는데, 그 이유는 지금 우리가 1970년대에 살고 있는 것이 아니기 때문이다. 로페스 오브라도르는 제도혁명당의 개혁주의 분위기에서 성장했고, 1970년대에서 1980년대에 걸쳐 집권한 호세 로페스 포르티요보다 훨씬 온건하고 소박한 스타일을 선호한다.[9]

로페스 오브라도르의 대선 공약이 노출한 문제점, 즉 신자유주의 모델을 유지할지 아니면 제한적인 국가 규제와 취약 계층을 위한 재분배 방향으로 나아갈지 여부가 불분명하다는 점은 차치하고라도, 민주주의 문제는 역설적으로 역사적 변화를 기대하는 사람들을 실망시킬 수 있다. 민주주의가 보나파르트주의적인 국민투표로 축소될 수 있기 때문이다. 다시 말해서, 최고 지도자가 대중적 지지를 앞세워 집권 연장이나 기타 긴급한 사안에 대해서 국민의 의사를 묻고자 국민투표를 실시하는 것이다. 국가쇄신운동당의 여론 조사 맹신(후보자 선출이라든가 선거 운동의 승리 분위기를 다지는 데 활용했다)은 로페스 오브라도르 정권의 새로운 스타일을 보여주는 전조일 수 있다. 여기서 민중은 단지 여론을 추수하는 존재일 뿐이다. 다른 한편으로, 국가쇄신운동당은 '반(反)부정선거 기구'이자 선거용 정당으로 창당되고 성장했기 때문에 사실상 정당 경험이 전무하다. 따라서 이 정당의 기초 조직과 지도부는, 최근 중남미 진보 정권에서 국가쇄신운동당과 유사한 정당이 그러했듯이, 연방정부와 지방정부를 연결하는 동력

9) 호세 로페스 포르티요(José López Portillo, 1920~2004)는 에체베리아를 이어 1976년부터 1982년까지 멕시코 대통령을 지냈다. 로페스 포르티요는 연설에서 강력한 표현을 구사했으며, 제도혁명당의 포퓰리즘, 발전주의, 통합주의를 재정비했다. – 옮긴이

전달 벨트로 전락할 위험이 있다.

좌파 가운데 몇몇은 지난 7월 1일 우리가 성취한 절차적 민주주의와 때늦은 멕시코 진보 정권의 등장은 밑으로부터 참여라는 문을 닫은 것이 아니라 오히려 자결권이 개화하는 계기로 작용하리라고 기대하고 있다. 만약 그렇다면, 역사의 한 장을 여는 개혁의 문이 열릴 것이다. 이런 맥락에서 보자면, 멕시코가 중남미 진보 정권의 특징인 '수동적 혁명'의 또 다른 버전 앞에 있지나 않은지 모를 일이다.[10] 여기서 수동적 혁명의 몇 가지 요소를 지적하면, 보나파르트적인 스타일과 조치, '위대한 역사적 변혁'이라는 정치적 수사, '민족적이고 민중적인' 계급 간 동맹, 민중 요구를 보수적 기획으로 포섭하기, 민중 지도자가 국가 기구의 대리인으로 변질될 가능성 등이다. 이와 더불어, 수동적 혁명은 밑으로부터의 활동을 '수동화'할 필요를 암시하는 경우가 많다. 하위 계급 부문의 동원을 중단하고, 수정된 통치 계약을 수용하고 충성을 바치는 대가로 개혁의 혜택을 누리도록 하는 것이다. 이것이 2006년의 상황이었다. 이때 멕시코와 중남미에서 반신자유주의 투쟁이 고조됨으로써 지배 계급에 결코 우호적이지 않은 힘의 역학관계가 형성되었다. 그러나 현재 멕시코는 그렇지 못하다. 사회 해체 과정과 우경화 과정이 지속되고 있다. 우경화는 정부와 주요 정당의 계급 지향성, 정치계에 만연한 부패 및 멕시코 전역의 고질적인 폭력과 깊은 관계가 있다. 특히 독자적이고 조직적인 민중 부분은 현재의 사회정치 분위기에 고스란히 노출되어 있다. 종종 위협을 받거나 범죄의 대상이 되기도 해서 이제는 동원이 불가능하거나 아니면 해산의 위기를 맞고 있다. 이런 취약성은 이번 선거 국면에서 사파티스타 대선 후보 마리추이 파트리시오(Marichuy Patricio)의 좌절로 명확해졌다.[11] 마리

10) M. Modonesi: *Revoluciones pasivas en América*, Itaca, Ciudad de México, 2017.

11) 멕시코 선거법상 마리추이 파트리시오가 무소속 후보로 대선에 출마하려면 유권자 86만 6천명의 추천을 받아야 하는데, 마감 시한까지 27만 5천명밖에 추천을 받지 못해서 대선 후보로 등록하지 못했다. –옮긴이

추이 파트리시오는 원주민 통치 위원회(Concejo Indígena de Gobierno)가 반신자유주의와 반자본주의 투쟁의 결속 지점으로 여겨 대선 후보로 추대했다. 그러나 다른 한편으로는 독자적이고 전투적인 주요 사회 단체가 로페스 오브라도르에 대해 분명한 입장을 표명한 것이기도 하다. 독자적인 사회 단체는 예비 선거 국면에서 전술적으로 방어적인 성향을 보여주었는데[12], 이는 정치적 기회 및 위기 상황에 대한 평가와 일부 보수 세력을 포용한 로페스 오브라도르 및 국가쇄신운동당의 태도를 확인한 결과였다. 적극적 지지든 수동적 지지든 무언의 지지든 로페스 오브라도르의 우세는 사표를 방지하기 위해 진보 후보에게 투표하겠다는 심리를 낳았다. 그렇지만 로페스 오브라도르 후보는 명명백백하게 중도로 기울었다(이미 2012년 대선에서 감지된 성향이었다). '국가 계획 2018~2024'는 로페스 오브라도르가 2017년에 펴낸 책에[13] 근거한 것으로, 본질적으로 신자유주의를 지속하겠다는 약속과 몇 가지 사회정치적 제안 및 기간 산업에 대한 국가 개입 구상을 담고 있다. 독자적인 사회 단체의 특수한 이해와 요구에 대한 언급은 매우 간소할 뿐만 아니라 빈약하기도 하다.[14]

여기서 간과할 수 없는 자료가 있는데, 바로 국가쇄신운동당은 민주혁명당과는 다르게 독자적인 노동조합이나 운동단체와 어떠한 전략적 연대도 하지 않았으며, 오로지 농민 단체와 관계를 맺고, 선거 국면에서는 몇몇 지도자나 인물[15]과

12) 이하의 논지는 필자가 메시코 국립 대학교의 조사 연구의 일환으로 실시한 독자적인 사회 단체의 성향 조사 결과에 근거한 것이다.

13) A. M. López Obrador: *2018 la salida. Decadencia y renacimiento de México*, Planeta, Ciudad de México, 2017.

14) 독자적인 사회 단체와 관련된 국가 계획은 대부분 농민 운동이나 원주민 운동과 관계가 있지만, 최저 임금 인상, 주택 건설, 학생 장학금 지급, 이른바 교육 개혁의 철회, 멕시코시티의 신공항 건설 등도 다루고 있다.('국가 계획 2018~2024', http://proyecto18.mx/)

15) 이를테면, 게레로주(州)의 자치경찰 지도자 네스토라 살가도, 미초아칸주(州)의 자경대 지도자 호세 마누엘 미렐레스, 광산노동조합 지도자 나폴레온 고메스 우루티아이다.

유대를 맺었다는 점이다. 국가쇄신운동당이 다양한 사회 운동이나 광범위한 연대에 무관심하다는 증거는, 극우보수주의자이자 국민행동당 당원이던 마누엘 에스피노를 선거 운동에서 '사회시민단체 조정자'로 임명한 데서 드러난다. 이것이 선거전에서 중도 이미지를 부각시키려는 일시적인 조치인지 국가쇄신운동당의 본질적인 측면인지 단정하기는 매우 어렵다. 이처럼 다른 단체와 유기적인 관계를 맺지 않으려는 것은 여러 가지 이유 또는 목적이 있는데, 하나는 제휴와 충성 관계가 조합주의적이고 후원주의적인 일탈(민주혁명당을 지배하던 경향으로, 결국 정당으로서 기능을 못하도록 작용했다)로 변질되는 것을 미연에 차단하겠다는 것이다. 다른 하나는, 중앙집권제를 강화하고 엄밀한 의미에서의 시민적인 제휴를 촉진하며 신생 정당인 국가쇄신운동당의 정체성 구축에 매진하겠다는 것이다.

특정 사회운동과 유기적인 동맹을 맺은 경우를 제외하면, 로페스 오브라도르와 국가쇄신운동당의 좌파적 속성에 관해서는 광범위한 회의가 감지되고 있다. 또한 심층적인 의미의 '역사 만들기'(이것이 신자유주의의 극복이든 아니면 진정한 정권 교체와 본질적인 민주주의 이행이든)에 관해서도 낙관론을 공유하고 있지 못하다. 게다가 하위 계급의 중요 단체와 함께하지 않는 역사 만들기가 과연 진정으로 '다함께'인지에 대한 깊은 회의론이 있다. 그러나 로페스 오브라도르가 비록 좌파로 인식되고 있지는 않다고 하더라도 우파와는 구별된다. 일반적으로 말해서, 수많은 독자적인 사회 단체의 담론은, 로페스 오브라도르와 일정한 거리를 유지하면서 대선 공약의 한계를 지적하는 한편, 이전 정권보다는 덜 나쁜 정권이고, 현 상황과 단절을 의미하며, 멕시코 상황에 책임이 있는 우파 정치 세력의 대안일 수 있다는 논리 사이에서 미묘한 균형을 찾으려는 경향을 띠고 있다. 투쟁적인 사회 단체나 집단의 전반적인 분위기는, 설득하지 못한 후보자가 대선에서 승리하자 당혹감을 감추지 못하고 있다. 그러나 그렇기 때문에 정치적이고 역사적인 이번 대선 결과를 객관적으로 대변하고 있다고 볼 수 있다.

의미 있는 자료가 하나 더 있다. 로페스 오브라도르가 대통령에 당선될 뻔한 2006년과 다르게 이번에는 아무도 또 암묵적으로도 기권을 호소하지 않았다는 점이다. 투표하러 가자는 분위기가 팽배했고, 로페스 오브라도르도 이를 독려했다. 독자적인 좌파의 고유한 기치는, 투표로 집권한 정부는 어떤 정부이든 조직적인 투쟁의 대상이라는 것이었다. 그렇지만 국내 상황과 로페스 오브라도르 후보의 특성을 읽은 후에 형성된 일반적인 분위기에도 불구하고, 사회 단체와 운동 단체는 공통된 행동 지침이나 전략을 마련하지 못했으며, 입장을 표명하지도 않았다. 적지 않은 단체가 로페스 오브라도르 측과 유기적인 관계를 맺고, 공개적으로 투표 참여를 독려했다.[16] 그러나 또 다른 많은 단체는 투표 참여 문제에 대한 입장을 공개적으로 표명하지 않았다. 이 두 번째 그룹 중 어떤 단체는 우파에 투표하지 말고[17] 좌파에 투표하라고 권하는[18] 뜻에서 선거 유세 참석에 대해 모종의 메시지를 내놓으려고 한 반면에, 다른 단체는 침묵을 지키면서 후보자나 후보자 주변 인물과 어떠한 접촉도 하지 않았다. 이는 해석하기 곤란한 침묵이자 어떤 입장에도 속하지 않는 침묵이지만, 귀를 기울여만 한다. 단지 부분적으로만 "침묵은 인정하는 것이다"라고 해석할 수 있다.

이러한 침묵 속에서도 수많은 사회·환경적인 투쟁과 노동자 투쟁의 자율성을 평가해야 한다는 기류가 있다. 또 시민사회에서는 인권 옹호 단체나 희생자의

16) 이런 단체는 주로 21세기 아얄라 계획에 관련된 농민 단체, 광산 노동조합을 중심으로 연대한 노동조합이다. 그러니 23년 동안 조합장을 지낸 엘바 에스테르 고르디요(Elba Esther Gordillo)와 밀접한 관계가 있는 전국 교육 노동자 조합, 멕시코 전력 노동조합의 단위 노동조합, 게레로주(州)의 자치경찰 노동조합도 이런 경향을 띠었다.

17) 전국 교육 노동자 조합 총회에서 로페스 오브라도르에게 투표하자는 방침을 정하지는 않았지만 로페스 오브라도르가 반동적인 교육 개혁을 폐지하겠다고 천명한 이후 일부 산하 단체는 다른 후보보다는 로페스 오브라도르쪽으로 기울었다.

18) 일례로, 멕시코 국립대학교 노동조합이 여기에 속한다.

단체는 거리를 유지해야 한다는 분위기도 있다. 젊은이와 대학생 집단의 지지도 없고[19], 여성주의 단체의 지지도 없다는 점은 또 다른 징후이다. 최근 수십 년 동안 가장 활동적이고 전투적인 부문인 대학생과 여성주의자는 의도적으로 이번 대선 및 로페스 오브라도르의 선거운동과 거리를 둔 것으로 보인다. 이런 침묵을 무시할 수 없다. 이들이 바로 정치적·국가적 질서, 즉 국가쇄신운동당이 장악하고자 열망하는 질서를 배격하는 언어를 구사하는 행위자들이기 때문이다. 게다가 로페스 오브라도르 대선 공약의 보수적 측면을 고려할 때(대선 공약뿐만 아니라 이미 발표한 내각의 구성을 볼 때), 개혁의 범위는 우파의 저항에도 얼마간 영향을 받겠지만 그보다는 사회 운동에 전적으로 달려있다고 해도 과언이 아니다. 이는 기존 단체의 피드백으로 이뤄진다. 비록 역사적·정치적 상황이 요구하는 힘과 규모를 획득하려면 기존 단체의 범위를 넘어설 필요가 있다고 하더라도 말이다.

박병규 옮김

19) 그럼에도 불구하고 앙케이트 조사를 보면 대다수 젊은이들은 로페스 오브라도르에게 투표했고, 제도혁명당과 국민행동당에 대해서는 깊은 반감을 표명했다.

콜롬비아: 정치 쓰나미

에두아르도 피사로 레온고메스

콜롬비아 국립대학교 교수

원제와 출처: Eduardo Pizarro Leongómez, "Colombia: un tsunami político", *Nueva Sociedad*, No. 276, julio-agosto de 2018, pp. 13-23.

핵심어: 선거, 평화 협상, 이반 두케, 구스타보 페트로, 콜롬비아

2018년 6월 17일의 콜롬비아 대선 2차 투표에서는 모든 기득권 정당을 하나로 묶은 이반 두케(Iván Duque) 후보와 비판적 계층 대다수를 결집시킨 후보인 구스타보 페트로(Gustavo Petro)가 맞붙었다. 두 사람의 입후보 뒤에는 국가의 미래와 관련된 대단히 상이한 두 비전이 수많은 중간적 색채의 입장들과 함께 존재한다. 한편으로는 콜롬비아가 장차 정치적·사회적 양극화라는 엄혹한 환경에 처할 수밖에 없다고 생각하는 이들이 있다. 또 한편으로는 여러 가지 요인 때문에 양쪽 모두 덜 양극화된 입장, 중간적인 이념 스펙트럼으로 이동하게 될 것이라고 믿는 이들이 있다.[1)]

콜롬비아의 심각한 양극화에 대한 최초의 위험 징후는 2016년 10월 2일에 나타났다. 아바나에서 콜롬비아 무장혁명군(FARC, Fuerzas Armadas Revolucionarias de Colombia) 게릴라와 협상을 벌인 끝에 도출된 '분쟁 종식과 안정적·지속적 평화 구축을 위한 최종 협정'(Acuerdo final para la terminación del conflicto y la construcción de una paz estable y duradera)을 비준하기 위해 후안 마누엘 산토스(Juan Manuel Santos) 정부가 소집한 국민투표일이었다. 찬성 6,377,482표(49.8%)에 반대 6,431,376표(50.2%), 즉 불과 50,000표 차이의 비준 반대파 승리는 이 평화 협정을 둘러싸고 국론을 분열시켰다. 그 양극화의 후유증은 아직도 남아 있다. 그로부터 1년 반 후에 거행된 선거에서, 나라는 좌파와 우파 두 후보를 중심으로 두 동강나는 초유의 결과가 빚어졌다. 그리하여 적어도 콜롬비아에서는 냉전 종식과 사회주의 진영의 붕괴 이후 매장된 것으로 여겨지던 이념 범주들이 거세게 되살아나서 양 극단의 정치적 정체성의 표식이 되었다. 그 충격은 너무나 커서 콜롬비아 정치 시스템의 특징이었던 대규모 기권 현상이 눈에 띄게 완화되었다. 금년 투표율은 1974년 이래 가장 높았다. 1차 투표에는 유권자 54.2%가 참여했고, 2차 투표 투표율은 단지 0.3%가 하락한 53.9%였다.

심층적인 변화

이 선거 결과는 두말할 나위 없이 뚜렷한 분수령이다. 정당 시스템은 대선 1차 투표에서 이미 지각변동을 겪었고, 2차 투표에서는 더했다. 한편으로는, FARC에서 새로 탄생한 정치 결사체 '공동체의 대안혁명을 위한 세력(Fuerza

1) Daniel Mera, *Pospolarización. El reto de un centro democrático, liberal y reformista*, Gente Nueva, Bogotá, 2018.

Alternative Revolucionaria del Común)' – 여전히 레닌식의 민주 집중제(centralismo democrático) 구조를 지니고 있다 – 외에는, 그 어떤 정당이나 정치운동도 자체 전당대회를 통해 후보를 결정할 수 없었다. 그리하여 여론조사, 서명 운동, 대중 참여 후보선출 방식, 심지어 비당원들에까지 의존해야 했다.

또 한편으로는 [표–1]에서 볼 수 있는 것처럼, 19세기 중반에 생겨 1991년 개헌 전까지 지배적 위치를 점하던 콜롬비아의 역사적인 두 정당인 보수당과 자유당이 역경을 겪었다. 몇몇 정당은 심지어 자체 후보도 내지 못했다. 또 다른 몇몇 정당은 대선 1차 투표에서 자당 후보가 1974년 국민전선(Frente Nacional)[2] 종식 이후 가장 낮은 득표율을 기록하는 유례없는 패배를 당했다. 즉, 파라과이와

[표–1] 콜롬비아: 대통령 선거 1차 투표 결과

후보	정당/운동	득표	득표율(%)
이반 두케	콜롬비아를 위한 대(大)동맹 (Gran Alianza por Colombia)	7,616,857	39.6
구스타보 페트로	인도적 콜롬비아 (Colombia Humana)	4,855,069	25.3
세르히오 파하르도 (Sergio Fajardo)	시민의 책무 (Compromiso Ciudadano)	4,602,916	23.9
헤르만 바르가스 (Germán Vargas)	더 나은 바르가스 예라스 (Mejor Vargas Lleras)	1,412,392	7.3
움베르토 데 라 카예 (Humberto de la Calle)	자유당 (Partido Liberal)	396,151	2.1
백지 투표	–	338,581	1.8
총 유효표	–	**19,221,966**	**100**

출처: Registraduría Nacional del Estado Civil[3]

2) 1958년에서 1974년 사이의 자유주의자들과 보수주의자들의 정치 협약 혹은 합의.

3) 콜롬비아 국립주민등록청은 국립선거관리위원회(Consejo Nacional Electoral)의 감독하에 선거 사무도 관장한다. – 옮긴이

온두라스, 그리고 크게 보아서는 우루과이와 함께 19세기 라틴아메리카의 전형적인 양당 체제를 20세기 상당 시기까지 유지한 콜롬비아에서 역사의 한 페이지가 완전히 넘어가고 있는 것이다.

두 전통 전당의 깊은 위기는 새로운 정당 시스템뿐만 아니라, 좌파/우파의 구도하에 유권자들의 재결집이라는 아무도 예측하지 못한 현상을 낳았다. 한편으로는 모든 전통 정당이 두케를 중심으로 결집했다. 또 다른 한편으로는 게릴라 단체 4.19운동(M−19, Movimiento 19 de Abril)의 전 조직원 페트로가 이념적 스펙트럼에서 좌파가 차지할 수 있는 거의 모든 공간을 독점했다. 2차 투표에서는 특히 그랬다. FARC의 초라한 선거 결과와 대부분의 좌파 정당 혹은 운동의 대단히 미약한 존재감으로 인해, 전 보고타 시장 페트로는 진보 진영의 확고한 지도자가 되기를 꿈꾸고 있다. 어떤 이들은 페트로의 카우디요적이고[4] 메시아적 기질 때문에, 그의 리더십은 잘 조직된 전통적인 좌파 프로그램보다 좌파 포퓰리즘 기획으로 선회할 가능성이 더 크다고 주장한다. 그럴 수도 있다. 그렇다고 확실히 그러리라는 법도 없다.

FARC: 다른 이름, 동일 약어

최근 선거에서 가장 놀라운 결과 중 하나는 "무기에서 정치로" 이행 중인 FARC 게릴라의 좌절이었다. 사회민주주의를 연상시키는 장미 한 송이를 홍보물에 집어넣고 조직 이름을 '공동체의 대안혁명 세력'(약자로는 똑같이 FARC다)으로 바꾸는 것만으로는 충분하지 못했다. 실제로 2018년 3월에 거행된 국회의원 선거에서 FARC는 상원의원 투표에서 52,532표, 즉 고작 0.34%의 표를 얻었

4) 카우디요(caudillo). 특정 집단을 이끄는 유력자. −옮긴이

을 뿐이다. 이 결과는, 상원에 진출하기 위한 최소 문턱인 450,000표의 12%에 불과한 것이라 더 참혹하다. 만일 평화협정에서 선거 결과에 상관없이 상원 5석과 하원 5석을 미리 보장받지 못했으면, 이 신생 정당은 정치 지형도에서 완전히 지워졌을 것이다. 여론도 옛 게릴라 조직원 자신들도 그토록 빈약한 결과에 놀랐다. FARC가 과테말라의 과테말라민족혁명연합(URNG, Unidad Revolucionaria Nacional Guatemalteca) 사례처럼, 별다른 정치적 의미가 없는 일개 증언 정당(partido testimonial)으로 끝날 가능성도 배제하지 못한다. 1990년에서 1991년 사이에 시몬볼리바르게릴라연합(Coordinadora Guerrillera Simón Bolívar)의 6개 조직 중 4개가—M-19, 민중해방군(EPL, Ejército Popular de la Liberación), 킨틴라메무장운동(MAQL, Movimiento Armado Quintín Lame), 노동자혁명당(PRT, Partido Revolucionario de los Trabajadores)—활동을 중지했는데도 불구하고, 희생이 큰 장기간의 무장투쟁을 쓸데없이 고수한 FARC에 대한 철퇴였다. FARC의 지도자들도, 또 그들의 정통 프로그램 4월 테제(레닌이 100년 전인 1917년 취리히 망명에서 돌아와 페테르부르크에서 낭독한 4월 테제를 기리기 위해 동명의 이름을 붙인 프로그램이다)도 여론의 관심을 불러일으키지 못했다. FARC의 4월 테제는 청년, 도시민, 교육받은 이가 다수인 유권자들과 접점이 없었다. 이들은 FARC이 지난 수십 년 동안 군사행동을 전개한 시골 지역과는 다른 세계에 살고 있기 때문이다.

이 선거 재앙 이후, FARC은 자당 대통령 후보이자 이 신생 조직의 지도자인 로드리고 론도뇨(Rodrigo Rondoño, 별명은 티모첸코[5])의 건강 상태를 빌미로 그의 입후보를 철회함으로써 또다시 부정적인 선거 결과가 빚어지는

5) 콜롬비아의 광범위한 계층에 나쁜 기억들을 상기시키는 약자인 'FARC'이라는 명칭을 고수한 것 이외에도, FARC의 최고 지도자의 '티모첸코(또는 티모셴코)'(Timochenko)라는 가명도 또 다른 부정적인 요소였다. 론도뇨는 오래전에 그 가명을 쓰기 시작했는데, '대조국전쟁'(Gran Guerra Patria)에서 고위 장성으로 히틀러의 군대에 맞서 싸운 소비에트 전쟁영웅을 기리기 위해서였다.

것을 회피했다. 어쨌든, 2018년 선거는 지난 수십 년 동안 콜롬비아가 치른 선거 중에서 가장 평화로운 것이었다는 점은 강조해야겠다. 콜롬비아의 핵심 게릴라 집단의 탈동원 덕분이기도 하지만, 아바나 협상 테이블에서 민족해방군(ELN, Ejército de Liberación Nacional)이 조용한 선거를 보장하기 위하여 단독으로 휴전을 선포했기 때문이다.

중도-중도: 미확인 정치 물체?

두려움 조장은 가장 강력한 양대 선거 진영, 즉 두케와 페트로 진영의 주요 전략 중 하나였다. 페트로가 "내가 더 위상이 커지면, 두케도 더 위상이 커진다"고 말한 적이 있을 정도다. 두케는 논란의 대상인 전직 대통령 알바로 우리베(Álvaro Uribe)의 맹장(盲腸)에 불과하다는 비판을 받았고, 페트로는 보수주의자들에게 '카스트로-차베스주의'의 맹목적인 추종자라는 비판을 받았다. 게다가 세계 정치 무대에 난입한 가짜뉴스가 콜롬비아에도 침투했다. 두 후보의 의도를 희화화한 캐리커처나 왜곡은 일상의 빵이었다. 이 불건전한 분위기에 직면하여 중도-중도파를 형성하려는 시도가 있었다. 수학 교수이자 전 메데인 시장 세르히오 파하르도가 주도하여 정치적 양극화와 그 위험에 반대하는 담론에 입각한 흐름이었다. FARC과의 아바나 협상에서 정부를 대표한 인물인 전 부통령 움베르토 데 라 카예도 이 흐름에 일조했다. 사실 파하르도는 놀라운 지지율 상승을 기록하여 1차 투표에서 페트로를 밀어낼 뻔했다. 그러나 그의 담론은 명확한 정체성을 형성하지 못했다.

많은 분석가에게 파하르도와 데 라 카예가 얻은 결과는, 결국에는 가까운 시일 안에 의미 있는 역할을 할 탈양극화적인 중도-중도파의 형성 가능성을 어슴푸레 보여주는 일이다. 그렇게 보는 이유는 한편으로는 콜롬비아 중산층의 중요한 성장, 또 다른 한편으로는 '중도적 가치들'의 고양 때문이다. 실제로, 최근의 세계가치관조사(World Values Survey)에 따르면, 2005년에서 2012년 사이에 콜롬비아에서 중도-중도는 30%에서 36.2%로 늘었다(조사 결과는 10단계로 제시된다. 1단계는 극좌이고, 10단계는 극우이다).[6] 절대 무시할 수 없는 수치이다. 많은 분석가가 이 새로운 현실들이 양극화 위험성을 감소시킨다고 본다.

2차 투표

대선 1차 투표와 2차 투표 사이의 3주 동안 흥미로운 일이 벌어졌다. 두케와 페트로 모두 각자의 프로그램에서 가장 논쟁적인 주장들을 버리고 중도 후보로 비치고자 한 것이었다. 이 놀라운 담론 변화는 적어도 두 가지 이유가 있다. 한편으로는 두 후보 모두 각자 진영의 유권자들을 이미 안정적으로 확보하여, 그들의 표심이 마지막 순간에 바뀔 징후가 없었다. 따라서 중도에 위치한 유권자들(즉 파하르도와 데 라 카예를 지지한 600만 명 이상의 유권자들)을 확보하는 것이 대단히 매력적이었다. 또 다른 한편으로는 베네수엘라 상황과 수천 명 이상의 극빈자 이주자들이 콜롬비아에 야기한 가공할 충격이 두 후보의 담론을 온건하게 만들었다. 두케는 콜롬비아가 이웃 국가와 유사한 길을 걷지 않으려면, 나라를 위협하는 심각한 사회적 폭탄의 뇌관을 제거할 진지한 프로그램을 추진할 필요가 있다는 논지를 폈다. 페트로는 베네수엘라 모델의 맹목적 추종자라는 비난에서 벗어나기 위한 방편으로 온건한 담론을 이용했다. 이 인도적콜롬비아당 후보는 심지어 니콜라스 마두로를 무능한 독재자라고 비난했다.

6) Juan Fernando Londoño y Gloria Cecilia Gallego, *Ubicación ideológica de los colombianos*, CEDAE, Bogotá, 2014.

이 중도적 이념 스펙트럼으로의 이동에서 수혜자는 페트로였다. 그는 [표-2]에서 볼 수 있는 것처럼, 2차 투표에서 800만 표 이상을 득표했다. 즉, 1차 투표보다 65.6% 늘어난 수치다. 반면 두케는 36.5% 더 득표하는 데 그쳤다.

[표-2] 콜롬비아: 대통령 선거 2차 투표 결과(2018년 6월 17일)

후보	정당/운동	득표	득표율(%)
이반 두케	콜롬비아를 위한 대(大)동맹	10,398,689	54.0
구스타보 페트로	인도적 콜롬비아	8,040,449	41.8
백지 투표	-	807,924	4.2
총 유효표	-	**19,247,062**	**100**

출처: Registraduría Nacional del Estado Civil

원자화된 국회

앞으로 정치적 절제의 시기가 도래할 수 있을 또 다른 요인으로는 새로운 국회 구성을 들 수 있다. 두케와 페트로 모두 상원이든 하원이든 견고한 의석수를 확보하지 못했다. [표-3]에서 보는 것처럼 신임 대통령의 소속 정당인 민주적중도는 19명의 상원의원을 확보했고, 페트로를 지지한 운동인 품격리스트는 겨우 3명을 당선시켰다. 여기에 대선에서 2위를 차지한 후보에게 1석을 할애하는 새로운 야당법[Estatuto de Oposición]에 따라, 패배한 페트로에게 돌아가는 1석이 추가됐다. 하원 구성도 매우 유사하다.

현재 관측하기로는, 두케는 자신을 지지한 정당들(민주적 중도, 급진적 변화, 보수당, 자유당, U당, 그밖에 두 복음주의 결사체 완전쇄신독립운동과 바른 콜롬비아)의 상원의원 82명을 규합하고, 페트로는 나머지 26명(녹색연합, 민주극,

[표-3] 상원: 2018년 3월 의석 분포

정당/운동	의석
민주적 중도(Centro Democrático)	19
급진적 변화(Cambio Radical)	16
보수당(Partido Conservador)	13
자유당	14
U당(Partido de la U)	14
녹색연합(Alianza Verde)	10
민주극(Polo Democrático)	5
FARC	5
품격 리스트(Lista de la Decencia)	4
완전쇄신독립운동(Movimiento Independiente de Renovación Absoluta)	3
바른 콜롬비아(Colombia Justa)	3
선주민구역(Circunscripción indígena)	2
계	**108**

품격 리스트, FARC, 선주민구역)에 그칠 전망이다. 그러나 아무 것도 확실하지 않다. 상원의원을 보유한 대다수 정치 세력의 불안정한 조직력 때문에, 신임 대통령도 야권을 주도하기를 원하는 페트로도 한층 가변적이 된 국회에서 사안별로 과반을 다툴 가능성이 더 크다. 따라서 내가 보기에는, 새로운 양당 체제가 출현하리라는 전망은 적절하지 않다. 상원은 108석이기 때문에 단순 과반은 55석이다. 그리고 두케(상원의원 19명)와 페트로(상원의원 4명)의 자체 의석수가 단순 과반에 크게 미치지 못하기 때문에, 양자 모두 다른 정당 혹은 정치운동들과 연합할 수밖에 없을 것이다.

두케: 콜롬비아의 메드베데프?

두케는 콜롬비아 역사에서 최다 득표를 했다(물론 투표자 수가 늘었다는 점을 반드시 감안해야 한다). 게다가 기득권 정당과 운동 전체의 지지를 받았고, 여기에 라틴아메리카 나머지 지역에서와 마찬가지로, 여차하면 아주 보수적이고, 경우에 따라서는 결정적인 정치 세력으로 변할 수 있는 기독교 운동들도 가세했다. 사회 계층에 따라서는 두케를 드미트리 메드베데프로 간주하기도 한다. 블라디미르 푸틴이 2008년에서 2012년 사이 러시아연방 대통령으로 택한 메드베데프(푸틴은 2000~2008년 연임하였기 때문에, 헌법에 따라 출마할 수 없었다)는 러시아의 새로운 차르가 총리직을 수행하면서 남의 몸을 빌려 통치한 뒤 2012년 다시 최고 권력으로 복귀하는 데에 협조했다. 그러나 많은 분석가에 따르면, 두케를 콜롬비아의 메드베데프로 보는 견해는 적절하지 않다. 이들은 신임 대통령이 민주적중도당 대표 우리베보다 더 중도적이고 온건할 것이고, 따라서 더 젊고 전통적 정치에 덜 물든 새로운 정치 세대와 함께 통치할 것이라고 보고 있다. 심지어 우리베주의자들 중 극우파는 두케가 후안 마누엘 산토스의 재판이 될까봐 두려워한다. 산토스는 종국에는 자신의 멘토 우리베의 지원을 배제한 통치를 한 바 있다. 앞으로 두고 볼 일이다.

페트로: 콜롬비아의 니콜라스 마두로?

'페트로 현상'은 분석가들을 놀라게 했다. 카리스마도 별로 없고(페트로는 후안 D. 페론도 아니고 우고 차베스도 아니다), 3월 상하원 선거에서 겨우 세 명의 상원의원과 소수의 하원의원 확보에 그쳤음에도 불구하고, 대선 후보로 나서 진보진영 및 좌파 전체 규합에 성공했다. 동물보호주의자, 환경주의자, LGBTI 그룹[7],

좌파 운동들, 생디칼리슴 조직들, 그리고 특히 정치 참여에 거부감을 지니고 있던 청년들이 대거 페트로를 지지함으로써 전통적 지배 엘리트들을 크게 경악시켰다. 두말할 나위 없이 페트로는 콜롬비아 국민 상당수의 변화 열망을 결집시킨 것이다. [표-4]에서 볼 수 있는 것처럼, 페트로가 최근 콜롬비아 역사에서

[표-4] 콜롬비아: 좌파와 대안 후보들 중 다수 득표자

연도	후보	정당 혹은 운동	득표수	득표율
1974	에르난도 에체베리 (Hernando Echeverry)	전국야권연합 (Unión Nacional de Oposición)	137,054	2.7
1978	훌리오 세사르 페르니아 (Julio César Pernía)	전국야권연합	97,234	1.9
1982	헤라르도 몰리나(Gerardo Molina)	민주전선(Frente Democrático)	82,858	1.2
1986	하이메 파르도(Jaime Pardo)	애국연합(Unión Patriótica)	328,752	4.5
1990	안토니오 나바로 (Antonio Navarro)	민주동맹 M-19 (Alianza Democrática M-19)	754,740	12.5
1994	안토니오 나바로	민주동맹 M-19	219,241	3.8
1998	-	-	-	-
2002	루이스 에두아르도 가르손 (Luis Eduardo Garzón)	독립민주극 (Polo DemocráticoIndependiente)	680,245	6.2
2006	카를로스 가비리아 (Carlos Gaviria)	대안민주극 (Polo Democrático Alternativo)	2,613,157	22.0
2010	안타나스 목쿠스 (Antanas Mockus)	녹색당 (Partido Verde)	3,587,975	27.5*
2014	클라라 로페스(Clara López)	대안민주극/애국연합	1,958,518	15.2
2018	구스타보 페트로	인도적 콜롬비아	8,040,449	41.8*

*대선 2차 투표 결과

7) 레즈비언(lesbian), 게이(gay), 양성애자(bisexual), 트랜스젠더(transgender), 중성(intersex) 모임. -옮긴이

좌파 혹은 대안적 입장의 후보 중에서 가장 많은 표를 얻었다는 사실만으로 충분히 알 수 있을 것이다.

페트로는 최근의 정치 개혁 덕을 보았다. 2차 투표에서 패한 대선 후보와 러닝메이트 부통령 후보가 자동으로 각각 상원의원과 하원의원이 될 수 있었기 때문이다.[8] 그러나 의회 야권 다수파 지도자가 야권 영수 역할을 하는 영국 의회 모델을[9] 모방한 이 개혁이 과연 다당제하의 대통령제 시스템에서 제대로 작동할 수 있을까? 이미 갈등이 나타나기 시작하고 있다. 독립민주극의 권위 있는 상원의원 호르헤 엔리케 로벨도(Jorge Enrique Robeldo) 같은 좌파의 다른 지도자들은 페트로를 야권 지도자로 인정하지 않는다고 말했다. 어쨌든, 정치 개혁 덕분에 늘 불안하기만 했던 콜롬비아 민주주의에서 야권이 특별한 보장을 누릴 수 있게 되었다는 점은 아무도 의심하지 않는다.

페트로는 다수파 지도자로 야권을 온건하게 이끌 것인가 아니면 급진적으로 이끌 것인가? 일부 분석가들은 중도좌파 위치에 머물 것이라고 보고 있다. 최근의 베네수엘라 사태(더 최근 사례로는 니카라과 사태)를 거울삼고, 그의 많은 제휴자가 중도좌파 입장이라서 전투적인 담론을 공유하지 않으리라는 점을 고려하리라는 것이다. 더구나 건설적인 국가적 대화를 할 수밖에 없는 '갈등 후 국면'에서는 자신의 성공을 위해서는 더욱 그럴 수밖에 없으리라는 것이다. 반대로 어떤 분석가들은 페트로가 한편으로는 의회 내 논쟁을 통해(페트로는 여러 차례 하원의원과 상원의원을 역임해서 의정 활동에 익숙하다), 또 한편으로는

8) 금년에 국회를 통과하고 헌법재판소가 보장한 야당존립보장법(Ley Estatutaria de Estatuto de Garantías para los Partidos de Oposición)이 열한 차례의 법안 제정 실패 끝에 1991년 헌법 제112조의 공백을 채웠기 때문이다. 이번 경우 궁극적인 동인은 FARC과의 아바나 평화 협정에서 합의된 야권의 권리였다. / 1991년 헌법 112조는 야당 존립을 보장한다는 내용을 지니고 있지만, 구체적인 방법은 향후 법으로 제정, 명시한다고 되어 있었다. –옮긴이

9) 야당 당수가 그림자 내각을 구성하는 영국식 의회 정치를 가리킴. –옮긴이

다른 공간들을 이용하여 적극적인 저항을 병행하면서 갈등을 택하리라고 주장한다. 이 비방자들에 따르면 페트로의 '메시아적'이고 '권위적'인 기질이 결국은 그로 하여금 라틴아메리카인들의 포퓰리즘적이고 섭리론적인 카우디요 숭배를 조장하게 만들 것이다. 시간이 지나면 알게 될 일이다.

어찌 됐든 정치적 분할이 사회적 분할과 정확하게 일치하는 것은 아니다. 즉 사회경제적으로 '상류층' 사람들이 반드시 두케 편이고, '하류층' 사람들이 페트로 편은 아니라는 것이다. 그보다는 이념적 분할이, 그리고 상당 부분은 지역적 분할이 더 크게 작용한다. 페트로는 마약 불법 재배와 폭력 지속에 혹독한 타격을 받은 태평양 연안 4개 주(나리뇨, 카우카, 바예 델 카우카, 초코)에서, 또 청년 표 덕분에 보고타를 비롯한 몇몇 주요 도시에서 승리했다. 반면 두케는 중부 및 동부 지방에서 승리했고, 그를 지지한 유권자들은 모든 사회경제적 계층에 골고루 분포해 있다.

두케의 대선 승리를 결정지은 주요인 중 하나는 베네수엘라 상황이었다. 특히 이주의 충격이 컸다. 어림잡아 100만 명에 달하는 베네수엘라 이주자들은 하찮은 임금으로 자신의 노동력을 팔 수밖에 없는 막대한 규모의 '산업 예비군'이다. 부도덕한 일부 고용주는 별 의식 없이 노동법을 전면적으로 위반하며 이 헐값 노동력을 이용하고 있다. 정규직을 줄여 생산비용을 낮추고 이윤을 높이고자 함이다. 이 현상은 무엇보다도, 이주로 타격을 입은 계층과 베네수엘라와 국경을 맞댄 주들에서 두케가 압승을 거둔 이유를 잘 설명해 준다.

불안정한 미래

내가 보기에는 이미 예견되었던 일이지만, 대선이 끝난 지 얼마 안 된 지금 우리는 두 가지 태도를 목격 중이다. 페트로는 정상적인 야당을 표방했고, 두케는 자신의 통치 능력에 타격을 입힐 수 있는 극단적인 양극화를 완화시키고자 이미 올리브 가지를 제시했다. 물론 페트로가 어느 정도로 강한 야권을 추진할지 예측하는 일은 현재로서는 대단히 섣부른 일이다. 더구나 그가 야권 지도자로 입지를 확고하게 다질 수 있을지, 아니면 콜롬비아 좌파 전통이 그렇듯 그의 지지자들이 분열하게 되고 말지 예측하는 일은 더 그렇다. 어찌 되었든, 대선에서 페트로의 성공은 콜롬비아 사회에 존재하는 깊은 변화의 열망을 보여주는 확고한 징후이다. 그리고 이런 관점에서 보자면, 두케가 더 정의롭고 평등한 사회의 도래를 하염없이 기다리고만 있지는 않을 나라 절반의 목소리에 어쩔 수 없이 귀를 기울일지도 모를 일이다.

내년에는 시장, 주지사, 주 의회 의원, 시 의회 의원을 선출하는 지방선거가 거행된다. 이 선거는, 페트로가 자기 입지를 구축하여 4년 내에 치러질 다음 대선에서 강력한 대통령 후보가 될 수 있을지 가늠 할 시금석이 될 것이다. 또한 이 선거는 두케가 콜롬비아 사회에 둥지를 튼 변화의 열망에 응답한 것인지, 혹은 대중의 절규에 응답하는 데 나태했던 베네수엘라 엘리트 집단이 겪은 철퇴를 맛보게 될 것인지 가늠 할 시금석이 될 것이다.

콜롬비아는 다른 라틴아메리카 국가보다 게릴라가 좌파 공간을 훨씬 더 크게 독점해서, 좌파 계열 정당들이 제도권 정치의 낮은 문턱조차 넘지 못했다. 우수 인력을 게릴라가 흡수했고, 이들의 무장투쟁은 사회운동과 생디칼리슴 운동의 분출 및 확장 여지를 별로 남기지 않았다. 다니엘 페코는 이를 두고 "사회적·정치적 현상 유지를 위한 무장투쟁"이라고 규정한 바 있다.[10] 두말할 나위 없이 FARC과의 무장충돌 종식, 그리고 가능하면 빠른 시일 안에 이루어졌으면 하는

10) Daniel Pécaut, "Una lucha armada al servicio del statu quo social y político" en Comisión Histórica del Conflicto y sus Víctimas, *Contribución al entendimiento del conflicto armado en Colombia*, Bogotá, 2015.

ELN과의 무장충돌 종식은 대안 계층들이 현실 권력으로 강력하게 대두될 가능성을 의미할 수 있다.

콜롬비아에서 제기된 가장 큰 우려는 새 통치자가 FARC과의 평화 협정 및 아바나에서 진행 중인 ELN과의 대화를 위태롭게 할지도 모른다는 점이다. 다만 FARC과 도출한 합의와 ELN과의 협상 틀을 재검토하겠다는 두케의 강경한 유세 담론은 완화될 가능성이 대단히 높다. 국내 무장충돌이 다시 격화되면 민주적중도당 후보 두케를 지지한 계층들까지 포함해 나라 전체에 진짜 재앙이 될 것이기 때문이다. 내가 보기에는 FARC과의 평화는 이미 불가역적이고, 소수파인 ELN과의 평화는 예측 불가능하다. 전임 대통령 산토스조차 대단히 급진적인 이 소수 그룹과의 평화에 진지한 전진을 이룩하지 못했으니 말이다.

우석균 옮김

칠레: 중도좌파의 두 번째 자살

카를로스 오미나미

前 칠레 경제부장관, 前 상원의원

원제와 출처: Carlos Ominami, "Chile: el segundo suicidio de la centroizquierda", *Nueva Sociedad*, No. 274, marzo-abril de 2018, pp. 4-12.

핵심어: 민주주의, 진보주의, 변천, 콘세르타시온, 미첼 바첼렛, 칠레

칠레 중도좌파는 완벽하게 패배했다. 확언하건대 1980년대 중반부터 시작된 긴 역사에서 가장 깊고 고통스러운 패배였다. 피노체트 독재에 맞서기 위해 조직된 콘세르타시온(Concertación)은 칠레 역사에서 단연코 가장 오래된 정치 연대였다. 프랑스와 스페인의 모델을 따라 만들어져 1952년 패배할 때까지 칠레의 운명을 주도했던 인민전선(Frente Popular) 정부들보다도 길었다.[1] 이 인민전선은 1927~1931년 사이 이미 독재적인 방식으로 통치한 바 있었던 포퓰리즘적

1) 인민전선은 사회주의자, 공산주의자, 그리고 급진주의자들이 만든 연대 조직으로 1938년 페드로 아기레 세르다(Pedro Aguirre Cerda)가 대선에서 승리했다.

카우디요였던 카를로스 이바녜스 델 캄포(Carlos Ibáñez del Campo) 장군에게 패배했다.

2017년 12월에 진행된 결선 투표에서 세바스티안 피녜라(Sebastián Piñera)는 55%의 득표율로, 집권 연대인 누에바 마요리아(Nueva Mayoría)의 알레한드로 기이에르(Alejandro Guillier) 후보를 큰 차이로 이겼다. 이 수치는 공화국이 설립한 지 근 한 세기 동안에 우파가 얻은 가장 좋은 결과였다. 근소한 차이의 승리가 예측되었지만, 우파 유권자들이 대규모로 선거에 참여하면서 전직 대통령이자 기업인이었던 피녜라가 1차 투표에서 얻었던 36.6%를 넘어 재론의 여지가 없는 승리를 거두었다. 1차 투표 결과 중도 및 좌파 후보들이 얻은 총 득표율이 54%에 달했기 때문에, 우파 후보들이 약세인 것처럼 보였다. 이러한 수치들로 피녜라의 승리를 막을 수 있고 결선 투표에서 그가 패배할 수도 있다는 생각이 들기도 했다. 모든 것은 집권 여당 세력들이 다시 통합할 수 있을지 여부에 달려 있었다. 그러나 우리가 알고 있는 것처럼 정치는 수학과는 달랐다. 1차 투표에서 22.7%를 얻었던 기이에르는 결선투표에서 45.4%를 얻는데 그쳤다. 암플리오 전선(Frente Amplio)을 중심으로 결집된 신좌파 지지자들 중 3분의 1은 결선 투표에서 피녜라를 선택했다. 엔리케스–오미나미(Enríquez–Ominami)의 지지자들도 거의 비슷했다. 반면 기독민주장의 후보인 고익(Goic)의 지지자들은 약 4분의 3이 피녜라에게 투표한 것으로 추산되었다.

선거 처음부터 중도와 좌파의 연합전선이 구축되었다면 보다 나은 결과 혹은, 승리도 가능했을 것이라는 점은 명확하다. 그럼에도 불구하고 분열을 피할 수 없었다. 이것은 일종의 자살 행위로 그 결과는 충분히 예측 가능했다. 이런 병리적인 현상은 이미 2009년 대선에서 벌어졌던 것과 매우 유사했다. 당시 중도와 좌파의 득표율 합계는 55%에 달했다. 그럼에도 불구하고 근소한 차이로 피녜라가 결선 투표에서 승리했다. 2017년 선거에서도 이런 양상이 반복되었고, 동일한 후보인 피녜라를 이롭게 만든 두 번째 자살 행위였다. 우파가 다시 칠레를 통치하게 되었다. 1기 피녜라 정부는 실제로 큰 과오 없이 그리고 그다지 큰 성과도 없이 지나갔다. 주요 우파 세력들은 이에 실망했다. 몇몇은 피녜라 정부를 파트리시오 아일윈, 에두알도 프레이, 리카르도 라고스, 그리고 미첼 바첼렛 정부를 이은 "5번째" 콘세르타시온 정부라고 비난할 정도였다. 우파 정부가 그간 민주적으로 얻어낸 사회적 성취들을 없애지 않고, 오히려 출생 후 지원을 6개월로 연장한다거나 은퇴자들을 위한 건강보험료를 7% 삭감 하는 등의 조치를 취하는 것은 놀라운 일이었다. 이 두 사안은 시민들이 강하게 요구했지만 이전 정부들이 높은 예산 부담을 핑계로 도입을 주저했던 정책들이었기 때문이다.

지금의 상황은 매우 다르다. 한편으로 우파는 매우 단결되어 의욕에 넘쳐 있으며, 피녜라의 지도력은 보다 강고하고 논란의 여지가 없다. 다른 한편으로, 전통적인 기독민주당은 대선에서 얻은 빈약한 득표율(5.8%)과, 120명에서 155명으로 늘어난 의회 선거에서 오히려 21명에서 14명으로 줄어든 선거 결과로 인해 심각한 위기에 직면해 있다. 또한 좌파는 일종의 군도처럼 심각하게 분열되어 있다. 이번 선거의 가장 큰 특징은 이른바 '암플리오 전선'의 선전이었다. 모든 예측과 달리 암플리오 전선의 베아트리스 산체스(Beatriz Sánchez) 후보는 대선에서 20% 넘게 득표했으며, 20석의 하원의석과 1명의 상원의석을 확보했다. 이런 암플리오 전선의 성과는 스페인의 포데모스 운동(Movimiento Podemos)와 많은 유사점들을 가지고 있다. 스페인뿐만 아니라 칠레에서도, 좌파 전통 정당의 심각한 한계에 대한 대답으로 새로운 세력이 사회운동 세력에서 출현하고 있는 것이다. 이 새로운 세력은 좌파 전통 정당들을 대체하여 새로운 자리를 차지하는 것을 목표로 하고 있다.

라틴아메리카의 보수 세력들은 피녜라의 승리를 환영했다. 기대했던 것처럼, 주로 남아메리카에 나타났던 진보 정권들의 퇴장을 의미하는 이른바 '주기의 끝

(fin del ciclo)'을 확인시켜주는 사례로 간주되었기 때문이다. 저자가 최근의 책에서 밝혔던 것처럼[2], 주기 이론은 많은 선동적인 요소를 지니고 있고, 아직 이 지역의 가장 큰 나라들(베네수엘라, 콜롬비아, 멕시코, 브라질)에서 2018년 치러질 대선에서 증명되어야 한다. 피녜라의 주요 동맹세력인 아르헨티나의 마우리시오 마크리(Mauricio Macri)와 페루의 페드로 파블로 쿠친스키(Pedro Pablo Kuczynski)가 초반에 불러일으켰던 발전의 환상들에 대해서 회의가 나타나고 있다는 점도 염두에 두어야 한다. 쿠치스키의 경우에 의회 내 소수파적인 위치로 인해 탄핵의 위기에 몰렸다는 점에서 매우 극적이다. 이렇게 이 지역의 정치 환경은 칠레 우파가 처음에 평가했던 것보다 그다지 우호적이지 않았다. 대신 중국의 활발한 경제 성장, 미국의 좋은 경제 지표, 유럽의 양호한 경제 성과 등 세계경제 정세는 우호적인 요인이었다. 칠레 수출의 주된 요소였던 구리를 중심으로 한 원자재 가격이 크게 상승했기 때문이다.

이런 상황 속에서 칠레 우파는 강한 의지를 드러낸다. 피녜라는 적어도 하나의 주기는 두 번의 임기(8년) 동안 지속되어야 한다고 말하기 시작했고, 가장 낙관적인 사람들은 12년을 말하기 시작했다. 매우 불안정한 현재 상황 속에서 이러한 전망들은 단순한 의지 표명으로 간주될 수 있다. 그럼에도 불구하고, 칠레의 경우에 중도와 좌파 세력의 뿌리 깊은 위기로 인해, 우파가 다음 대선에서도 승리해 2022년에도 계속 집권할 것이라는 예측도 매우 실현 가능하다. 다음 번 대선에서는 전직 대통령이었던 바첼렛과 같이 엄청난 대중성을 지닌 인물이 없기 때문에, 좌파가 승리하리라는 전망은 훨씬 더 어렵다.

2) C. Ominami: Claroscuro de los gobiernos progresistas. América del Sur: ¿fin de un ciclo histórico o proceso abierto?, Catalonia, Santiago de Chile, 2017.

대답 없는 수많은 질문들

그렇다면 2기 피녜라 정부는 새로운 대안 혹은 보수가 지배하는 긴 주기의 새로운 시작이 될까? 피녜라는 단순하게 좌파에게 이기기 위해 다시 대통령 자리에 도전한 것은 아니다. 보다 큰 야망을 가지고 있다. 즉, 피노체트의 유산을 뒤로하고 민주적인 우파를 새롭게 건설하고자 한다.[3] 이 목표를 달성할 수 있을지는 명확하지 않지만, 이를 시도할 것이라는 것은 확실하다. 그를 지지하는 '가자, 칠레(Chile Vamos)'라는 우파연합 내부에는 입장을 달리하는 다양한 세력들이 공존하고 있다. 독립민주연합(Unión Democrática Independiente, UDI) 뿐만 아니라, 국가혁신(Renovación Nacional, RN)에도 우파 세력들과 지도부의 신진 세대들이 주도하는 보다 자유주의적인 세력들 간의 갈등이 존재한다. 최근에는 새 정당도 만들어졌다. 우파의 혁신을 주도하고자 하는 정치개혁당(Evolución Política, Evópoli)는 아직 소수정당이지만, 최근 의회 선거에서 2명의 상원의원과 6명의 하원의원이 당선되는 좋은 결과를 거두었다. 피녜라 정부와, 정부를 지탱하는 우파연대 내의 이러한 의견 차이와 합의는 칠레 우파의 미래와 관련해 결정적인 요인이 될 것이다. 낙수효과에 기반을 둔 정통적인 경제 정책의 폐기는 우파 정부들의 지속적인 집권을 가능하게 하는 긴 주기의 시작을 알려주는 시발점이 될 수 있다. 반대로, 정치와 가치의 영역에서 보수가 취해온 전형적인 입장과 사회경제 영역에서 신자유주의적인 태도를 고수하게 되면, 2021년 대선의 패배로 이어질 가능성이 높다. 또한 모든 것은 오늘날 선거 패배로 심각하게 타격을 받고, 새로운 길을 모색해야 할 어려운 과제 앞에 봉착해 있는 중도와 좌파 세력의 재구성 능력에 달려 있다.

3) C. Ominami: 《Obras son amores…》 en La Tercera, 3/2/2018.

2009년 패배로 인해 콘세르타시온은 자신의 정치적 대의명분에 대한 깊은 성찰을 요구받았다. 그러나 1990년대 말 언론이 말하는 이른바 '자해론자들(autoflagelantes)'과 '자기만족파(autocomplacientes)'들 사이에 진행되었던 논쟁의 결말이 그랬던 것처럼[4), 중도좌파 연대가 쇠락하게 된 원인에 대한 깊은 성찰이 이뤄지지 않았다. 이런 폐쇄적인 태도 이면에는 선거 논리가 놓여 있었다. 실제로 중도좌파 지휘부는 전직 대통령인 바첼렛이 가지고 있던 엄청난 대중성에 기대 손쉽게 대선에서 승리할 수 있을 것이라고 판단했다. 선거 논리적인 관점에서 보면 전략은 주변적인 것이었다. 뉴욕의 유엔여성기구(UN Woman) 총재직을 수행하던 바첼렛은 국내에서 치열하게 다투지 않고도 대통령 후보가 될 수 있는 뛰어난 위치를 차지하고 있었다. 따라서 대통령 선거 전략을 위해 필요했던 논쟁은 제대로 진행되지 못했다. 바첼렛은 대통령 선거에 참여하기 위해 중도좌파 연대의 확대를 요구했고, 1990년부터 제도 영역에서 배제되어있던 공산당이 별다른 요구 없이 참여했다. 그럼에도 불구하고, 바첼렛이 대선에서 다시 승리하는 과정에서 중도좌파 정당들이 치러야 했던 비용은 엄청났고 확실한 미래 대통령의 권위에 대한 완전한 복종이라는 굴욕적인 측면도 있었다.

바첼렛은 2013년 선거에서 압도적인 우위를 보여주었다. 결선투표가 치러져야 했지만, 바첼렛은 62.16%라는 칠레 선거사상 초유의 득표율로 승리했다. 그리고 민주화 이후 처음으로 양원에서 과반수 의석을 획득했다. 바첼렛의 정책은 1기 집권 시기(2006-2010)를 포함해 이전 콘세르타시온 정부와 명백한 차별성을 보여주었다. 바첼렛 정부는 2011년의 시위와 같은 대규모 시위에 나타난 국민들의 요구를 수용하여 국가적인 의제를 수정했다. 따라서 헌법, 조세, 교육 개혁이라는 3가지 주요 개혁을 자신의 중심적인 과제로 내세웠다.

4) C. Ominami: El debate silenciado, IOM, Santiago de Chile, 2009.

그러나 개혁 조치의 결과는 기묘했다. 모든 개혁조치의 어머니라 할 수 있는 새 헌법 문제는 마지막으로 미뤄졌다. 교육 개혁과 조세 개혁이 당연히 개정되어야 할 헌법과 일치해야 하기 때문에 이는 부조리해 보이는 상황이었다. 조세 개혁은 2014년 말 만들어진 원래 개혁안과 비교해 볼 때 대폭 수정된 채 통과되었다. 의회에서 진행된 협상 결과 극단적으로 뒤죽박죽인 수정안이 만들어졌기 때문에, 이 안은 곧 수정되어야 했다. 교육 개혁은 의심할 여지없이 바첼렛 2기 정부의 주요 성취였다. 대학생들 중 하위 60% 소득층 학생에 대한 무상 교육 실시가 대표적이었다. 헌법 부분에서는 진전이 미약했다.

패배의 이유들

2013년 대통령 선거 동안 폭넓은 지지를 얻었던 바첼렛의 개혁조치들은 보다 세부적인 논의가 진행되면서 국민들의 지지를 잃게 된다. 즉흥적으로 만들어진 세부 계획들로 인해, 개혁 정책의 당초 취지는 사라지고 국민들의 비판을 받게 된 것이다. 조세 개혁으로 인한 세수 증가의 대부분은 최고소득층에서 나왔지만[5], 휘발유, 주류, 담배에 대한 세금 증가는 저소득층에게도 영향을 끼쳤다. 개혁으로 부유층에게 더 많은 세금을 부과해야 한다는 생각은 약해졌고, 곧 비판적인 의견이 다수가 되었다. 보다 날카로운 방식으로 비슷한 일이 교육개혁과 관련해서도 일어났다. 모든 교육 주체들, 즉 교사, 학생, 학부모들이 개혁조치를 거부하게 된 것이다.

대선 패배에 대한 책임의 본질이 정부의 미숙한 정책에 있다는 것은 명확

5) Banco Mundial: 《Chile. Efectos distributivos de la reforma tributaria de 2014》, disponible en <http://documentos.bancomundial.org/curated/ es/496131468228282235/pdf/ReformaTributariaChile-Final.pdf>.

하다. 분명 중요한 요소이기는 하다. 그러나 유일하거나 가장 결정적인 요인은 아니다. 무엇보다도 누에바 마요리아를 구성했던 정당들의 결정으로 바첼렛 2기 정부가 있었다는 것이 중요하다. 따라서 누에바 마요리아의 책임이 보다 크고 불가피했다. 패배에 대한 이유는 많다. 게다가 매우 최근의 일이기도 하다. 패배에 대한 설명들은 아직 명확해져야 한다. 하지만 핵심 내용은 마누엘 A. 가레톤(Manuel A. Garretón)이 "위대한 단절"라고 명명했던 것과 관련된다.[6] 좋든 싫든, 민주화 이행이 시작된 후 20년 넘게 만들어온 정치적 제도성은 콘세르타시온의 업적이다. 이 기간의 역사는 아직 다 쓰이지 않았다. 칠레의 민주화 과정은 다른 지역의 독재에서 민주주의로의 이행에서 발견할 수 없는 독자성을 가지고 있다. 즉, 잘못된 협약에 의한 이행으로 우파와 군부에 과도한 영향력을 유지할 수 있게 해 주었다.[7] 권력을 상실했지만 군부는 엄청난 독립성을 유지했다. 이것은 적어도 군부와 경찰에서 현재 벌어지고 있는 커다란 재정 스캔들을 설명해준다.

콘세르타시온과 이후 누에바 마요리아를 구성했던 핵심적인 사회적 기반들이 점차 지지를 철회했다는 점이 본질적이다. 1980년대 중반 민주화 투쟁의 주인공이었던 노동 운동은 콘세르타시온과 누에바 마요리아가 기업과의 대화와 상호 이해를 우선시하면서 점차 거리를 두기 시작했다. 학생 운동 또한 중도우파 정부와의 의미 있는 대화의 공간을 발견하지 못했다. 학생운동의 첫 번째 움직임인 '펭귄' 운동이 바첼렛 1기 정부가 시작한 해인 2006년에 비로소 일어날 정도였다. 칠레 주요 노동 세력인 교사노조, 그리고 공공부분 노동자들도 비슷했다.

동시에, 칠레 경제의 주목할 만한 움직임으로 빈곤이 엄청나게 축소되었다. 독재가 끝날 때 40% 이상을 기록하던 빈곤율은 현재 10% 남짓으로 지속적으로

6) M.A. Garretón: La gran ruptura. Institucionalidad política y actores sociales en el Chile del siglo XXI, IOM, Santiago de Chile, 2016.

7) C. Ominami: Los secretos de la Concertación, Planeta, Santiago de Chile, 2011.

축소되었다. 이러한 과정의 결과로, 본질적으로 개인주의 문화 속에서 성장한 새로운 중산층이 나타나기 시작했다. 개인주의 문화로 인해 그들은 자신들이 얻은 모든 것은 자신들의 노력의 결과로 간주했다. 반면 자신들의 경제적 성취를 유지하고 빈곤에 빠지지 않기 위해 극복해야 할 모든 종류의 난관은 정치 제도에 책임을 떠넘겼다.

이런 의미에서 보면 중도우파는 어떻게 보면 자기 자신의 정책적 실현의 희생자였다. 빈곤율 감소라는 커다란 성취는 새로운 부문을 나타나게 했고, 결국에는 그에게 칼을 겨누게 되는 결과로 이어졌다. 자유, 민주주의, 혹은 평등과 같은 민주화 이행 시기의 거대 주제보다 성장, 고용, 범죄에 대한 강력한 처벌 등의 논의가 더 강한 호소력을 갖게 되었다. 주요 미디어의 광범위한 협력 아래 피녜라가 다시 승리할 수 있도록 해준 잘 알려진 시나리오도 문제였다. 결국, 가장 예민한 문제이기도 한, 진보주의 세력들의 문화적 패배가 있었다. 그러나 이런 맥락에서, 패배를 설명해 주는 또 다른 요소들이 존재한다. 가장 명확한 것들 중에서 정당들의 이데올로기적인 빈곤화와 피로감, 역사적인 지도력의 저하, 기이에르의 잘못된 선거운동 등을 주목할 수 있다. 기이에르는 분열되고 의욕을 상실한 중도좌파 세력을 다시 활성화시킬 능력이 없는 임시방편적인 후보에 불과했다.

진보주의의 과제들

우파가 승리할 수 있었던 원인에 대한 토론이 최근 시작되었다. 이 논의는 길고 격렬하고 고통스러울 것이다. 그 책임은 광범위하게 공유될 것이다. 콘세르타시온과 이행 과정의 한계들을 비판적으로 성찰한 사람들은 극도로 어려운 조건하에서 얻어냈던 주요한 성과들을 지키는 데 필요한 힘을 갖지 못했다. 반대로 민주화 이행에 나타난 많은 한계들을 직시하지 않으려던 사람들은 그 한계들을 수정하는 데 필요한 논의를 만들어내지 못했다. 부차적인 이유들로 이 논의는 진행되지 못했고[8], 중도좌파 연대 내의 가장 보수적인 입장들이 사실상 우위를 점했다.

기독민주당과 사회당의 연대가 보여준 것처럼 중도와 좌파의 연대는 피노체트에 저항하고 승리하는 데 결정적이었다. 이 축을 중심으로 콘세르타시온이 결성되었다. 이 연대는 처음에는 민주주의를 가능하게 하고, 이행 정부를 구성하기 위한 것으로 생각되었다. 그러나 곧 20년 동안 계속해서 정부를 구성하는 정치적 연대로 변화했다. 낙관주의자들을 포함해 어느 누구도 이런 일이 일어날 것이라고는 상상하지 못했다. 그럼에도 불구하고, 독재를 끝내야 한다는 필요성에 따른 커다란 합의는, 민주화가 진행되어감에 따라 그리고 피노체트라는 인물이 쇠락해감에 따라 점차 퇴색해 갔다. 피노체트는 심각한 인권침해, 그리고 많은 칠레인들이 보다 심각하게 여기는 많은 공공 재화에 대한 불법적인 전유 혐의로 고발되었다.

민주주의라는 명분은 통합의 커다란 요인이었다. 반대로, 발전의 과제들은 다양한 이견들을 만들어냈다. 이에 대해 콘세르타시온은 상호 거부권 제도를 통해 유지될 수 있었다. 즉, 커다란 의견 대립을 야기했던 발전 제안들을 이 제도를 통해서 정부 정책에서 배제할 수 있었던 것이다. 콘세르타시온 내에서 최소한의 공통분모는 점점 더 축소되었다. 콘세르타시온의 변화 역량 역시 고갈되어 갔다. 이런 상황 속에서 2009년 첫 번째 패배가 나타났던 것이다. 아시다시피, 공산당을 포함하여 누에바 마요리아로 변화한 후에 중도좌파 세력은 2014년 권력을 되찾게 된다. 바첼렛은 폭넓은 개혁을 통해 새로운 주기를 열기 위해 노력

8) Ibíd.

했다. 그럼에도 불구하고 선거 협정에 따라 당초 대통령 후보에게 종속되었던 중도좌파연대는, 정부가 정책을 구체화해 나감에 따라 점점 더 심각한 내부 갈등을 내보이기 시작했다. 2기 바첼렛 정부의 역사는 크게는 내부에서 확산된 불신의 역사다. 이런 상황의 대부분은 기독민주당 지도부가 주도했다. 이런 분열들은 2017년 대선에서 패배하게 된 주요한 요인이었다. 기독민주당이 1차 투표에서 독자 후보를 내세운 일은 피녜라를 중심으로 한 우파가 승리하는 데 많은 도움이 되었다.

콘세르타시온의 논리는 중도와 좌파 사이의 상호 이해가 '중도좌파'라는 하나의 독특한 세력으로 나타날 것이라는 것이었다. 결국, 결과는 치명적이었다. 좌파에 동화하려 하면서 기독민주당은 내부의 우파성향 세력이 이탈했다. 동시에 좌파는 기독민주당과의 연대를 유지하려 애쓰면서, 내부에서 좌파 성향 세력이 이탈했다. 이렇게 해서 최종 선거에서 드러났던 것처럼, 누에바 마요리아는 집권당의 위치를 상실했고 새로운 국면을 맞이했다. 각 정치 세력은 이제 어떤 방식으로 자신의 정체성을 재구성할 것인가라는 과제에 직면해 있다. 기독민주당의 상황이 가장 복잡하다. 칠레 유권자 중 약 3분의 1의 지지를 받던 칠레 정치의 중심 정당에서 10%의 지지를 받는 정당으로 전락했다. 기독민주당의 미래는 불확실하다. 당 내부에는 이탈리아의 기독민주당이 다양한 분파로 쪼개졌던 것과 같은 환영이 떠돌고 있다. 동시에 좌파는 스스로를 성찰해야 할 의무가 있다. 좌파의 존재는 위협을 받고 있지 않다. 오히려 미래의 건설에서 좌파의 정확한 역할은 훨씬 클 것이다. 엄청난 기술진보의 새로운 시대가 가져올 변화의 선두에 설 수 있는 전위의 세력이 될 것인가? 아니면 역사의 바람이 가져오는 효과에 저항하는 후위의 세력이 될 것인가? 의심할 여지없이 이것은 글로벌 차원에서 좌파가 답을 내지 못한 커다란 논쟁일 것이다. 이런 의미에서 칠레의 토론은 훨씬 더 광범위한 논쟁의 일부분이다. 전부 혹은 거의 모든 것이 확실성을 상실한 시대이기 때문이다.

민주주의, 세계화, 시장경제 등에 대한 제안을 21세기의 주요 좌표들과 조율하면서 구체화할 필요가 있다는 것은 명백하다. 이것이 좌파로 실현되어야 하는가, 새롭게 구성된 사회민주주의로 실현되어야 하는가, 아니면 단순하게 진보주의로 실현되어야 하는가? 좌파의 관점에서 나는 좌파와 우파를 나누는 것이 의미를 상실했다고 주장하는 사람들은 우파진영에 속한다고 생각한다. 그러나 그럼에도 불구하고 21세기가 우리들에게 야기하는 모든 도전들에 답하기 위해서는 좌파의 커다란 한계들을 인정하는 것이 필요하다. 좌파의 위대한 기치인 평등을 위한 투쟁은 여전히 현실성을 유지하고 있지만, 동시에 전통적인 좌파가 적절한 해결 능력을 갖지 못한 새로운 도전들도 나타났다. 오히려, 좌파의 관행은 민주주의의 심화라는 위대한 도전과 많은 의미에서 대립된다. 좌파의 생산주의적인 전통은 지속가능한 발전이라는 절대적인 필요성과 충돌한다. 전통 좌파의 전형적인 남성중심주의는 젠더 평등의 요구들과 대립한다. 그리고 좌파의 전통적인 국가주의는 혁신과 기업가정신의 영역에서 나타나고 있는 새로운 현실들과 어울리지 않는다. 보다 적절한 용어의 부족으로 진보주의가 가장 포괄적인 범주가 된 것처럼 보인다. 진보주의의 범주는 분명히 모호하고, 여러 사람들이 지적하는 것처럼 모든 것을 다 포함한다. 역사 속에서 보여준 용기와 기여에도 불구하고 일부에만 적용되는 좌파와 달리, 이것이 진보주의가 갖는 장점일 것이다.

이성훈 옮김

쥐덫 속의 마우리시오 마크리: 점진적 유토피아의 종말

호세 나탄손

기자, 정치학자, 《르몽드 디플로마티크》 국장

원제와 출처: José Natanson, "Mauricio Macri en su ratonera: El fin de la utopía gradualista", *Nueva Sociedad*, No. 276, julio–agosto de 2018, pp. 24–33.

핵심어: 위기, 달러, 신자유주의, 마우리시오 마크리, 아르헨티나

마우리시오 마크리(Mauricio Macri)는 아르헨티나 역사상 민주적으로 선출된 대통령 중 급진주의자도, 페론주의자도 아닌 최초의 대통령이다. 또한 그는, 강한 반국가주의(anticstatismo)를 제안하지 않지는 않지만, 수요와 공급의 자유로운 작용, 정부의 규제완화, 경제 개방의 장점을 옹호하는, 명백히 시장친화적인 세력의 선두에서 집권한 최초의 대통령이기도 하다.[1] 아르헨티나는 여러 번에 걸친 억압과 독재정권을 견뎌내고 라틴아메리카에서 가장 광범위한 복지국가를

1) Gabriel Vommaro: *La larga marcha de Cambiemos. La construcción silenciosa de un proyecto de poder*, Siglo Veintiuno, Buenos Aires, 2017.

일구어낸 제 세대에서 일구어낸 서민의 동력과 강력한 평등주의적 기억을 보유한 국가다. 그런 아르헨티나에서 민주주의가 회복된 지 30년이 넘는 세월이 흐른 뒤에야 시장친화적인 특징을 보유한 정당이 대통령직에 오른 것이다.

2015년 12월 정부 출범 이후, 마크리의 공화주의제안당(PRO)과 백년이 넘는 역시를 지닌 급진당(UCR)이 연합한 '바꾸자(Cambicmos)'의 경영방침은 명백한 신자유주의 경제 계획을 진전시키려는 대통령 및 그의 주된 협력자들의 의지와 정치적·사회적·노동운동의 저항 사이에서 소신과 실용주의를 오락가락했다. 페론주의가 분열된 상황에서 최대의 걸림돌은 거리를 점령한 사람들과 노동조합이었다. 그 결과, 마크리가 경영한 첫 2년은 집중적인 사회적 결집의 주기로 규정되었다. 특히 교육자, 사회운동가, 공무원, 과학자, 여성들이 무수한 일련의 행진에서 중추적인 역할을 했다. 노동조합도 자신들의 세력을 부각시켰다. 노동조합 결성비율이 37%인[2] 아르헨티나는 라틴아메리카 지역에서 노조가 소득 분배를 놓고 기업가 및 정부와 다투는 몇 안 되는 국가 중 하나다. 하지만 임금노동자들의 구매력 하락을 피할 수 없었고, 특히 노동법을 유연화하려는 시도에 제동을 걸지 못했다.

이런 불가피한 상황에서 정부는 자신의 신자유주의적 천성과 그에 반하는 제약 간의 긴장을 '점진주의(gradualismo)'[3]로 정의하였고, 이 긴장은 경제정책에 반영되었다. 실제로 마크리는 초기에 일련의 쇼크 요법을 실시했다. 그는 키르츠네츠주의에 의해 제정된 복잡한 외환관리 제도를 하루아침에 폐지하였고 몇몇 분야, 특히 정치적으로 결탁한 분야들에서 규제 완화를 진척시켰다.(가령, 전기

2) Antonio Mangione:《Sindicalización e igualdad》en *Contexto*, 12/6/2016.

3) 점진주의(gradualismo)는 19세기 생물학에서 진화방식을 논할 때 사용된 용어인데 경제학자 마샬은 이를 경제학에 적용해 경제적 변화는, 미시적인 것이 변화하면서 천천히 이루어진다는 주장을 할 때 사용하였다. –옮긴이

통신 분야에서는 그루포 클라린(Grupo Clarín)[4]의 이해관계에 유리한 방안을 채택하였다.) 선거기간 동안 제시한 또 다른 공약이었던 수출세 원천 징수액을 낮추거나 없앴고, 벌처펀드가 청구한 채무의 전액 상환을 통해 재정의 정상화를 신속하게 그리고 많은 희생을 치르면서 진전시켰다. 그동안 대외정책은 일련의 자유무역협정(FTA) 추진(남미공동시장(Mercosur)과 유럽연합(EU)간의 FTA 체결을 시도했지만 실패했다)[5], 서구 열강들과의 우호적 관계 수립, 그리고 여전히 성사되지는 않았지만 OECD 가입에 대한 열망으로 선회하였다. 동시에, 이전 정부 때 국유화된 은퇴제도를 공적 규제 하에 계속 유지 중이며, 국유화된 기업들(석유가스공사(YPF)와 아르헨티나 항공)을 재민영화하지 않았다. 사회복지 프로그램과 계획을 줄이고 통폐합하기는 하였으나 공공지출의 삭감을 90년대식으로 구체화하지는 않은 것이다.

정부의 계획 중 이런 자유화 조치 전반은 규제, 재정 적자, 인플레이션의 타격을 받은 경제를 정상화할 수 있을 것이고 그렇게 해서 다량의 투자, 특히 외국인 투자를 유치할 수 있을 것이다. 투자유치를 달성함으로써 또 다시 성장의 주기가 시작될 것이고, 포퓰리즘은 뒤안길에 남게 될 것이다. 그렇게 되기까지 과도기의 재정은 급속히 증가한 채무와 자본계정의 완전한 자유화와 *캐리 트레이드*(carry trade)[6]에 의해 유치된 단기 투기자본에 의해 충당될 것이다.

점진주의는 키르츠네르주의의 경제적 유산 덕분에 가능했다. 크리스티나

4) 아르헨티나 최대 규모의 미디어그룹으로 보수적인 성격을 띤다. – 옮긴이

5) 메르코수르와 EU는 자유무역협정 체결을 위해 1999년에 협상을 시작했으나 시장개방 문제로 진전을 이루지 못하다 2010년부터 협상을 재개했다. 2019년 3월 체결을 목표로 최근 2~3년간 집중적으로 협상을 진행 중이다. – 옮긴이

6) 금리가 낮은 통화로 자금을 조달해 금리가 높은 나라의 금융상품 등에 투자함으로써 수익을 내는 거래를 의미하는 경제용어. – 옮긴이

페르난데스(Cristina Fernández) 2기 정부에서 경제 악화가 두드러지긴 했지만[7] 사실상 모든 지표가 하락하는 상황에서도 합리적인 수준으로 유지되는 두 가지 지표가 있었다. 바로 일자리와 채무 지표였다. 아이러니하게도 노동시장을 유지해준 것은, 마크리 정권 초반의 경제적 의사결정이 불러일으킨 퇴보적 영향력이 엄청난 사회적 위기를 초래하지 않도록 한 바로 그 생명력이었다. 아주 낮은 수준의 채무가 신(新)경영을 유지하는 데 필요한 채권 잔치를 불러일으킨 것과 마찬가지로 말이다. 문제는 계획이 제대로 작동하지 않았다는 것이다.

실제로, 외국인직접투자는 키르츠네르주의 정권의 마지막 몇 년과 동일한 수준에 머물렀고, 수출은 활성화되지 않았으며, 외화유출은 계속되었다. 이렇듯 경제계획이 실패했다는 명백한 증거에 직면하여 정부는 계획을 재검토했다. 마크리 정부는 계획을 명시적으로 제시하지 않은 채, 전년도 평가절하에 따른 인플레이션으로 구매력을 상실한 실질임금을 개선하겠다고 단언하고 공공사업을 위한 재원을 증액시키면서 2017년 10월의 중요한 선거에 도전하겠다고 신중히 제안했다. 이것이 가능한 이유는, 정통주의 경제학자들에 의해 통합되던 전통적인 아르헨티나 우파 정당들과 달리, 마크리주의가 대다수의 기업가와 경영자에 의해 이끌어지고 있기 때문이다. 비록 이윤에 대한 열망 때문이라 하더라도 그들은 현실사회를 다루면서 확실한 경력을 쌓아 왔다. 그리고 때때로 아르헨티나 경제조차 가장 기본적인 법들에 기초하기 때문에, 이 비정통적인 작은 선회의 결실은 GDP의 소폭 증가(2.9%)[8], 경미한 임금 회복, 그리고 사회지표들의 개선이었다.

이렇듯 경제적 성과는 대단치 않지만 '바꾸자'가 의회선거에서 자신에 대한

7) Matías Kulfas: *Los tres kirchnerismos*, Siglo Veintiuno, Buenos Aires, 2017.

8) Martín Kanenguiser: 《La economía creció 2,9% en 2017, según las estimaciones del Gobierno》 en La Nación, 18/1/2018.

지지를 재확인하기에는 충분했다. '바꾸자'는 선거에서 아르헨티나에서 가장 막강한 세력으로 자리매김했을 뿐만 아니라 주요 도시들에서, 특히 핵심 지역(zona núcleo)이라 불리는 팜파 지역에서 압승을 거두었다. 그 막강한 세력은 대두(大豆) 경제를 자양분 삼아, 파라나(Paraná) 강에 접한 여러 나라의 항구들, 전통적인 대토지, 새로운 밭들, 그리고 농축산 서비스를 제공하는 기업들까지 광범위하고 복잡한 망을 이루고 있다. 대지주와 인부라는 전통적인 이미지와 거리가 먼 오늘날의 아르헨티나 농촌은 농학 엔지니어, 수의사, 농기계 정비공, 훈증소독 비행기 조종사들의 땅이다. 이 준지방 신흥중산층은 특히 키르츠네르주의와 대립하며 구축되었는데 아르헨티나 경제에서 가장 역동적이고 치열하게 경쟁하며 고도의 기술혁신을 이루었고, 세계화에 통합된 계층이다.

마크리주의는 정권을 인수하자마자 농축산물 수출시 원천징수를 없애거나 줄이겠다고 선언했다. 이는 통화가치 하락과 연동하여, 농촌의 수익성을 크게 높였다. 따라서 선거 시 대두를 재배하는 팜파(pampa sojera)에서 압승을 거둔 것이 놀랍지 않다. 그러나 팜파만이 아니었다. 마크리주의는 전혀 생각지 못한 방법으로, 중요한 여러 주(州)에서 페로니즘을 패배시키고, 부에노스아이레스라는 결정적인 주에서 크리스티나 페르난데스에게서 상징적인 승리를 거두어냈다. 경제상황은 악화되었지만 광범위한 사회 각 계층들은 여당 세력에 대한 지원을 재개하기로 했다. 이렇게 여당 세력은 물질적 상황을 아르헨티나인들의 정치-선거적 연대로부터 분리시켰다. 페로니즘의 분열과 크리스티나 페르난데스와의 분리가 그런 결과를 가져왔다. 아르헨티나 사회는 더 기다리기로, 자신의 인내심을 더 늘이기로 했다.

그러나 경제는 정치가들이 선거에서 이기면서 계승되는 것이다. 여당 세력이 승리한 지 4개월 후 아르헨티나는 주기적인 경제위기의 새로운 장(章)에 반신반의하며 참여했다.

'시장'에 대한 진단

기대하던 투자는 결코 오지 않았다. 국정운영 초기 2년간 투자자들이 정부가 정치적으로 강해지며 의회선거에서 우위를 점할 역량을 입증하고 그래서 키르츠네르주의가 회귀할 위험을 정부의 변화의지를 분명히 할 일련의 심원한 개혁들을 이루어내야 했다. 그래서 마크리주의는 선거 이후의 불안을 이용해 논란이 많은 개혁을 밀어붙였다. 그 개혁은 퇴직자들의 연금 수령액 결정방식을 변경했으며, 이는 사실상 퇴직자들의 소득이 감소한다는(따라서 국가 재정이 절약된다는) 의미를 담고 있었다. 인기 없는 결정에 대해 치러야 했던 정치적 비용에도 불구하고 그 개혁 또한 충분치 않았다. 그때 무슨 일이 일어나고 있던 것일까? 이미 언급했듯이, 마크리주의의 계획은 포퓰리즘의 세월 이후 민간투자 재유치를 통해 경제성장 재개를 가능케 할 여건조성에 있었다. 그렇게 되면 재정적자가 차츰 감소할 것이며, 대외적자는 금융투자와 채무에 좌우될 것이다. 대외적자가 처음에는 상당히 증가하겠지만 경제가 확대됨과 동시에, 상대적으로 그 비중이 차츰 감소할 것이기 때문이다. 그러나 마크리주의의 신중한 점진주의적 유토피아는 세계화의 효용을 순진하게 해석한 데서 비롯되었다. 실제로, 마크리의 임기 첫 해 타국가 원수들의 인상적인 내방을 통해 상징적으로 나타난 서구 열강의 지지가 생산적인 투자로 이어지지는 않았다. 정치적 지지와 기업가들의 의지는 각기 다른 언어를 사용하는, 별개의 것이기 때문이다. 투자를 통해 경제를 진작하겠다는 생각은 실현되지 않았다. 마찬가지로, 농업생산자들에게 주어진 엄청난 혜택으로 인해 야기될 것이라 추정된 수출의 비약적 증가도 입증되지 않았다. 아르헨티나가 세계에 판매하는 재화 및 용역–기본적으로 *원자재*로 형성되는데–을 고려하면 판매량은 내부 비용보다는 외부 수요에 좌우된다. 화폐가치의 절하는 수출량 증대가 아닌, 수출업자들의 채산성 개선으로 연결되었다.

실물경제의 어려움은 재정적 취약성을 적나라하게 드러냈다. 결코 완성되지 않은 변화를 위해 비용을 대는 동안 재정 상태가 악화되기만 한 것이다. 경제가 거의 성장하지 않았기 때문에 GDP 대비 채무의 비중이 어마하게 늘어났다. 수출이 큰 폭으로 증가하지 않았기 때문에 채무를 변제할 달러도 없었다. 그리고 국제적인 상황이 변하자, 그때까지 외부에서 유입되는 달러의 장막 뒤에 가려져 있던 이런 실정(實情)이 완전히 드러났다. 2018년 초 미국 연방준비은행(Federal Reserve)이 금리를 인상한다고 결정하자, 국제시장에서 계속 채무를 질 가능성에 급브레이크가 걸렸다. 동시에, 유가 상승은 에너지 균형의 적자를 악화시켰고, 아르헨티나의 상당 부분을 강타한 가뭄은 수출로 거둔 소득을 감소시켰다. 아르헨티나 역사에서 여러 번 있었던 것처럼, 경제위기는 달러 부족 때문에 폭발했다.

정부의 대응으로 넘어가기 전에 이 대목에서 잠시 멈추자. 생산 부문 구조를 보면 아르헨티나는 외화부족 문제, 부정적인 외부적 제약 문제를 주기적으로 맞닥뜨린다. 경제가 성장하면 수입은 수출보다 훨씬 더 빠르게 늘어나는데, 이렇게 해서 국제수지 적자가 차츰 늘어난다. 불완전한 산업화라는 특징 때문에, 어느 순간부터 공장들은 자본재와 외자 도입이 필요해지는 상황이 된다. 아울러, 경제 성장은 곧잘 임금 인상과 함께 이루어지기 때문에 사회적 수요가 기본적인 재화(식료품, 의복 등)로부터 상위의 복잡한 재화(자동차, 가전제품)로 옮아간다. 그런데 후자의 경우는 현지에서 제조되지 않기 때문에 달러에 대한 필요성이 심화되고, 여기에 해외여행이 더해지면서 달러에 대한 수요는 더욱 높아진다.[9] 여기에 에너지 균형에서 비롯된 적자와 달러화 저축도 더해야 한다. 기본적

9) 클라우디오 스칼레타(Claudio Scaletta)의 다음 저서에서 경제 프로그램의 약점에 대한 범지구적인 설명을 보라. *La recaída neoliberal. La insustentabilidad de la economía macrista*, Capital Intelectual, Buenos Aires, 2017.

으로 농축산품 위주로 진행되는 수출이 충분히 이루어지지 않아 외화에 대한 수요를 만족시키지 못하는 실정이다. 이런 상황에 직면하는 정부들은 과도한 화폐 평가절하로 대응하곤 하는데, 이 방안은 주기가 새로 시작될 때까지 수출전선의 균형을 다시 잡는 데 도움이 된다.

이런 상황은 적어도 2010년부터 지속되었다. 키르츠네르주의는 자본 유출을 억제하고, 달러 매입을 제한하고, 수입을 엄격하게 통제하면서 이 상황을 억제하려했다. 반대로 마크리주의는 달러를 유치하고 채무를 짐으로써 이 상황을 타개하고자 했지만, 발전모델의 본질적인 문제를 해결하지는 못했다. 결국 국제 상황이 변화하면서 경제 설계가 취약하다는 점이 적나라하게 드러나자 정부는 아무 조율도 하지 않은 채 상궤를 벗어난 방식으로 대응했다. 처음에는 경제위기의 영향을 경시하다가 나중에 놀라는 식이었다. 달러는 천정부지로 치솟기 시작했다. 중앙은행은 그 이전까지는 인플레이션 해결이라는 목표에 대해 어느 정도 신빙성 있는 윤곽을 가지고 문제에 접근했으나, 이런 상황이 되자 우선은 인플레이션을 완화하고 그 후에 완전히 없애겠다고 선언했다. 당시 아르헨티나 중앙은행 총재로 재임 중이던 페데리코 스투르제네거(Federico Sturzenegger)는 환율을 변동시키겠다고 말했고, 며칠 후 달러 가격이 계속 오르는 동안 서둘러 외환보유고를 매각해 환율을 억제하려고 했지만 실패했다. 통화기관의 자율성을 존중하겠다고 공약했음에도 불구하고 마크리는 경제위기에 처해 있는 상황에서 통화주의 성향을 지닌 정통주의 경제학자 스투르제네거를 해임하고 그 자리에 재무부장관이자 시장의 맥을 짚어 면밀히 조사하는 데 익숙한 루이스 카푸토(Luis Caputo)를 임명하기로 결정했다.[10]

환율 폭주 – 그리고 정부가 보여준 실수 – 는 옛 유령들을 되살아나게 했다.

10) 2018년 6월 14일 중앙은행 총재로 임명된 루이스 카푸토는 2018년 9월 25일 사임했다. – 옮긴이

경제 흥망은 어떠한 경제 체제에나 존재하지만 아르헨티나는 역사가 이어지는 동안 내내 눈에 띄게 이상한 원형을 더욱 공고하게 다져왔다. 그 원형은 약 10년마다 국가경제를 황폐케 하는 위기로 변하고, 대개 격렬한 사회적 대립과 정치적 단절을 수반한다. 독재정권을 종식시킨 1982년의 외채위기, 라울 알폰신 대통령을 사임케 하고 예금주들에게서 정기예금을 몰수하기로 한 1989년의 하이퍼인플레이션[11], 그리고 은행계좌에 대한 '코랄리토(corralito)'[12]를 포함하며 화폐 태환정책을 폐지토록 한 2001년의 대재앙처럼 말이다.

이러한 "몽상과 환멸의 순환"[13]의 원인을 규정하기는 어렵지만, 필요한 달러를 확보해주는 수출 자원(가령, 칠레에서는 구리)을 보유한 다른 국가나 덜 유럽적인 소비모형을 갖고 있어 수입의 필요를 제한하는 사회에는 없는 경제구조(국제 위기에서 만성적으로 비롯된 외부로부터의 제한)의 문제들인 것으로 보인다. 게다가 아르헨티나에서는 이런 물질적 기반이 역사상 난국과 합쳐져 발전모델에 대한 합의에 도달하지 못하고 있다. 칠레의 신자유주의, 브라질의 발전주의와는 대조적으로 아르헨티나는 자유주의–개방주의적 계획을 옹호하는 이들과, 보호 무역주의를 선호하며 내수시장을 지향하는 이들 간의 만성적인 갈등을 겪고 있다. 아무튼, 그 결과는 아르헨티나가 다른 국가들과 같은 양상의 경제적 긴장, 특히 환율과 관련된 긴장을 나타내지 않는다는 것이다. 예금, 그리고 부동산과 건설 부문을 포함한 경제 전반의 달러화(化), 금융 기회를 이용하려는 경제 행위자들이 민첩함, 기업계의 단기성과주의, 통화 팽창적 경향은 항상 경계해야할

11) 1989년 12월 카를로스 메넴 정권 때 제정한 경제계획인 '보넥스 플랜(Plan Bonex)'을 가리킨다. 보넥스 플랜은 정기예금 가입자들에게 예금 지급을 불이행함으로써 달러 매입을 막고 인플레이션을 억제하고자 했다. –옮긴이

12) 뱅크 런을 막고자 아르헨티나 정부가 12개월 동안 모든 은행계좌를 동결하기로 한 조치를 가리키는 용어. –옮긴이

13) Pablo Gerchunoff y Lucas Llach: *El ciclo de la ilusión y el desencanto*, Paidós, Buenos Aires, 2018.

사회에서 가장 두드러지는 몇몇 특징이다. 이런 사회에서 달러의 가치는 단순한 가격이 아니라 위기를 측정하는 온도계다.[14)]

다시 경기(景氣) 이야기를 계속하자. 페소화의 화폐 가치는 끊임없이 하락하는 것 같았다. 2018년 초에는 1달러에 18페소였던 화폐 가치가 지금은 24페소에 달한다.[15)] 마크리는 재정의 수도꼭지를 잠근 채 절박한 결단을 내렸다. 외환보유고를 늘리고 더욱 큰 혼란을 막고자 필요한 달러를 입수하기 위해, 이 시점에서 가동할 수 있는 유일한 수단인 IMF와 협상을 시작한 것이다. 3주간 신속하게 초기 처리과정을 거친 후 정부는 IMF와의 예비(stand-by) 조인을 발표했다. 국제통화기금은 아르헨티나에 총 5백억 달러 규모의 구제 금융을 단계적으로 지원하겠다고 보장했다. 정부는 이를 대성공, 즉 주요 강대국들로부터의 신뢰의 표시로 부각시키고 싶었지만, 아르헨티나 사회에서 그 결정은 과반수에 의해 거부되었으며[16)] 무능함과 굴복의 발로로 여겨졌다. IMF와 26개의 합의를 체결한 역사를[17)] 바탕으로, 아르헨티나인들은 이 기구의 차관이 단순한 차관이 아니라 정부 프로그램이라는 것을 알고 있다. 이번 경우, 재정적자가 협약 이전의 수치인 2.5%에서 IMF와 협상된 1.3%로 크게 감소하는 정책이 포함되어 있다. 이를 금액으로 환산하면, 약 70억 달러 감소한 폭이다.

14) Alejandro Grimson: 《La cultura de la crisis》 en *Le Monde diplomatique* edición Cono Sur No 228, 6/2018.

15) 이는 이 글이 쓰인 2018년 7~8월 이전의 수치로, 2019년 3월 현재 미화 1달러는 41페소다. –옮긴이

16) 《Encuesta revela fuerte rechazo a la decisión de volver al Fondo Monetario》 en *Economis*, 10/5/2018.

17) 국제통화기금과 아르헨티나는 1958년 급진주의자인 아르투로 프론디시(Arturo Frondizi) 정권 때 첫 합의를 체결한 후 2003년 에두아르도 두알데(Eduardo Duhalde) 정권까지 약 60년간 총 26개의 합의를 체결했다. –옮긴이

어려운 재선

아르헨티나 페소화는 경제위기가 시작되었을 때에 비해 화폐가치가 60% 절하되었고, 외환보유고는 1백 50억 달러로 감소했다. 연간 인플레이션 전망치는 15%에서 30%로 올랐고, 2018년 경제성장률은 1% 미만일 것으로 예측된다.[18] 정치적 관점에서 볼 때, 엉망이 된 경제를 개편할 것으로 기대되던 마크리 정부는 완전히 무능하지는 않지만 방향을 잃었다는 것을 드러냈다. 여러 변수를 차츰 정상화라고 기대되던 점진주의가 이제는 IMF와 합의한 조정안을 지지층의 결속을 더욱 침식하지 않고 서둘러 시행하는 도전에 의해 대체되었다.

연금과 사회복지 프로그램을 포함한 정부 지출의 절반가량은 법에 의해 물가와 연동되어 있어 조정하기가 어렵기 때문에, 그리고 예산의 상당 부분을 차지하는 또 다른 구성요소인 공공서비스 요금에 대한 보조금 삭감이 사회적 포용의 한계와 충돌하기 때문에, 적자 감소를 무리하게 강행한다면 갈등을 조장하게 될 것이다. 묘하게도 이런 긴장이 가장 선명하게 드러난 곳은 바로 마크리주의의 정당성을 지지하는 최후의 보루였던 농촌이다. 사실, 최근 3개월간 화폐가치가 가공(可恐)할 만큼 떨어지자 농축산물 수출업자들의 수익성이 순간적으로 높아졌고, 이들은 자기 이익이 하루 만에 어떻게 아르헨티나 페소로 60%나 증가하는지를 보았다. 반면, 이들이 부담하는 비용의 증가폭은 훨씬 적었다. 이런 상황에서, 마크리 정부는 키르츠네르 집권기간 동안에 행한 것보다 1% 더 적은 세금을 원천징수함으로써 IMF와 협상한 목표에서 기대 이상의 성과를 낼 가능성도 있었고, 심지어 팽창 정책을 생각해볼 여지를 남길 수도 있었다. 이를 권고한 것은 바로 IMF 당국이었다. 그러나 일련의 설명과 부정 그리고 선전 후에,

18) 2018년 아르헨티나의 인플레이션은 47.6%로, 이는 지난 27년간 가장 높은 수치다. 2018년 경제성장률은 마이너스를 기록했다. –옮긴이

마크리 본인이 그 생각을 철회했다. 정부는 정치적으로 정체된 채 스스로 만든 덫에서 걸려 있다. 정부는 적자와 관련된 목표를 완수해야 한다는 절박함 때문에 비용 삭감을 탐색할 수밖에 없다. 하루하루 울화가 치밀고 정치적으로 몹시 피곤한 상황에서, 비용 삭감은 사회적·정치적 거부 반응을 불러일으킨다. 공직자, 지방정부, 국립대학, 문화 및 과학 기금은 이런 영향을 특히 더 많이 받은 영역이다. 단지 사회복지 계획들만 살아남았는데, 이는 마크리주의가 90년대의 경험에서 배운 바가 있기 때문이다. 즉, 키르츠네르 정권 때 구축되고 최근 몇 년 동안에도 연장되어 시행 중인 사회보장제의 틀이 없으면, 마크리 정부는 사회적 평화와 정치적 통치력을 위협하는 폭발이 위험이 있다는 것이다. 이전에 다른 글에서 지적했듯이[19], 최저 생활을 하는 광범위한 계층을 위한 최소한의 생존 발판을 보장해주어야 한다는 인식이 마크리 '신(新)우파(nueva derecha)'의 특징적인 면 중 하나다.

마크리주의는 2019년 선거를 앞두고 있고 마크리 대통령은 재선을 위해 총력을 기울일 테지만, 몇 달 전 예상했던 것보다 더 취약한 상황에 놓여 있다. 확실히 결정된 건 아무 것도 없고 페로니즘은 계속 분열되어 있지만, 정부는 경제를 재건하고 지난 수 개월간의 불경기와 사회적 악화를 극복하여 2019년 중반에는 아주 미미할지라도 회복의 신호를 보여주어야 한다는 어려운 도전 앞에 놓여 있다. 스스로를 이성적이고 실용적이며 이데올로기 색채를 배제한 지도자라고 선언한 마크리는 점진적인 정상화에 대한 약속 외에는 이렇다 할 큰 변화를 한 번도 보여주지 못했다. 게다가 낙태를 합법화하고자 입법 처리를 준비하겠다는 결정이 조심스럽게, 거의 불명예스러워하는 듯이 발표되었다. 낙태 합법화는 네스토르 키르츠네르와 크리스티나 페르난데스를 포함한 모든 전직 대통령이

19) 다음 도서를 참조하라. J. Natanson: *¿Por qué? La rápida agonía de la Argentina kirchnerista y la brutal eficacia de una nueva derecha*, Siglo Veintiuno, Buenos Aires, 2018.

제동을 건 사안이다. 마크리는 국회 개회사에서 국회가 곧 이 안건을 다루게 될 것이라고 발표했지만, 동시에 개인적으로는 이 사안에 반대한다는 입장을 분명히 했다. 반면 마크리 정부의 장관들은 상반된 견해들을 드러냈고, 여당을 지지하는 진영은 결국 분열된 채 의결을 마쳤다.

공화당 쇄신에 대한 논의와 부패에 대한 비판이 차츰 효력을 상실하는 사이, 정부가 대중의 지지를 되살릴 가능성은 감소하고 있다. 의도적으로 영웅적 업적에 얽매이지 않는 채, 반(反)서사시적인 서사시의 개척자로서 마크리주의는 존재감이 덜한 대통령을 추구했다. 이는 건전한 경제, 성장하는 경제로부터 민간부문으로의 방향 전환을 의미하는데, 마침내 포퓰리즘의 강력한 통제에서 벗어난 개인과 기업이 능력을 발휘할 기반으로 작용할 수 있다. 아르헨티나 역사에서 이미 수차례 그랬듯이 이런 계획을 위기에 빠뜨린 것은 달러 가격이었다.

조혜진 옮김

제2부 경제

라틴아메리카의 허약한 경제 상황 _리카르도 마트너

베네수엘라의 경제 재앙을 어떻게 설명할 것인가? _레오나르도 베라

멕시코의 기회와 도전, 그리고 한국기업의 대응: AMLO 정부 출범 이후의 비즈니스 환경과 한국기업의 CSR을 통한 현지화 전략 _김순성 / 이재학

보았다. 2018년에는 역외로부터의 수요 동력이 라틴아메리카의 경제 활동을 자극할 것으로 보았다.[2)]

CEPAL에 의하면, 지난 몇 년과 마찬가지로 경제 성장은 국가와 국내 지역 간의 이질적인 역학을 보여줄 것이다. 남아메리카 경제는 2017년도의 0.8%에서 회복세를 보이며 2%에 달하는 성장률을 기록할 것이다. 이는 2.2%로 전망되는 브라질의 성장률이 크게 기여한다고 할 수 있다. 이와 동시에, 무난한 성장을 보여오던 국가들도 경기 진작을 보일 것이다(칠레 3.3%, 콜롬비아 2.6%, 페루 3.5%). 한편, 중앙아메리카는 2017년의 3.4%를 상회하는 3.6%의 경제 성장률을 기록할 것으로 예측된다. 역내 국가 중에 파나마가 5.6%로 가장 높은 성장률을, 도미니카공화국과 니카라과가 5.0%로 그 뒤를 이을 것으로 전망된다.[3)]

라틴아메리카 국가들은 잠재적 GDP가 비슷해지고 있다.[4)] 그런데 이것이 바로 문제다. 비광산 분야의 낮은 투자율, 그리고 저조한 생산성이 지속되면서 잠재적 GDP는 지난 5년간 멕시코에서 칠레까지 라틴아메리카 전역에서 현격히 하락하였다.(파나마, 도미니카공화국, 니카라과, 볼리비아와 같은 국가들은 예외적인 경향을 보이기도 했다.) 이유는 잘 알려져 있듯이 매우 느린 중장기적 성장이다. 이해를 돕기 위해, 더 역동적인 경제를 가로막는 다섯 가지 구조적 문제에 대해 논의해보자.

첫째, 투자율이 매우 낮게 머물고 있다. 총 고정 자본 형성이 2014년 2사분기

2) 《Cepal mantiene sus estimaciones para la actividad económica de América Latina y el Caribe: crecerá 2,2% en 2018》, comunicado de prensa, Cepal, 11/4/2018.

3) Ibíd.

4) 잠재적 GDP는 한 국가가 현재 가지고 있는 노동력, 자본, 그리고 기술로 도달할 수 있는 최대 생산 수준을 말한다.

부터 2017년 3사분기까지 13사분기 연속 하락하여 평균 4.4%에 이른 것을 기억하자. 다시 말해, 투자 감소는 매우 심각하며, 이는 원자재 슈퍼 사이클의 종말과 연관 지을 수 있다. 또한 정치적 불확실성, 전망의 악화, 금융비용의 상승, 부패 스캔들에서 나온 제도적 붕괴와 같은 다른 추가적인 요인들이 있다.

이러한 상황에서, 경기 회복을 위해 라틴아메리카의 많은 국가들은 민간 투자, 특히 해외로부터의 투자 유치에 대한 장려책을 강화하였다. 이러한 전략에 수반되는 여러 위험요인들에 더하여, 세수가 적은 시기에 다양한 세금 혜택을 제공하는 것과 같은 다소 질서를 무너트릴 수 있는 유인들이 나타난다. 따라서 세금 혜택을 통한 민간 투자의 유치는 공공 지출, 특히 공공 투자의 축소를 수반할 수 있고, 이는 지난 수십 년 간 이어온 악순환을 반복시킬 수 있다. 사실, 공공 투자와 민간 투자는 대체 관계가 아니고 보완 관계다. 공공 투자를 저해하는 민간 투자의 촉진은 성공할 수 있는 발전 방안이 아니다.

더욱이, 라틴아메리카 전역에 걸쳐 부패 스캔들로 인한 계약 파기와 투자 마비는 치명적인 결과를 가져왔다. 공공 계약에 대한 신뢰를 회복하는 것이 시급하나, 현재로서는 상당히 멀어 보인다. 이전의 공공 투자 국면이 다소 호화스러웠고 또 국영 수출 부문 및 다른 기반 시설 공사의 큰 프로젝트들을 우대하였기 때문에, 통합적인 지역 투자의 새로운 단계를 개시하고 거시 경제 비용과 영향에 있어서 종종 잘못 평가되는 대규모 프로젝트보다 지역적 적합성을 우선시하는 것이 바람직하다. 현 상황은 부패란 것이 큰 계약을 다루는 중앙 정부의 차원에서보다 지방 기관의 차원에서 감독하는 것이 반드시 더 어렵지는 않다는 것을 가르쳐준다.

둘째, 무역 개방은 그 결과로서 수입유발계수를 1960년 평균 10% 미만에서 2016년 25%로 상승시켰다. 1차 산품에 대한 의존, 산업 정책의 부재, 그리고 관세의 급락은 수입품의 중대한 침투를 의미한다. 이는 이전보다 심하지 않은 외부의 공급 제한으로 인해 가능해지기도 했지만, 한편으로는 종속의 새로운 형태를 나타낸다.

특히, 수입의 증가는 느린 성장 그리고 감소한 잠재적 GDP와 밀접한 연관이 있다. 현재 내부적이든 외부적이든 수요의 진작은 상당부분 해외로 그 영향이 새어나간다. 예를 들어, 실질 임금의 상승은 내구재의 소비 상승으로 직결되는데 이런 내구재의 대부분은 수입된다.

수입의 큰 변동은 또한 거시경제 정책에 영향을 미친다. 그래서, 예를 들어, 수입이 많을 때는 재정 정책이 훨씬 덜 효과적이다. 문제는 1960년대부터 이미 존재하던 무역 취약성을 악화시키는 외부 의존성이다. 이는 첨단이든 비첨단이든 간에 내구재를 생산할 역량이 부족한 것과 연관된다. 외부적 제약이 재정적인 측면을 넘어서 다시 한 번 현실화한 것이다.

셋째, 현 상황은 소득 불평등을 악화시키는 경향이 있다. 실제로 최근 주요 지표들이 눈에 띄게 나빠졌다. 최근 몇 년 동안 정체되어 온 공식부분 고용 창출이 그 요인 중의 하나다. 더욱이, 종종 자영업자의 증가로 감춰지기도 하는 실업의 급증은 직접적으로 빈곤과 불평등의 증가 가능성을 높인다. 공식부문의 일자리 창출이 2000년대 초반 가장 효과적인 재분배 방법이었음을 기억해야 한다.

정부의 보조금 지급도 또 한 가지 요인이다. 최저 연금과 다른 보조금이 물가 상승과 연동되어 있는 국가들을 제외하고, 일반적인 재정적 장치들은 구매력을 보존하는 경향이 있어왔다. 그러나 현재 이러한 보조금들은 그 정도의 빈곤과 불평등 감소의 효과를 기대하기 어렵다. 소득 불평등의 감소와 중기 성장률의 상승 간에 매우 강한 인과관계가 있음을 주목해야 한다. 따라서 이 논의는 잠재적 GDP를 높이는 문제와 관련이 있다.

넷째, 조세 회피는 조세 시스템들의 주요 약점 중의 하나다. 최근의 연구 보고서들을 바탕으로 CEPAL은 2015년 기준 라틴아메리카의 채무 불이행이 부가 가치세의 경우 GDP의 2.4%, 소득세의 경우 GDP의 4.3%에 해당한다고 추정하였는데, 이는 GDP의 6.7%이자 3,400억 달러에 달하는 규모다.[5] 경제적 역동성이 낮은 환경에서 이러한 지표들을 낮추는 데에는 큰 어려움이 있다. 게다가 잠재적인 세원의 상당한 손실이 있을 위험에도 불구하고, 문제의 규모를 정량화하는데 활용할 수 있는 정보는 충분하지 않다.

물론, 이러한 상황들은 소득 분배에 큰 영향을 미친다. 다양한 간행물에서 강조되듯이, 개인에 대한 소득세는 고작 GDP의 1.4% 밖에 되지 않기 때문에 재분배 효과가 낮다. 이러한 현실을 잘 보여주는 것이 바로 소득 십 분위별 실질 세율이다. 실질 세율은 라틴아메리카 평균 27.5%에 달하는 법정 세율과 상당한 차이를 보인다. CEPAL이 역내 18개국을 대상으로 조사한 결과에 따르면, 가장 소득이 높은 십 분위에 대한 평균 실질 세율은 2014년 현재 4.8%에 불과했다.

공공 자금의 부족은 성장을 저해한다. 따라서 당국은 면세나 인센티브를 부여하는 대신, 법정 세율에 맡는 세금을 징수하는 데에 신경을 써야 한다. 만약 탈세의 절반만 줄일 수 있다면, 라틴아메리카의 재정 상태는 매우 다를 것이다.

마지막으로, 라틴아메리카의 많은 국가 경제가 생필품 가격에 의해 절대적으로 좌우된다는 점을 언급하지 않을 수 없다. 이는 알려진 바와 같이 높은 불안정성을 야기했으며, 결국 생필품 가격의 주기를 완화하거나 적어도 증폭시키지 않도록 하는 효과적인 정책들은 시행하기 어려웠다. 해결책은 그리 간단치 않은데, 적어도 문제의식을 바탕으로 생산 사슬과 재화와 서비스의 수출을 강화하는 것을 목표로 해야 한다.

더욱 적극적이고 비유연한 외환정책이 근본적이겠지만, 기술 개발, 혁신, 그리고 중소기업 발전을 장려하는 제도들 또한 필요하다. 이러한 제도들은 국내적

5) V. Cepal: *Estudio económico de América Latina y el Caribe 2016. La Agenda 2030 para el desarrollo sos-tenible y los desafíos del financiamiento para el desarrollo, Naciones Unidas,* Santiago de Chile, 2016.

증폭 효과를 만들어낼 책임이 있지만, 현재 이 효과는 사라지고 있거나, 기껏해야 겨우 양질의 고용 창출 없는 느린 성장을 발생시킨다.

부수적으로, 이러한 목적들을 달성하는 것은 조세 인센티브를 통해서가 아니다. 왜냐하면 대부분의 조세 인센티브는 기업의 이익에 기초한 것으로 최종 영향은 투자의 증가를 넘어서 기업 이익의 증대이기 때문이다.

진보적인 발전 전략의 주요 단점 중 하나는 고용과 투자를 보장하기 위해 조세나 금융 인센티브면 충분하다는 믿음에서 이를 광범위하게 부여하는 것이었다. 반대로, 선진 민주주의 국가의 역사에서 확인할 수 있듯이, 발전의 주도자는 양질의 공공재를 제공할 역량을 지닌 국가다.

짧은 본 논고에서 잠재적 성장을 향상시키는 데 중요한 공공재, 즉 교육 또는, 더 일반적으로 얘기해서, 인적 자본을 언급하지 않았다. 여러 국가에서 양질의 교육은 실질적으로 성장에 긍정적인 영향을 미쳤다. 그럼에도 불구하고, 그 진전은 평균적으로 미미하며, 양질의 교육을 위한 투쟁은 계속되어야 할 것이다.

진보적인 경제학자들의 의제는 본 논고에서 강조된 구조적인 걸림돌들을 피할 수 없다. 물론 더 많은 구조적인 문제점들이 있다. 경제 성장을 중요시하지만 여타 목적들을 잊지 않는, 지속 가능하고 포괄적인 개발에 관한 복합적인 목표들을 위한 장기적 계획을 지속적으로 세워나가야 한다. 성장과 분배의 평등을 함께 이루어내는데 실패한 라틴아메리카의 역량 부족을 은유하는, "빈 상자 증후군"의 시대로 다시 돌아가지 않기를 바란다.

임태균 옮김

베네수엘라의 경제 재앙을 어떻게 설명할 것인가?

레오나르도 베라

베네수엘라 중앙대학교 경제학과 교수

원제와 출처: Leonardo Vera, "¿Cómo explicar la catástrofe económica venezolana?", *Nueva Sociedad*, No. 274, marzo–abril de 2018, pp. 83–96.

핵심어: 위기, 경제, 재분배, 원유 수입(收入), 니콜라스 마두로, 베네수엘라

베네수엘라는 지난 4년 동안 GDP가 40% 가량 크게 하락했다. 이 여파로 투자, 원자재, 자본재 부족으로 인해 기업들이 어려움을 겪고 있으며, 베네수엘라 국민들은 대부분이 시간을 생계유지를 위한 생필품을 찾아 헤매고 있다. 베네수엘라 중앙은행은 운용 가능한 외환보유고가 바닥난 상태이며, 원유 수출로 인한 수입은 지난 4년 동안의 연간 수출액의 45%에 상당하는 외채 부담을 해결하기에 턱없이 부족한 실정이다. 이러한 외적 불균형을 해결하기 위해서, 마두로 정부는 같은 기간 수입을 재화와 서비스 전 부문에서 약 76%까지 삭감하였다. 외환에 대한 내부 수요를 감당하는데 엄청난 어려움을 겪는 와중에, 2003년부터

국가가 통제해 온 엄격한 환율시스템은 붕괴되었고 2018년 9월부터는 합법적이며 공식적인 외환시장이 사라진 상태이며 환율은 사실상 비합법적 시장에 좌우되고 있다.

대외적인 부분이 베네수엘라에 산재한 문제 중 유일한 것은 아니다. 베네수엘라 경제는 누적된 외채 부담, 원유 수입(收入) 감소, 그리고 물가상승으로 잠식된 비(非)원유 분야의 소득 감소가 그에 못지않게 중요하게 작용하며 재정위기에 직면하고 있다. 베네수엘라 국회에서 발간하는 물가지수 자료에 따르면, 베네수엘라는 2017년 4사분기에 물가가 월평균 62% 상승하는 초인플레이션 국면에 접어들었다. 물가상승의 가속화는 2012년 말로 거슬러 올라가는데, 볼리바르 혁명에 따른 각종 사회 발전 프로그램들의 일시적이고 주기적인 성과들을 완전히 종식시켰다. 2015년부터 2016년 단 2년간 천만 명이 극빈층으로 새롭게 분류되었다. 생활여건통계(Encovi)에 따르면, 2016년 말까지 약 80%의 가구가 극빈층에 해당하였다.[1)]

한참 번영하던 국가에서 인재에 의해 몰락한 사회로 변화한 다이나믹을 어떻게 설명할 것인가? 물론, 특정 경제 상황의 미래를 규정짓고 위기 발생의 발판을 제공하는 구조적 요소들이 존재한다. 베네수엘라의 경우, 높은 수입(收入) 변동성을 보이는 천연자원 수출에 대한 지속적인 의존, 적자재정의 누적, 경제에 있어 정부의 과도한 비중, 국제적으로 사업을 전개하기에는 부족한 비(非)원유 민간부문의 낮은 역동성, 수입에 대한 높은 의존도, 자국 통화에 대한 만성적 과대평가, 생산성의 주기적 하락 등이 위기의 도래를 명백하게 반영하는 요소들이다. 그 외에, 원유 가격과 판매 수입의 급격한 하락을 위기의 원인으로 주장하는 사람들도 있다.

1) Fundación Bengoa: 《Encuesta sobre condiciones de vida Venezuela 2016》, 2016, disponible en 〈www.fundacionbengoa.org/noticias/2017/encovi-2016.asp〉.

이러한 모든 요소들의 영향을 고려하더라도, 베네수엘라 위기의 전개 과정에서 그 시기, 기간, 정도를 설명하기 위해서는 여전히 다른 요인들이 필요하다. 전부는 아니더라도 상당부분의 설명 요인들은 우고 차베스와 니콜라스 마두로 정부가 직면한 경제적 도전에 대응한 접근법에서 찾을 수 있다. 자신의 이상에 사로잡힌 동시에, 개발도상국의 이질적이고 복잡다단한 경제가 어떻게 기능하는지에 대한 원초적 수준의 이해에만 근거하여, 소위 '볼리바르 혁명' 정부는 임의적 권력이 주도하는 분배주의 모델을 추진하고 원유를 활용했다. 하지만 바로 이 모델이 위기의 생성과 심화를 위한 조건들을 키웠다. 본고의 목적은 세 가지 차원의 위기, 즉 금융 고립과 대외적 위기, 생산성 위기, 그리고 재정 위기가 어떻게 베네수엘라 경제를 초인플레이션이라는 파괴적인 과정으로 이끌었는가를 밝히는 것이다.

대외적 제약 관리

한 때는 고유가 수퍼주기 동안 호황을 누렸음에도 불구하고, 거시경제 및 원유 수입(收入)의 취약한 관리로 베네수엘라는 심각한 외환 부족 문제를 겪게 되었다. 더불어 통제된 환율시스템과 함께 경제적으로 정상적인 상태를 유지하기 위해 필요한 최소한의 수입(輸入)과 각종 대외적 의무를 동시에 이행할 수 없는 상태로 전락하였다. 베네수엘라는 호황과 불황이 주기를 겪으면서 국가 채무 위기로 변모한 대외적 위기로 치닫고 있다.

고유가로 고무된 차베스 정부는 원자재 가격상승이 일어난 호황기에 국제금융시장의 대출을 적극 활용했고, 이로써 단 6년만(2006~2012년)에 베네수엘라 외채는 네 배 증가했다. 중국의 개발은행들에 대한 채무는 엄청나게 증가하였다.[2] 중국 개발은행들에 대한 채무의 경우, 절반이 단기(3년 기한) 채무였고 원유 할인을 통해 이루어졌다. 그렇게 초단기간 집중되었던 외채는 2012년 말 이미 1,130억 달러에 이르렀다.

유가가 하락하기 전인 2012년 말에 이미 베네수엘라 경제는 심각한 외적 어려움을 겪고 있었다. 유동 가능한 외환보유고는 거의 고갈된 상태였고 국제금융 시장에 대한 접근도 상실된 상태였다.[3] 중요한 두 가지 제도적 변화는 어떤 이유로 베네수엘라가 세계 원유 가격 하락의 충격을 받기도 전에 외환보유고가 고갈되었는지를 설명한다. 두 가지 모두 차베스 대통령이 2005년 7월에 베네수엘라 중앙은행을 관할하는 법에서 추진했던 개혁과 관련이 있다. 한편으로는, 이 개혁을 통해 베네수엘라 정부는 상당량의 외환보유액을 소유할 수 있게 됨으로써 외환보유액이 '공공투자를 위한 기금(FONDEN)'으로 점차 흘러들어갔다. 2005년에서 2013년 사이 베네수엘라 중앙은행은 약 5,350억 달러의 외환보유액을 FONDEN으로 양도했다.[4] 다른 한편으로는, 차베스는 베네수엘라 국영석유회사(PDVSA)가 원유 수출 시 베네수엘라 중앙은행이 발표하는 공식 환율에 의거하여 판매해야 한다는 의무 조항을 없앴다. 그리하여 원유 판매와 관련된 외환거래에 대한 모든 권한이 PDVSA로 이동했다. 달러의 제한적인 유입과 무제한적인 유출로 인해 유동 가능한 보유 외환은 바닥났다.

2011년부터 이미, 베네수엘라 정부와 PDVSA의 채무는 중국 개발은행들에 대한 채무를 합해 연간 1,550억 달러 수준을 넘어섰고, 이는 수출액의 20%에 해당하는 규모였다. 2015년에는 베네수엘라 총 수출의 55%를 상회했다. 이렇게

2) Miguel Angel Santos: 《Venezuela: Running on Empty》 en *LasaForum* vol. xlviii No 1, 2017

3) 베네수엘라 중앙은행의 유동가능한 외화보유액은 2005~2011년 사이 연간 약 150억 달러에 이르던 것에서 2012년에는 연간 35억 달러로 떨어졌다.

4) 이 문제에 대한 보다 심도있는 논의는 저자의 다음 논문에서 다루고 있다: 《Venezuela 1999–2014: Macro–Policy, Oil Governance and Economic Performance》 en *Comparative Economic Studies* vol. 57 No 3, 2015.

높은 수준의 채무는 외화 통제를 악화시키고 베네수엘라의 공공재정에도 위협을 가했다. 하지만 마두로 정부는 그러한 상황에서 공공부문의 채무를 재융자하거나 구조조정을 단행하는 대신, 베네수엘라 경제와 사회에 매우 비싼 탈출구 전략을 선택했다. 바로 수입을 제한하는 방법이었다.[5)]

[표-1] 베네수엘라: 2011~2017년 주요 경제지표

경제지표	단위	2011	2012	2013	2014	2015	2016	2017*
상품수출 (FOB)	백만달러	92,800	97,300	88,800	74,700	36,800	28,105	25,400
상품수입 (FOB)	백만달러	52,575	66,000	57,200	47,300	33,300	16,400	12,300
무역수지	백만달러	41,172	31,300	31,600	27,400	3,500	11,705	13,100
경상수지	백만달러	16,342	2,600	4,600	4,900	(16,100)	(3,900)	7,000
대외공채	백만달러	103,100	113,100	112,100	117,200	120,200	138,800	137,500
외채 서비스	백만달러	15,500	13,300	17,250	19,975	19,650	12,500	11,032
수출 대비 채무 서비스 비율	%	16.7	13.7	19.4	26.7	53.4	44.5	43.4
공공부문 재정 적자/GDP	%	-11.6	-17.0	-15.3	-9.0	-14.1	-23.7	-21.2
실질 GDP 성장률	%	4.2	5.6	1.3	-3.9	-6.2	-16.5	-12.9
물가상승률	%	26.1	20.1	40.6	62.2	121.7	299.4	738
본원통화 증가율	%	50.6	55.3	65.8	70.4	111.2	236.0	1,638.4
암시장 환율	달러 대비 볼리바르	9.1	13.0	36.3	95.3	550.6	1,452.8	27,962.4
실질거래 환율 변동율	%	17.5	43.3	179.5	162.2	478.0	163.9	1,824.7
외환보유액	백만달러	9,900	9,900	6,000	7,300	6,300	4,200	2,300

*추정치

출처: BCV, Credit Suisse–Emerging Markets Quarterly, Torino Capital LLC–Venezuela Red Book, *Dolar Today*.

예전에는 고유가로 말미암아 베네수엘라의 1인당 소비와 수입이 엄청나게 증가했다는 점을 주목할 만하다. 수입은 2004년부터 2008년 사이에 세 배 증가하였다. 완제품 및 중간재 수입의 현격한 증가는 공식적인 명목 환율에 고정되어 있는 환율정책에 의해 촉진되었다. 결국 물가상승률은 고정환율에 의해 억제될 수 없었고, 오히려 볼리바르화의 명백한 과대평가를 초래했다. 이는 국제 시장에서 베네수엘라 제품의 경쟁력을 잃게 했다. 반면, 마두로 정부에게 증가하던 수입을 억제하는 것은 비교적 용이하였는데, 이는 2003년부터 무역 및 금융 거래를 위한 외환 배분이 정부의 엄격한 외환 정책을 통해 관리되어 왔기 때문이다.

처음 수입이 대폭 감소한 시기는 2012년 말에서 2013년까지다. 2013년에는 전년도에 비해 수입액이 13% 떨어졌다. 2014년, 2015년, 2016년 수입 감소율은 각각 17%, 30%, 51%이었다. 2017년에는 25% 정도 추가로 감소할 것으로 예상됐다. 2012년 수입액은 660억 달러였으나 2017년에는 123억 달러로 하락했다. 이러한 잔인한 수입조정에 대한 거시경제학적 효과는 가히 파괴적이었다. 생산요소, 원자재, 부품, 자본재 없이 국가 생산성은 전례 없는 수준으로 하락하였다. 2014년 상반기 원유 가격은 여전히 배럴당 100달러였으나, 같은 시기 베네수엘라 GDP는 1사분기 5.2%, 2사분기 5.4%로 하락하면서 경기 침체의 징조를 보이기 시작했다. 이미 언급했듯이, 2014년에서 2017년 사이 GDP 누적 하락률은 39.5%로 추정되며, 이는 1980년대 후반 전쟁을 겪은 중미국가 니카라과의 GDP 하락 수준을 상회하는 수치다. 당초 중간 투입재의 부족으로 발생한 병목현상으로 인해 공급측면의 요인으로 유발되었던 생산 감소는 현재는 인플레이션의 가속화로

5) 물론 마두로 정부는 문제 타결을 위한 다른 방안들도 시도했다. 예를 들어, 금 보유고와 15억 달러 스왑; 18.8억 달러 상당의 IMF 특별인출(SDR); 도미니카 공화국과 자마이카에 대해 채무 할인(35억 달러)을 통한 자금 선회수; 미국 국영회사인 Citgo의 부동산 채무 할인(25억 달러). 그러나 이러한 금융공학적 조치들은 아무런 효과를 낳지 못했다.

파괴된 소비와 실질 임금의 폭락의 결과이기도 하다.

다른 한편으로, 엄청난 수입 감소는 식료품, 의약품과 같은 생필품 부족현상을 야기했다. 베네수엘라 중앙은행에 따르면, 식량부족지수는 2014년 3월에 29.5%에 달했다.[6] 이때부터 이 지수에 대한 공식수치 발표는 중단되었다. 마지막으로, 하지만 동등하게 중요한 것은, 공식 채널을 통한 외환 결제가 줄어드는 만큼 비공식 시장에서의 외환에 대한 수요와 압력이 증가하면서 인플레이션 속도에 심각한 영향을 미치고 있다는 점이다. 2016년 163%의 연간 환율 변동율로 시작하여, 2017년 병행(실질거래) 환율은 1,825%라는 기록적인 증가율을 보였다. 다른 유사한 대외 위기 상황에서와 마찬가지로, 외환 시장이 통제되는 상황에서 병행 시장(불법시장이지만 더욱 확장하는 시장)에서 달러화 시세는 이 나라 경제의 가장 중요한 가격이자 수입 완제품이나 수입부품을 사용한 재화의 가격지표가 되었다.

생산적 경제의 통제

베네수엘라 경제의 재화와 서비스 공급 역량은 수입 원자재 및 자본재 부족과 환율정책의 부적절한 설계로 인해 이미 심각한 영향을 받았다. 여기에 더해 볼리바르 혁명의 일환인 사회주의 프로젝트와 관련된 생산 수단의 몰수와 규제를 통한 말살은 베네수엘라 경제에 결정적인 타격을 입혔다.

우고 차베스는 이미 첫 번째 재임 기간부터(1999~2006) 도전적인 담론, 자의적 수단과 긴급포고권(decretismo)을 바탕으로 민간부문과의 관계를 구축

6) 전국보건기구(Médicos por la Salud)는 4년 연속으로 발표된 연구인 '병원 국가통계(La Encuesta Nacional de Hospitales 2017) 보고서'에서 2017년 3월 외과 의료 용품 공급의 75%가 부족하였고 공공센터 내 총체적인 약품 부족이 78%에 달한다고 밝혔다.

하기 시작했다. 반면, 국가 자본과 관련해서 정부는 생산 부문의 요구에 둔감하고, 부동산, 사법 보장, 민간 주도 사업의 수익성에 매우 위협이 되는 개혁 의제의 입안자로서 비춰지기 시작했다. 당시에는 갈등의 여지가 커지면서 상호간 부정적인 인식의 분위기가 조성되었다. 차베스 대통령은, 의회가 부여한 특별 권한을 행사하여 글로벌 개혁 아젠다에 따라 2001년 11월 원유 부문부터 조세에 이르는 다방면에 걸쳐 49건의 새로운 법안 개혁을 단행했다. 특히 금융기관과 토지 소유 및 사용을 통제하는 새로운 법안을 통과시켰다. 그럼에도 불구하고, 2006년 차베스가 연임되면서 큰 전환을 맞이하게 된다. '21세기의 사회주의'라는 자신의 이상론에서 공언했듯이, 차베스는 국가의 생산 부문에 대한 소유와 통제를 위해 보다 적극적으로 개입하기로 결정했다. 2007~2013년 사이 이른바 "국가 경제사회 발전 계획"을 통해 차베스와 기획부 장관인 호르헤 히오르다니(Jorge Giordani)는 국가 경제에서 전략적으로 고려되는 모든 분야에 대한 국유화를 시도했다.

2007년부터 정부는 통신과 전기, 철강, 시멘트, 채광 산업들을 장악하면서 해당 조치들이 구체화하기 시작했다. 같은 해 세계 최대 원유 매장지역인 오리노코(Orinoco) 유전 벨트의 외국 기업들은 소수의 협력파트너로 남기 위해 착취 계획에 대한 소유와 통제의 새로운 조건과 과세 방식들을 수용할 것을 강요당했다. 엑손-모빌(Exxon-Mobil)과 코노코-빌립스(Conoco-Phillips) 같은 기업들이 이를 받아들이지 않자, 국제투자분쟁해결기구의 중재가 있었다.

2007년과 2009년 사이 약 233억 7,700만 달러가 몰수 및 국유화를 위해 사용되었다. 때마침 뜻밖의 고유가 호황으로 인해 생산 활동에 대한 정부의 통제는 별다른 제약 없이 즉각적으로 이뤄졌다. 국유화와 몰수는 호텔, 은행, 유리 및 비료 공장, 자동차 윤활제 회사, 알루미늄, 판지, 철물 용기 공장, 식품 체인, 슈퍼마켓에 대해서도 이루어졌다. 몰수된 총 1,167개 회사 가운데 256개 회사가 식품 부문에 해당되었다. 추가적으로, 식량안보와 주권 보장을 내세우면서 2007년부터 약 3백만 헥타르의 경작지가 몰수되었다. 몰수된 경작지는 정부의 농식품 보장 계획에 따라 결정된 품목의 생산에 기꺼이 응한 소규모 지역단체들에게 상당 부분 배분되었다.

기업 자산과 사유지의 광적인 인수로 말미암아 베네수엘라의 국가 부채가 발생되었고, 더욱이 지출이 발생했을 때 소비된 자원들이 생산적인 재생산으로 연결되지 않았다. 정부의 책임 하에 진행된 이러한 새로운 비즈니스 모험의 대부분은 큰 실패로 끝났다. 철강, 시멘트, 채광 산업은 오늘날 사실상 마비 상태다. 전기 및 통신 서비스 기업들은 투자 부족과 사용료 조정의 지연으로 인해 심각한 상황이다. 식료품 부문에서는 국유화된 농업 관련 기업들 상당수가 현재 폐업을 했고, 사탕수수 공장과 같은 일부 기업들은 최소한의 상태로 운영되는 정도다. 베네수엘라가 겪고 있는 농식품 위기에 대해 알레한드로 구티에레스는 다음과 같이 지적한다:

> 농업 생산에서 얻은 최악의 결과는, 낮은 수익성, 가격 규제로 인한 투자 부재, 불확실성, 통제, 법적 불안정 등에 따른 투자 부족, 그리고 사유 재산권에 대한 경시 등으로 설명된다.[7)]

수배 개의 기업과 농경지의 통제와 소유에 대한 구체적인 조치들은 민간투자 결정에 중대한 영향을 미쳤다. 민간 부문에 대한 통제력 강화를 위한 조치들이 늘어갈수록 마비 상태는 더욱 심각해졌다. 2014년 1월 행정명령에 의해 '사회경제적 권익 수호를 위한 공정 가격 및 국가 감독을 위한 구성법(SUNDDE)'을

7) A. Gutiérrez:《Venezuela y su crisis agroalimentaria》, Documento de Trabajo No 1, Centro de Investigaciones Agroalimentarias Edgar Abreu Olivo, Universidad de los Andes, 2016, p. 8.

제정했다. 마두로 정부는 이러한 수단을 활용하여 만성화된 인플레이션의 소용돌이와 재화 부족을 막으려 했다. 마두로 정부는 차베스 정부 1기부터 이미 존재하던 가격 규제에 대한 통제를 늘렸을 뿐만 아니라, 모든 기업의 수익률에 대한 상한선을 설정하였다. 또한 특히, 민감한 재화에 대한 생산, 재고, 유통에 대해 보다 엄격한 통제를 가했다.

당연히 정부의 통제는 인플레이션을 멈추지 못했고, 오히려 품귀현상이 심화하였고, 비용은 폭등하여, 기업 수익성에도 심각한 영향을 미쳤다. 사실상, 공정가격법에 따른 통제 시스템은 기업의 실패와, 살아남은 업체의 경우, 저생산을 낳았을 뿐 아니라 암시장과 밀매를 조장하고 품귀 현상을 공고화하였다. 기업들이 사라지는 것과 더불어 생산 사슬은 끊어졌다. 심하게 왜곡된 가격과 비용 구조 하에서 시장과 가격은 정보를 제공하고 자원과 투자를 분배하는 능력을 상실했다.

요컨대, 4년간의 심각한 불황 이후 베네수엘라의 생산 잠재력 상실은 외화 배급과 자국 통화를 과대평가한, 낙관적이고 눈 먼 환율정책에 의한 경쟁력 상실로 설명된다. 국유화와 몰수를 통한 생산 수단의 명백한 통제 정책은 심한 병목현상을 야기했으며, 수많은 생산 사슬을 끊어뜨린 한편, 가격 통제, 이윤, 생산, 유통, 재고에 관한 정책들은 재화 품귀와 투자 부재라는 결과를 가져왔다.

새로운 재정 및 통화 제도

원유 및 광물자원 경제의 저조한 실적을 설명하는 여러 선행연구에 따르면, 낮은 수준의 제도적 틀이 결정적인 요인이며, 천연자원의 저주가 현실화되고 있다는 데 공감이 이루어지고 있다. 원유 및 광물자원 수출에 따른 외부로부터의 수입(收入)에 의존함에 따라 국내 조세의 필요성은 낮아지며, 이는 정부수입의 관리에 있어 책임감과 효율성을 떨어지게 한다. 한편, 국내 조세에 대한 의존도가 낮으면 가격 변동으로 인해 원유 수출로부터 오는 수입(收入)이 하락하는 경우, 재원 동원을 위해 통상적이지 않은 출처에 의존하게 마련이다.

볼리바르 혁명의 열기 속에서 베네수엘라에서 새롭게 도입된 재정 및 통화 제도의 특이한 점은 PDVSA와 원유 판매수입에 대한 계획된 통제 전략이며, 이는 차베스 정부와 그의 정치 프로젝트가 정당성을 얻기 위함이었다. 차베스는 PDVSA의 회장을 자신의 정치적 계획과 연루된 사람으로 임명하고 이사회에 개입하는 등 다양한 방식으로 석유 산업의 통제를 구체화하려 시도했다. 마지막으로, 차베스는 자신이 추진하고 있는 프로젝트와 매우 다른 가치관에 기반을 둔 구조와 관료주의에 맞서 고군부투를 했고, 결정적으로 행정부와 PDVSA 사이의 갈등을 심화시켰다. 이러한 일련의 노력들이 성공한 후에는, 자신의 계획을 방해하는 관리자와 기술관료들을 구조조정했다.

차베스 대통령은 새로운 법들을 통해 석유 산업과 PDVSA를 실질적으로 장악함로써 그 기업을 특별징수가 가능한 개발 대행업체로 변질시켰다. PDVSA를 통제 하에 둔 차베스 행정부는 몇 년 간의 호황기 동안 두 건의 대규모 공공 예산을 처리했다. 하나는 국회에 매년 제출하는 공식 예산과 다른 하나는 PDVSA에 대한 특별징수인데, 이로써 베네수엘라 대통령은 절대적 자유재량을 지니게 되었다. 행정부는 대부분의 원유 수입을 전용하는 일련의 관행과 메커니즘을 개발했다.[8] 국가의 예산에서 차지하는 원유 수입에 대한 과세수준은 매년 과소추정되었다. 또 하나의 중요한 메커니즘은 부분적으로는 원유 수입에 힘입은 국가개발기금(Fonden)의 창설이다. 이러한 방식으로 전용된 우회 수입은 PDVSA를 통해 행정부가 공공투자 프로그램을 부양하거나 복지 프로그램을 제공하는 데 임의적

8) Pedro L. Rodríguez, José R. Morales y Francisco J. Monaldi: 《Direct Distribution of Oil Revenues in Venezuela: A Viable Alternative?》, Working Paper No 306, Center for Global Development, 2012.

으로 사용되었다. 저자는 다른 연구에서 2003~2011년 사이 그 규모가 1,240억 달러에 달한다고 추정했다. 평균적으로 이는 연간 GDP의 5.8%에 해당한다.[9]

인플레이션이 가속화하고 PDVSA의 채무 누적이 심화하면서 심각한 금융 문제가 국영석유회사와 국가 재정에서 나타나기 시작했다. 대내적인 인플레이션 상황에서 고정환율정책은 PDVSA의 볼리바르화 소득의 가치를 하락시킨다. 지출 규모가 인플레이션의 영향을 받기 때문이다. 그렇게 지출은 증가하고 수익은 정체되는 가운데 PDVSA의 현금 적자는 증가했다. 채무가 누적되고 그에 대한 지불 시한이 임박하자 국영석유회사의 적자 상황은 더욱 복잡해졌다.

2009년에 단행된 중앙은행법에 대한 부분적인 개혁은, 그 당시 처음으로 PDVSA를 포함한 공공기관들과 공기업들에게 무제한적 자금조달을 허용하면서 문제를 악화시켰다. 자금조달은, 비록 작은 규모지만, 2010년에 시작되었다. 하지만 2013년 말까지 베네수엘라 중앙은행이 보유한 PDVSA 약속어음은 이미 4,110억 볼리바르(당시의 공식 환율에 따르면 652억 달러에 해당하는 금액)에 이를 정도로 통화 당국에 대한 압박은 커져갔다. 2014년 4사분기에는 유가가 하락하면서 원유 수입에 의존하는 정부예산에 상당한 영향을 미치게 된다. 동시에, 인플레이션은 더욱 심화되고 경기 침체는 깊어졌으며, 조세 잠식은 뚜렷해졌다. 축소된 원유 수입과 더불어, 불충분한 국내 조세수입, 국제금융시장에 접근이 불가능한 상황에서 정부는 화폐를 발행하는 것 이외에 다른 자금 출처를 찾지 못했다. 낮은 수준의 재정 및 금융 제도가 차베스주의/마두로주의의 후견주의적 정책을 어떻게든 유지시켜 주는 듯 했다. 그러나 베네수엘라 국민들이 인플레이션과 실질 소득의 감소 측면에서 지불해야하는 비용은 그러한 정책들의 이득보다 훨씬 컸다.

9) L. Vera: 《La tributación en Venezuela: desafíos con sentido de equidad》, Documento de Análisis No 2/2017, Fundación Friedrich Ebert (fes), Bogotá, 11/2017

몰락과 초인플레이션

베네수엘라는 2017년 4사분기에 초인플레이션에 진입했으며, 이제 그 원인들을 보다 잘 이해할 수 있게 되었다. 대외 채무를 감당하지 못한 채, 유가와 원유 수입은 국가 경제가 필요로 하는 측면들을 충족시키지 못하는 상황이다. 외환 보유고는 고갈되어 가고, 국제 시장에서는 재정적으로 고립된 상태다. 베네수엘라의 경제는 변동환율 하에서 수직하강 하였으며, 수입을 위해 유일하게 기능을 하는 불법적인 병행시장의 변화에 얽매어있다. 병행시장에서의 폭발적인 환율은 베네수엘라의 통화 가치를 훼손하고 신용을 악화시켰다.

다른 차원에서 보면, 베네수엘라의 실물 경제는 현재 처해있는 쇠약 상태에서 탈피할 수 있는 어떠한 동력도 가지고 있지 않다. 외환 배급은 생산 부문에 있어 분명한 제어장치이며, 환율정책은 또 다른 방해물이다. 공공 부문은 경기 회복의 촉진을 위한 자원들을 가지고 있지 않으며, 민간 부문은 경제 파탄과 통제 하에서 적대감을 나타내고 있다. 대규모 투자 인센티브가 없는 상황이다. 공급 측면의 불능상태 하에서 수요 진작은 인플레이션으로 이어지게 마련이다. 마지막으로, 조세수입에 영향을 미치는 어두운 거시경제 상황과 볼리바르 혁명 기간 동안 행정을 유지하기 위해 두 배로 불어난 공적 채무와 지출에 대한 무거운 재정 부담이 동시에 존재하고 있다. 불균형을 해결하기 위해 취한 방식은 볼리바르 혁명이 재정 및 통화 영역에 가한 제도적 취약성으로 이어졌으며, 그 결과는 공공 부문의 자원 수요에 의해 좌우되는 통화 정책이다.

정혜윤 옮김

멕시코의 기회와 도전, 그리고 한국기업의 대응: AMLO 정부 출범 이후의 비즈니스 환경과 한국기업의 CSR을 통한 현지화 전략

김순성 / 이재학

고려대학교 스페인·라틴아메리카연구소 연구교수 / 고려대학교 스페인·라틴아메리카연구소장, 교수

핵심어: CSR, 멕시코 경영환경, 기회요인, 위험요인, 한국기업, 현지화 전략

2018년 GDP 약 1조 1993억 달러로 세계 15위의 경제규모를 가진 멕시코는 브라질과 함께 중남미의 경제 대국 중 하나다. 세계경제포럼(WEF)이 평가한 글로벌 경쟁력에서 세계 46위이며 라틴아메리카에서는 칠레에 이어 2위로 꼽히고 있다. 2018년 1인당 국민소득도 9,313달러로 추정되고 있어, 소비시장으로서의 성장이 가시화하고 있는 유망한 신흥시장 중 하나이기도 하다([표-1] 참조). 이러한 멕시코에 1993년부터 한국기업들도 본격적으로 직접투자의 형태로 진출하여 왔다. 이들 한국기업들은 수 세기 동안의 멕시코 진출역사를 가진 미국과 유럽의 글로벌 기업에 비하면 후발주자다. 멕시코도 예외일 수 없던 1980년대와 1990년대 중남미의 민영화와 자유화 물결 이후로, 글로벌 기업들이 멕시코 시장의 주요 산업부문에서 경쟁하게 되었다. 약 1억 2천만의 인구를 가진 멕시코는

세계 기업들이 경쟁하는 유망 시장이며, 선발주자 글로벌 기업들과 경쟁하여야 하는 후발주자인 한국기업에게는 전략적 접근의 필요성이 높은 시장이라 할 수 있다. 해외직접투자는 단순히 금융자산에 대한 포트폴리오 투자가 아닌 현지 국가에 자회사를 설립하여 현지 근로자를 채용하고 현지 당국에 사업운영 등록을 하여 세금을 납부하는 등 자원의 투입과 법적, 물리적 현존에서 몰입도가 높은

[표-1] 멕시코의 거시경제지표

	2015	2016	2017	2018	2019	2020
GDP(10억 달러)	1,170.57	1,077.78	1,151.05	1,199.26	1,242.39	1,306.77
1인당 GDP(달러)	9,673.64	8,814.52	9,318.82	9,614.28	9,865.79	10,282.08
실질 GDP 상승률 (연간 변화율, %)	3.3	2.9	2	2.2	2.5	2.7
소비자물가 지수(평균)	116.688	119.98	127.23	133.294	138.117	142.273
산업생산율 변화(%)	1.3	0.3	-0.1	0.6	1.1	0.8
재화 및 서비스 수입량의 변화(%)	5.919	2.924	6.468	4.358	4.248	4.918
재화 및 서비스 수출량의 변화(%)	8.414	3.49	3.82	4.716	4.73	4.874
실업률(%)	4.348	3.883	3.421	3.491	3.496	3.486
정부 순부채 (GDP 대비 %)	46.537	48.705	46.049	45.532	45.395	45.455
경상수지(10억 달러)	-29.776	-23.321	-19.354	-15.31	-15.966	-19.655
경상수지(GDP 대비 %)	-2.544	-2.164	-1.681	-1.277	-1.285	-1.504
재정수지(GDP 대비 %)	-3.4	-2.5	-1.1	-2.2	-2.3	-2.5
외환보유고(10억 달러)	173.5	173.5	170.5	162.4	165.2	172.0
환율	17.2	20.7	19.8	20.0	20.8	20.8

출처: IMF(2018), POSRI(2019) 자료를 활용하여 저자가 작성함.

해외진출의 형태다. 따라서 현지의 활용 가능한 기회요인이 풍부한 반면, 대응할 위험요인도 잠재하고 있다.

〈그림 1〉 멕시코 경제규모, 구매력, 무역수지 추이

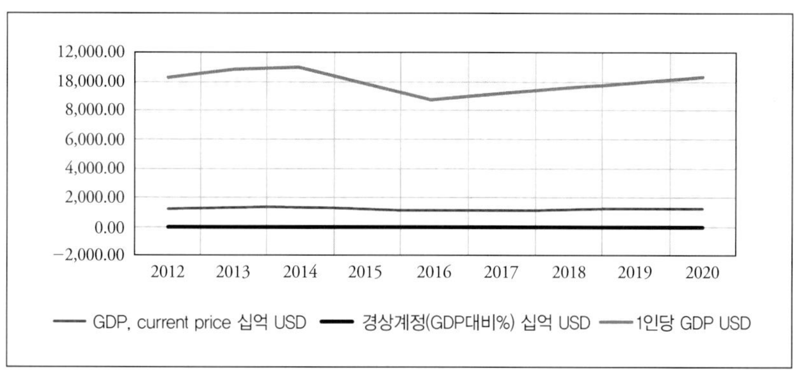

주: 위에서부터 1인당 GDP, GDP, 경상계정의 GDP대비 %
출처: IMF 자료를 활용하여 작성함.

〈그림 2〉 멕시코의 무역수지, 인플레이션, 실업률 추이

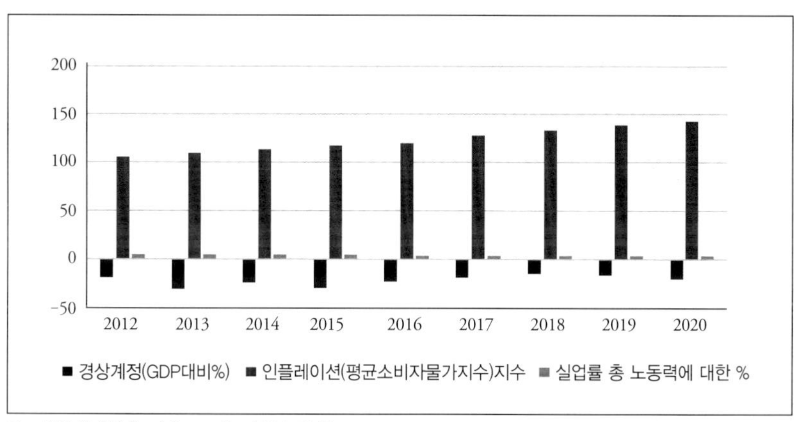

주: 인플레이션은 지수 100을 기준으로 함.
출처: IMF 자료를 활용하여 작성함.

멕시코는 중남미 제2위 경제대국(수출입은행, 2018)이며[1] 1994년에 NAFTA를 체결한 이래로 전세계 약 46개국과 FTA 혹은 다자협정을 통한 경제협력관계를 맺고 있다(KOTRA, 2019). 지난 9월 NAFTA 재협상의 혼란이 USMCA(United States–Mexico–Canada Agreement)를 통하여 수습되어 양호한 무역환경을 유지하게 되었으며, 지난 수 년 동안 제조업의 발전이 가속화되는 가운데 자동차 산업의 약진이 두드러지고 있다. 2017년 기준으로 멕시코의 자동차 산업은 세계 7위며 2020년에는 자동차 생산국으로서 세계 4위로 자리매김할 전망이다(KOTRA, 2019).[2] 특히 자동차부품 수입이 많으므로 한국의 자동차부품 기업들에게는 시장 확대의 기회를 제공하고 있다. 특히 USMCA체제 출범으로 NAFTA 재협상 위기가 해소되었다는 점은 긍정적으로 평가할 수 있다. 하지만 USMCA로 NAFTA 재협상의 극단적인 위기는 벗어났으나, USMCA가 규정한 무관세 혜택을 받기 위한 원산지규정 강화와 근로자 최저임금 인상 등은 자동차업계의 수익성에 부정적인 영향을 주는 제도적 변화라 할 수 있다(KIEP, 2018; POSRI, 2019). 이러한 도전에 자동차 산업의 부가가치 제고 안에 대하여 고심하여야 할 상황이다. 본 논고는 이와 같은 멕시코의 대외적 변화와 아울러 지난해 신정부 출범으로 예상되는 다양한 국내적 변화를 현지에 진출한 한국기업이 직면하는 '기회/위험'의 관점에서 살펴보고자 한다. 그리고 멕시코 진출 한국기업의 현지적응적 사업운영을 현지화전략의 관점에서 CSR(Corporate Social Responsibility) 사례를 중심으로 소개하고자 한다.

1) 이정애, 2018
2) KOTRA, 2018

〈USMCA의 자동차 산업과 관련된 주요 사항〉

자동차 원산지규정 강화를 통해 무관세 혜택 기준을 상향조정하였다. 일례로 일반 역내가치비율(RVC: Regional Value Content)은 기존 NAFTA의 62.5%에서 75%로 3년에 걸쳐 상향조정 될 예정이다. 그리고 USMCA 자동차 원산지규정 관련하여 노동임금과 연계된 사항이 새롭게 포함되었다. USMCA에서 새로 도입된 노동가치비율(LVC: Labor Value Content) 개념은 자동차의 특정 부품을 생산하는 인력의 임금이 일정 수준을 충족시킬 때 무관세 적용 혜택을 누릴 수 있다. 이와 같이 강화된 원산지규정을 충족하지 못하는 자동차에 대해서는 MFN 관세율을 부과하도록 규정하고 있다. 대신, 향후 5년간 기존에 역내에서 생산되는 자동차 중 일부에 대해서는 무관세혜택을 적용하기로 하였다.

AMLO정권의 출범과 기회요인

89년간의 보수정당 집권을 종식시키고 53.2%의 득표율로 정권교체를 달성한 안드레스 마누엘 로페스 오브라도르(AMLO) 신정부는 출범 후 높은 지지율을 유지하고 있다. 이는 정권의 안정과 일관성 있는 정책추진에 대한 전망을 가능하게 하는 정치적 안정을 의미한다고 할 수 있다(KOTRA, 2019). 이러한 정치적 안정을 기반으로 멕시코는 최근 소비시장으로서 세계 경제에서 차지하는 지위가 향상되었다. 세계경제포럼(WEF)의 2018년 보고서에서도 멕시코 시장의 성장을 다른 라틴아메리카 국가보다 월등하게 평가하고 있다([표-2]의

3) 조문희, 권혁주, 강지민, 2018

시장규모 참고).[4] 이러한 시장으로서 멕시코의 우위는 AMILO 정부의 확장적 재정정책으로 인해 더욱 강화할 것으로 예상된다. 멕시코 의회는 정부가 제출한 원안 보다 약 230억 페소(1조 3천억원) 증가한 5조8천억 페소(약 330조원) 규모의 2019년 예산을 승인함으로써 AMLO정부의 사회복지 확충 정책은 실행 가능성이 높아졌다(연합뉴스, 2018. 12. 25). 신정부는 노후연금, 국가장학금, 마야열차, 정유공장 신설, 공항문제 해결이라는 과제를 수행할 수 있는 재원을 확보하였다.[5] 이로써 국민들의 구매력 향상, 일자리 창출, 외국인 투자를 통한 외화

[표-2] 멕시코의 2018년 글로벌경쟁력 지수

	등위(140국에서)	점수(100점기준)
제도	105	47.7
인프라	49	72.9
ICT 채택	76	51.3
거시적 안정성	35	99.4
건강	56	84.6
기술	86	57.9
제품시장	54	57.5
노동시장	100	54.4
금융시스템	61	60.8
시장규모	11	80.6
Business dynamism	41	65.5
혁신능력	50	42.7

출처: WEF(Word Economic Forum) 자료를 기초로 저자가 작성함.

4) WEF, 2018

5) 연합뉴스, 2018. 12. 25.

확보, 인프라 개선 등 멕시코의 시장으로서의 전망이 밝아질 것으로 보인다.

이와 관련하여, AMLO 정부의 사회복지정책 중 특히 노인 복지 정책은 보편적 복지의 기치 하에 취약계층인 800만 명의 68세 이상 노인에 대해 매달 1,200 페소를 지원하는 등 복지를 대폭 확대하는 계획을 포함하였다(El Financiero, 2019. 1. 11; MA newsletter, 2019. 1. 11). 이는 소비를 확대하는 정책적 효과를 발생시키고 사회를 안정시키는 데 기여하리라 전망된다. 또한 지역 간 격차 해소를 위한 인프라 확충 계획으로 정부 혹은 정부기관이 발주하는 대형 건설 프로젝트들이 기대된다. AMLO정부 출범 후 신공항 건설이 난항을 겪고 있으나 기존의 산타루시아공항을 확충 내지 보수하는 계획을 가지고 있다. 한국의 경우 멕시코와 아직 FTA를 체결하지 않았으므로 직접 사업을 수주하기 보다는 간접적으로 이에 참여할 수 있다(KOTRA, 2019). 그리고 남동부의 타바스코(Tabasco) 정유공장 프로젝트와 낙후된 남부지방을 중심으로 도로, 철도, 공항 등 대규모 인프라 프로젝트의 발주가 계획되어 있다. 한국의 경우 중남미에서는 주로 ODA형태로 인프라 사업을 수주하고 있는데, 2018년 기준으로 10만 달러 이상의 프로젝트는 3건으로 한국기업의 멕시코법인이 발주한 공사로 파악되고 있다(KOTRA, 2019, p.55).

한편, 금융시스템의 개선이 멕시코 비즈니스 환경에 긍정적인 요인으로 작용할 것으로 예상된다. 최근 멕시코 은행연합회는 국민의 금융서비스 접근성을 향상시키고 여신을 확대하는 계획을 내놓았다. 더 많은 국민들이 은행서비스 이용을 할 수 있도록 은행시스템을 개선하고 금융상품을 개발하는데 800억 페소를 투자하는 계획이다. 멕시코 은행연합회는 2024년까지 신규은행 고객 3,000만 명 달성, 신용카드 구매시장 50% 확장, 주택 담보 대출 제공을 130만 가구로 확대, 25만 중소기업에 여신 제공 등을 목표로 하고 있다(El Financiero, 2019. 1. 9.; MA newsletter, 2019. 1. 9). 국민들의 금융시스템에 대한 접근성을 높이고 여신을 확대하는 조치는 멕시코 국민의 생활수준 향상과 경제적 활동을 촉진함으로써 수요를 확대하는 효과로 이어질 것이다.

AMLO정권의 출범과 위험요인

신정부의 출범과 함께 새로운 기회요인이 기대되는 동시에 정책 변경으로 인한 위험요인도 현지 사업운영에 영향을 미칠 것으로 보인다.

외국인직접투자 유치에 대한 기준 강화와 현지기업 지원 강화 정책

엔리케 페냐 니에토 前대통령 재임기간 동안 멕시코의 외국인 투자는 연평균 330억 달러로 역대 대통령 중 가장 높은 수치를 기록하였다(〈그림 3〉 참고).

〈그림 3〉 라틴아메리카 주요국에 대한 해외직접투자(FDI)

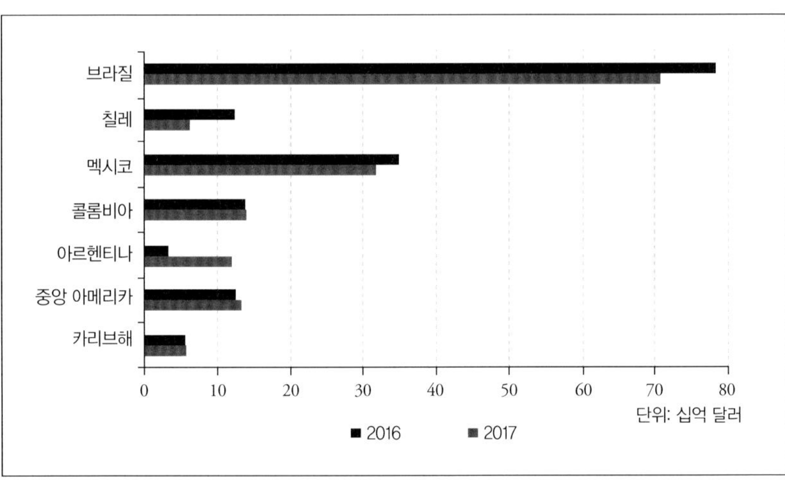

출처: CEPAL, Foreign Direct Investment in Latin America and the Caribbean 2018
KOTRA(2019) p.42에서 인용함.

AMLO 정부의 경제부는 2019년 외국인직접투자 예상액을 280억~310억 달러로 추정하고 있으며 이는 2018년 예상액과 2017년의 유치금액의 중간 값을 기준으로 한 금액이다. 2019년 초 경제부 장관 가르시아 마르케스에 따르면, AMLO 정부의 외국인직접투자 유치정책의 주안점이 단순유치 전략에서 멕시코 경제에 대한 기여도를 고려하여 유치하는 것으로 전환할 것으로 예상된다. 이는 향후 외국인투자 유치의 초점을 국내 공급업자 가치사슬 강화, 그리고 멕시코의 글로벌 가치사슬로의 편입에 대한 기여를 중점적으로 고려하겠다는 뜻으로 해석할 수 있다(El Economista, 2019. 1. 1.; MA newsletter2019. 1. 1). 그리고 AMLO 정부는 대기업에 집중되어 현재 전체의 5% 정도만 차지하고 있는 중소기업의 수출비중을 증가시키는 정책을 모색하고 있는데, 이는 멕시코 기업의 수출 경쟁력 강화 사업의 일환으로 실행될 수 있기에 멕시코 진출 한국중소기업에게는 경쟁 요인으로 작용할 것으로 전망되고 있다. 동시에 이들 중소기업과의 파트너십을 정책적으로 요구할 수도 있을 것으로 보인다.

여전히 높은 부패수준과 치안 불안

현지 국가의 높은 부패지수는 고비용을 초래하므로 기업의 비즈니스 환경으로 부정적인 요인이 된다. Transparency International가 발표하는 부패인식지수(CPI)에서 멕시코는 조사대상국 세계 180개국 중 2017년 135위, 2018년 138위로 부패가 만연해 있고 개선도 되지 않고 있다. 신정부는 부패척결 노력의 일환으로 페멕스(PEMEX)의 부패 연루 직원들을 해고시키겠다는 강경입장을 표명하고 있다.

세계경제포럼의 2018년 보고서에는 멕시코의 치안불안이 부정적 요인으로 평가되고 있다. 멕시코 공공치안집행사무국(SESNP)은 2018년 살인사건이 전년의 2만8천866건보다 15.5% 증가한 3만3천341건이라고 발표했는데, 이는 1997년 이후로 가장 심각한 수준이다(연합뉴스, 2019. 1. 22).[6] 지난 1월에는 신임시장이 취임 직후 살해되는 사건이 발생하기도 했다. 이들 사건들은 보통 마약 카르텔과 연관이 있는 것으로 보도되고 있다(연합뉴스, 2019. 1. 21).[7] 멕시코에는 전국적으로 9대 마피아 조직 17개가 존재하는 것으로 파악되고 있다(Milenio, 2019. 2. 11.; MA newsletter, 2019. 2. 11). 그리고 현재 전국적으로 약 40,000명의 실종자가 신고되어 있으며 신원불명의 사장자수가 26,000명에 이르고 있다(한국수출입은행, 2018, p.10). 이러한 치안불안과 테러리즘은 멕시코에서 사업을 하는 기업들에게 고비용을 야기한다. 세계경제포럼에 의하면, 멕시코는 테러리즘 관련 비용이 전 세계 137개 조사대상국 중 87위, 범죄 및 폭력관련 비용은 131위, 조직범죄로 사회불안 요소로 인한 비용은 134위로 매우 높다(한국수출입은행, 2018, p.10). AMLO 대통령은 이러한 치안불안과 테러리즘의 문제를 해결하기 위하여 군을 치안에 투입하는 前정권의 국내치안법과 맥을 같이하는 국가방위대 창설 대책을 발표하였다(한국수출입은행, 2018; 연합뉴스, 2019. 1. 18).[8] 그러나 현재 살인률은 감소하지 않고 있다. 대통령이 언급한 치안이 불안한 지역에는 바하 캘리포니아(Baja California)주의 티후아나(Tijuana)시, 후아레스(Ciudad Juarez)시, 과다루페(Guadalupe)시, 타마우리파스(Tamaulipas)주의 레이노사(Reynosa)시, 누에보레온(Nuevo Leon)주의 몬테레이(Monterrey)시 등 멕시코의 주요 도시이면서 한국기업들이 진출한 지역이다. 이러한 불안한 치안으로 푸에르토 발라타(Puerto Vallarta)의 경우 관광 수입이 급감하고 있는데, 최근 봄방학을 이용한 미국과 캐나다의 단체 관광객 예약이 10,000~13,000건 취소되는 일이 발생하기도 하였다(El Financiero, 2019. 2. 14.; MA newsletter, 2019. 2. 14). 실제 저자가

6) 연합뉴스, 2019. 1. 22.

7) 연합뉴스, 2019. 1. 4.

8) 연합뉴스, 2019. 1. 18.

방문한 레이노사에서 생산공장을 운영하는 한국의 대표 전자 기업은 육로를 통한 미국 수출에 특별 호송비용을 들이고 있었다.

신공항건설 중단, 에너지개혁 전환 등 정책변경

AMLO 대통령은 2008년 에너지 개혁 당시 민간자본의 참여에 적극적으로 반대한 대표적 인사로서 대통령 당선 후 에너지 개혁 조정에 나서고 있는 모습을 보이고 있다. 가장 핵심적인 변화 내용은 페멕스의 재정건전화 및 활성화 계획을 추진함에 있어 민간기업에 의존하지 않고 정부 지원을 통한 세금부담 경감, 부채 상환, 효율성 제고 등 업스트림과 다운스트림의 생산을 확대하는 것이다(MA newsletter, 2019. 2. 15).

한편, 재무부가 발표한 페멕스에 대한 조세경감 등을 포함한 조세개혁은 페멕스의 생산량과 수출량을 증가시키는 효과를 기대케 한다. 이 외에도 세계의 다른 정유회사들에게 적용하는 세제혜택을 페멕스에도 적용할 계획이며 석유 시추와 탐사비용에 대한 공제를 증가시키는 안도 포함하고 있다(El financiero, 2019. 2. 5.; MA newsletter, 2019. 2. 5). 페멕스가 멕시코 경제에서 차지하는 비중을 고려할 때, 경제 안정과 국민들의 소득수준 향상 면에서는 긍정적으로 작용할 수 있다. 그러나 페멕스에 대한 정책 변화가 멕시코에 진출하는 석유/정유 기업들에게 직접적인 기회요인으로 작용할지는 현재로서는 불확실하다.

연방노동법 개정 움직임

세계경제포럼의 2018년 경쟁력지수에 의하면, 노동시장의 효율성 면에서 멕시코는 140개 조사대상국 중 100위로 상당히 비효율적이며, 해고 비용이 높은 등 경직적인 노동시장으로 평가된다([표-2] 참고). 연방노동법 개정안은 아웃소싱 규정강화, 노조의 단체교섭권 및 권리 강화, 프로텍션 노조 배격 등을 골자로 하고 있으며 5월 1일 노동절을 전후하여 발표될 것이라는 관측이 있다(El Financiero, 2019. 2. 14; MA newsletter, 2019. 2. 14). 2018년 최저 임금이 하루 80.36페소에서 2019년 102.68페소로 27.78% 인상된 것과 함께 부정적인 영향을 미치리라 예측된다(El Economista, 2019. 1. 14.; MA newsletter, 2019. 1. 14).

국내 경제, 사회적 요인발 위험요인과 세계 경제 요인발 위험요인

최근 멕시코의 경제동향을 미루어 볼 때, 신정부 출범으로 인한 정책 변경 외에 경제, 사회 지표상의 변화도 현지 사업 운영에 부정적인 영향을 미칠 가능성이 있다.

인플레이션 압력 가능성

멕시코 중앙은행은 물가상승률 목표치를 2.0%에서 4.0%로 정하고 있는데 2018년 10월 4.9%에서 11월에는 4.72% 그리고 12월에는 4.38%로 중앙은행의 목표치를 벗어나고 있다(El Financiero, 2019. 1. 9.; MA newsletter, 2019. 1. 9). 그러나 2017년 환율상승과 에너지 가격 인상조치 등으로 에너지 및 식료품 가격이 급등하여 5.9%를 기록한 것과 비교할 때(한국수출입은행, 2018), 그리고 [표-2]의 거시적 안정성이 35위, 99.4점인 점을 고려할 때, 현재는 심각한 상황은 아닌 것으로 평가된다. 그러나 향후 사회·경제 상황의 진전에 따라 페소화의 통화가치 절하의 가능성과 인플레이션의 발생 가능성은 배제할 수 없다.

파업과 대규모 실직사태

IMMEX 산업협회 회장 롤란도 곤잘레스의 발표에 의하면, 마타모로스

(Matamoros)시에서만 약 45개 마킬라도라가 파업에 참여하였으며 이와 관련하여 최소 1,500명이 실직하였다(El Financiero, 2019. 2. 13.; MA newsletter, 2019. 2. 13). 이러한 파업으로 향후 3년간 15,000~25,000명의 실직자가 추가적으로 발생하리라 예측하고 있다. 멕시코의 실업률은 2018년에 3.491%이었으며 2019년에는 3.496%로 추정되고 있다([표-1] 참고). 한편 공공 부문에서 실직이 발생할 가능성이 높아졌다. AMLO 정부는 정부지출의 효율성과 낭비예산 절감을 정책적으로 지향하는 가운데 2018년 4사분기에는 공무원을 5,392명 감축시켰다(Expansion, 2019. 2. 15.; MA newsletter, 2019. 2. 15) 이는 총수요를 감소시킴으로써 소비시장을 위축시키는 효과를 가져올 것이라 예상된다는 점에서 멕시코에서 사업을 하는 기업에게는 긍정적인 소식이라 할 수 없다.

중국경제 둔화와 높은 기준금리

IMF는 2019년 멕시코의 경제성장률을 2.5%로 추정하고 있는 가운데 다른 기관들은 더 낮은 추정치로 전망하고 있다. 신용평가사 HR 레이팅은 2019년 멕시코 경제성장률 전망을 1.9%에서 1.7%로 하향 조정하였는데, 이는 중국경제의 둔화와 높은 금리(정책기준금리 8.25%)로 소비 부진이 지속되리라 예상하기 때문이다(El Financiero, 2019. 2. 13.; MA newsletter, 2019. 2. 13).

한국기업의 멕시코 교역과 진출

위와 같은 멕시코 국내외의 다양한 사회적, 경제적 변화 속에서 한국기업들의 멕시코 진출과 사업은 지속되고 있다. 멕시코는 외국인직접투자(FDI) 뿐 아니라 수출과 수입 면에서도 한국의 중남미 최대 교역파트너다(〈그림 4〉 참고). 특히 멕시코는 한국산 중간재인 자동차부품, 평판디스플레이, 철강, 반도체에 대한 수요가 높다(KOTRA, 2019, p.59).

〈그림 4〉 멕시코의 주요 수입국 비중

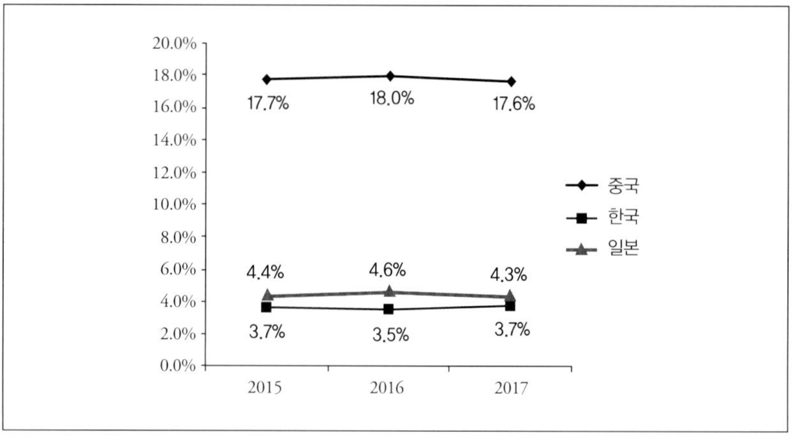

	2015	2016	2017
중국	17.7%	18.0%	17.6%
한국	3.7%	3.5%	3.7%
일본	4.4%	4.6%	4.3%

출처: KOTRA(2019) p.39에서 인용함.

그리고 한국수출입은행에 따르면, 1980년부터 2018년까지 멕시코에 직접투자로 신규 진출한 한국기업 수는 총 404개이다. 이중 397개 기업이 1993년 이래로 진출하여 매년 평균적으로 약 16개 기업이 신규 진출한 셈이다. 1999년부터 2017년까지 멕시코에 투자한 해외 기업들을 관찰하여 보았을 때, 투자 규모 면에서 미국, 스페인, 캐나다, 일본, 네덜란드, 벨기에 순이며, 한국의 투자 규모는 아시아 지역 국가 중에서 일본에 이어 2위에 머물러 있다(KOTRA, 2018; Secretaria de Economia). [표-3]에 의하면, 한국의 대 중남미 투자에 있어서, 멕시코가 최근 몇 년 동안 조세 회피처인 케이만 군도에 이어 두 번째로 투자액이 많은 것을 알 수 있다. 제조업 부문 중 가전 분야의 기업으로는 티후아나(Tijuana)시에 삼성전자가 TV 생산 공장을, 케레타로(Queretaro)시에 가전제품 생산 공장을 운영

[표-3] 한국의 중남미 주요 국가별 FDI 추이

단위: 백만 달러

	2015	2016	2017	'17.3Q	'18.3Q	
케이만군도	3,145	4,460	4,978	1,451	934	△35.6%
페루	284	233	375	92	72	△22.1%
영국령 버진군도	32	26	411	191	64	△66.7%
바하마	-	-	-	-	23	-
멕시코	1,031	436	457	53	19	△63.2%
합계	5,542	6,047	7,000	2,209	1,124	△49.1%

출처: 한국수출입은행, 해외경제연구소(2018) p.9에서 인용함.

하고 있으며, LG전자의 경우, 멕시칼리(Mexicali)시와 레이노사(Reynosa)시에서 TV 생산 공장을 가동하고 있고 몬테레이(Monterrey)시에서 가전 공장을 운영하고 있다.

앞에서 소개한 멕시코의 변화하는 환경 속에서 현지의 기회요인을 잘 활용하고 새롭게 직면하게 될 위험요인에 유연하게 대응하기 위해서는, 한국의 현지 진출기업들이 현지화를 지속적으로 추구할 필요가 있다. 현지화는 모기업의 사업관행을 절대적으로 현지에 적용하기 보다는 현지의 상황에 맞추어 조정하여 적용하는 태도와 비즈니스 관행을 수반한다. 현지화의 실행은 현지 근로자, 소비자, 공급업체, 정부, 자연환경과의 상호작용에서 구체화한다. 진출기업이 현지의 내외적인 환경과 성공적으로 상호작용을 하면 현지의 기회요인과 위험요인에 긍정적인 영향을 미치게 되어 성공적인 사업성과를 가져온다고 할 수 있다. 현지화는 마케팅, R&D, 인력채용, 교육, 훈련 등 각 가치사슬 운영에서 요구될 수 있으며, 가치사슬 외의 기업의 사회적 책임(CSR: Corporate Social Responsibility)을 통하여도 추구되고 실행될 수 있다.

CSR은 기업성과에 긍정적인 영향을 미칠 수 있는데, 이는 좋은 근로여건을 제공함으로써 근로자의 생산성을 높일 수 있고(Turban and Greening, 1997), 경영상의 노하우를 증가시켜 조직의 효율성을 높이며(Orlitzky et al., 2003), 기업의 명성 제고와 신뢰 향상(Bowman and Haire, 1975), 브랜드 이미지 향상을 통하여 제품의 경쟁력 강화(Porter and van der Linde, 1995a, 1995b)를 도모할 수 있기 때문이다(Amini and Bianco., 2017). 그리고 실제로 현실에서 이러한 사례를 드물지 않게 발견할 수 있다. 다음은 삼성전자 케레타로 법인이 CSR을 병행하여 현

[사례 1] **"삼성이 멕시코 노동자 결근율을 10분의 1로 줄인 비결은?"**[9)]

(동아비즈니스리뷰, 2018년 6월, 2호, No. 251 발췌 요약[10)])

삼성전자 케레타로(Querétaro) 법인은 2002년에 공장을 설립한 후 멕시코에서 사업을 해오고 있는데 높은 결근율과 함께 만성적인 현지 근로자의 높은 이직률이 사업 운영의 커다란 애로점이었다. 이는 성장시장으로서 기회요인이자 위험요인이기도 하다. 즉 고용시장이 활성화되어 숙련도가 높아지면 더 유리한 근로조건을 제시하는 다른 기업으로 전직하는 것이 일상화되고, 이는 삼성전자에게는 고비용과 생산성 저하를 초래하는 요인이었다. 이에 삼성전자 케레타로 법인은 중졸학력의 도시인근 거주자의 채용 관행에서 벗어나 원거리의 소외된 지역의 낮은 학력의 지원자를 출장 모집하고 통근편의를 제공하는 동시에 SEP(Samsung Education Program) 같은 재교육 프로그램을 통하여 채용 후 교육과 훈련을 실시하였다. 이러한 과정을 통하여 고용된 근로자는 애사심과 직무만족도가 높아서 이직률이 현저히 낮아지는 결과를 보였다. 채용에 대한 새로운 접근으로 케레타로 법인은 높은 이직률로 인한 고비용과 생산성 저하의 고질적인 문제를 완화할 수 있었다. 한편, 새로운 방식으로 채용된 근로자는 정기적인 소득의 발생과 교육기회를 가짐으로써 그들과 가족의 생활수준과 삶의 질 향상을 경험하게 되었다.

지화를 추구하고 실행하여 만성적인 문제였던 높은 이직율을 감소시키고 생산성을 안정시킨 사례다.

케레타로 법인의 사례는 해외에서 사업을 하는 기업의 현지화 실행과 현지에 대한 사회적 기여의 면모를 보여주고 있다. 즉 최근 회자되는 CSR과 현지화와의 관계를 보여주고 있다. 기존 연구에 의하면, CSR은 기업이 현지 국가의 종교적, 역사적, 문화적 맥락에 민감하게 부합하면서 형식적·비형식적인 방식으로 통치 시스템, 사회적 여건, 노동과 환경 조건을 향상시키는 데에 기여하는 것이다(Visser, 2008; Amini and Bianco, 2017). 한편, 기업의 입장에서는 지속가능한 성장과 관련하여 기업의 성과를 장기적으로 향상시키고 사업의 존속을 유지 강화하는 전략적 접근으로 해석할 수 있다. 앞서 AMLO 정부의 외국인 직접투자 유치정책이 단순 유치보다는 멕시코 경제에 기여도를 중요시하는 방향으로 전환하려 하고 있다고 하였는데, 한국기업의 CSR을 통한 현지화 경영 관행은 현지 정부의 외국인투자 유치 전략의 방향성에 부합한다. 사례1에 따르면, 삼성전자, 기아자동차, 포스코는 멕시코에 직접투자를 함으로써 생산성 향상과 일자리 창출면에서 양적으로나 질적으로 높은 평가를 받고 있음을 알 수 있다.

이러한 CSR 활동은 두 가지 면에서 한국기업의 멕시코에서의 기업 운영에 긍정적인 영향을 미칠 수 있다. 먼저, 도구적 이론(instrumental theories)에서 보면, CSR은 멕시코 정부나 국민에게 한국기업의 멕시코 경제에 대한 기여도에 대한 인식을 향상시킴으로써 정책 리스크 같은 대정부 관련 요인의 부정적인 영향을 감소시킬 수 있다(Lopez and Fornes, 2015). 그리고 멕시코 소비자의 한국 브랜드나

9) 동아비즈니스리뷰, 2018년 6월 251호와 인터뷰를 기초로 발췌, 요약하였음.

10) 저자들이 해당 사례를 위한 현장 인터뷰에 참여하였음.

기업에 대한 이미지 제고를 통하여 시장 확장에 긍정적인 파급효과를 생각할 수 있다. 한편, '지속 가능한 발전' 면에서, 멕시코의 경제 향상과 국민의 복리가

[사례 2] **"멕시코 진출 한국기업 현지 투자로 생산 9조1천억 원 늘어"**[11)]

2018년 11월 27일(현지시간) 주 멕시코 한국대사관과 멕시코 진출 지상사 협의회가 공동 개최한 한-멕 경제성과 발표회에서 멕시코 명문 사립대인 몬테레이 공대의 엘비아 엘레나 남호 프리에고 경제학 교수는 '한국기업의 멕시코 진출 성과'라는 주제로 한국기업의 멕시코에서의 생산성과 혁신에 기여한 바에 대하여 발표를 하였다. 그는 멕시코에 진출한 한국기업들은 같은 규모의 현지 기업보다 연구 및 개발(R&D), 교육훈련, 품질인증 보유 면에서 평균적으로 높은 수준의 성과를 보이고 있다고 평가했다. 지난 17년간 멕시코에 진출한 한국기업들은 81억 달러(약 9조1천700억 원) 이상에 달하는 생산증가와 14만여 개의 일자리 창출을 한 것으로 나타났다. 삼성전자의 경우, 1988년 티후아나에 TV 생산 공장을 설립한 이후 현지 사회공헌 활동을 적극적으로 펼친 결과, 최고의 사회공헌 활동 기업에 수여되는 디스틴티보 ESR 인증마크를 3년 연속으로 획득했다. 한국기업들의 31%가 멕시코에서 기업의 사회적 책임(CSR) 활동을 수행하고 있는 등 기업 이익의 지역사회 환원에도 적극적인 것으로 나타났다. 기아자동차는 누에보레온주에 생산 공장을 설립하고 2016년 5월 생산을 시작한 이래로 기아자동차 생산 단지 내에서만 협력사를 포함하여 약 1만 명을 고용하고 있으며 올해 약 30만대의 자동차를 생산할 계획이다. 그리고 포스코의 경우도 2007년 푸에블라에 철강 가공센터와 2009년에는 탐피코에 냉연강판 도금공장을 설립하는 등 현재까지 멕시코에 총 7억600만 달러를 투자했으며, 약 1천10명을 직접 고용하고 있다. 이들 기업이 창출한 일자리는 동종 업종의 평균 이상의 임금수준을 보여주는 양질의 일자리라 평가되고 있다.

결국은 한국기업이 가치창출을 지속적으로 할 수 있고 시장 지위를 유지하는 데에 장기적인 기반이 된다는 점이다. 최근 멕시코가 저렴한 노동력을 활용하기 위한 생산지라는 점 외에도, 유망 시장으로서 매력도가 증가하고 있는 점, 그리고 [표-2]에서 기업하기 좋은 환경 조성 속도와 혁신적인 기업 관행 및 태도를 나타내는 비즈니스의 역동성 면에서 긍정적으로 평가되고 있는 점이 이를 방증하고 있다.

사례 1과 사례 2에서 본 바와 같이 한국기업의 CSR이 최근 활발하게 이루어지고 있다고 알려지고 향후 CSR 활동이 더욱 활발해지리라 기대되는 가운데 고심해야 할 새로운 주제가 부상할 수 있다. 그 중 하나가 CSR의 관리 방법 중 기업과 지역사회 간의 의사소통의 문제다. 기존의 연구에 따르면, 고객사가 공급업체에 대하여 CSR 요구를 하는 경우가 있다. 그리고 CSR 관련 의사소통 방법에 있어 공급업체는 비가시적인 성과관리를 선호하는데 가시적인 성과관리를 위하여 활동 결과를 보고하도록 종용하는 데에서 갈등이 발생할 수 있다. 그리고 고객사가 공급업체 기업에게 가시적인 CSR 보고를 하도록 하는 것이 반드시 공급업체의 CSR 관행의 향상을 가져오지는 않는다는 연구 결과가 있다(Morsing and Spence, 2019). 가시적인 CSR 보고를 통하여 공급업체는 진실을 상업화하는 문제, 가치 통제와 정체성의 문제에 직면하기 때문이다. 그러므로 CSR의 목적, 기업 내부의 상황, 기업 외부의 환경 모두를 고려하여 CSR을 추진하고 관리할 필요가 있다. 다시 말해, CSR을 활발하게 실행하는 단계에서 방법의 문제까지 고심하여야 할 시점이다. 그러므로 CSR의 표면적인 성과 추구를 지양하고 도구적 목적 이외에 지속가능한 성장을 위한 장기적인 노력과 본연의 취지에

11) 매일경제, 2018. 11. 28.

맞도록 CSR 활동과 관리를 가시적 성과와 비가시적 성과를 모두 고려하여 효율적인 방법으로 주도해야 할 필요가 있다.

| 참고 문헌 |

대한무역투자진흥공사(KOTRA). 2018. 對 멕시코 K-패키지 개발, 발표자료, 갈렙앤컴퍼니.

매일경제. "멕시코 진출 한국기업 현지 투자로 생산 9조1천억원 늘어." 2018년 11월 28일. https://www.mk.co.kr/news/world/view/2018/11/743068/

연합뉴스. "멕시코 하원, 330조원 규모 내년 정부 예산 승인." 2018. 12. 25.
https://www.yna.co.kr/view/AKR20181225007800087?section=international/centralsouth-america

연합뉴스. "멕시코서 시장 피살 잇따라…보름 사이 2명 숨져, " 2019. 1. 4.
https://www.yna.co.kr/view/AKR20190104008100087?input=1195m

연합뉴스. "멕시코 하원, 국내 치안 담당 국가방위대 창설안 가결," 2019. 1. 18.
https://www.yna.co.kr/view/AKR20190118010400087?section=international/centralsouth-america

연합뉴스. "작년 멕시코 살인사건 3만 3천 건으로 역대 최다…하루 91건 발생." 2019. 1. 22.
https://www.yna.co.kr/view/AKR20190122008200087?input=1195m

오성주. 2019. 미·중 관계 변화와 중남미 경제전망, 강연 자료, 포스코경영연구원.

이소정. 2018. 멕시코 투자의 미래는? 대한무역투자진흥공사(KOTRA). 2018. 3. 9.

이재학·정홍준·김주희. 2018. "삼성이 멕시코 노동자 결근율을 10분의 1로 줄인 비결은?" 동아비즈니스리뷰. 2018년 6월 이슈251호.

이정애. 2018. 국별 리포트. 멕시코 국가신용도 평가리포트. 한국수출입은행. 해외경제연구소.2018. 3.

정석수·박경윤. 2019. 2019 세계시장 진출전략 Ⅱ 중남미. 대한무역투자진흥공사(KOTRA). 해외시장뉴스. 2019. 1. 15.

조문희·권혁주·강민지. 2018. 오늘의 세계경제. NAFTA 재협상(USMCA) 결과: 평가와 시사점. 대외경제정책연구원(KIEP), 2018. 10. 19.

한국수출입은행. 해외경제연구소. 2018. 해외직접투자 동향분석. 2018년 3분기보고서 (2018.12. 7).

한국수출입은행. 해외경제연구소. 2018. 투자환경위험평가. 멕시코.

한국수출입은행. 해외통계. https://stats.koreaexim.go.kr/odisas.html

Amini, C. and Bianco, S. D. 2017. Corporate social responsibility and Latin American firm performance, Corporate Governance, 17(3), 403-446.

El Economista. 2019년 외국인직접투자전략 변경, 경제부. 2019. 1. 1.

El Economista. UMA, 84.49페소로 결정. 2019. 1. 14.

El Financiero. AMLO 노인지원프로그램 추진 발표. 2019. 1. 11.

El Financiero. 시중은행, 800억 페소 투자 예정. 2019.1. 9.

El Financiero. 불안한 치안으로 Puerto Vallarta관광 수입 급감. 2019. 2. 14.

El Financiero. AMLO, PEMEX의 조세 부담을 줄이기로 결정. 2019. 2. 5.

El Financiero. 연방노동법 개정 움직임. 2019. 2. 14.

El Financiero. 12월 물가상승률 4.83% 기록. 2019. 1. 9.

El Financiero. 마낄라도라 파업으로 마타모로스 (Matamoros)에서 최소 1500명 실직 2019. 2. 13.

El Financiero. HR 레이팅, 2019년 멕시코 경제성장률 전망 1.7%로 하향 조정. 2019. 2. 13.

Expansion. 2018년 4/4 분기 공무원 5,392명 감소. 2019. 2. 15.

IMF. 2018. World Economic Outlook data

Lopez, B. and Fornes, G. 2015. Corporate social responsibility in emerging markets: case studies of Spanish MNCs in Latin America, 27(2),214-230.

Milenio. 전국 9대 마피아 조직, 17개 그룹 존재. 2019. 2. 11.

Mundus Apertus. MA Newsletter. Mexico 일일경제, 제 68호. 2019. 1. 1.

________________. MA Newsletter. Mexico 일일경제, 제 73호. 2019. 1. 9.

________________. MA Newsletter. Mexico 일일경제, 제 75호. 2019. 1. 11.

________________. MA Newsletter.Mexico 일일경제, 제 76호. 2019. 1. 14.

________________. MA Newsletter.Mexico 일일경제, 제 91호. 2019. 2. 5.

________________. MA Newsletter.Mexico 일일경제, 제 95호. 2019. 2. 11.

________________. MA Newsletter.Mexico 일일경제, 제 97호. 2019. 2. 13.

________________. MA Newsletter.Mexico 일일경제, 제 98호. 2019. 2. 14.

________________. MA Newsletter.Mexico 일일경제, 제 99호. 2019. 2. 15.

Morsing, M. and Spence, L.J. 2019. Corporate social responsibility (CSR) communication and small and medium sized enterprises: The governmentality dilemma of explicit and implicit CSR communication, Human Relations, 1-28.

Schwab, K. 2018. The Global Competitiveness Report 2018, World Economic Forum

Secretaria de Economia. https://datos.gob.mx/busca/dataset?theme=Econom%C3%ADa

WEF. 2018. The Global Competitiveness Report 2018. p. 31.

제3부 사회

라틴아메리카 노동시장의 문제점 _다니엘 슈타인가르트

라틴아메리카의 로비 규정: 투명성과 참여의 사이 _다비드 코르도바

브라질의 도시 위기와 '아래로부터의' 해법 _베아 비트거

라틴아메리카 노동시장의 문제점

다니엘 슈타인가르트

킬메스 국립대학교 교수

원제와 출처: Daniel Schteingart, "El rompecabezas del mercado laboral latinoamericano", *Nueva Sociedad*, No. 275, mayo–junio de 2018, pp. 92–105.

핵심어: 복지, 발전, 노동시장, 빈곤, 라틴아메리카

세계 복지 지도에서의 라틴아메리카

잘 알려져 있듯이 라틴아메리카는 세계적으로 보았을 때 중위소득 지역이자 소득 불평등이 매우 높은 지역이다. 이러한 측면에 있어 라틴아메리카는 남아프리카의 몇몇 국가들 뒤에 위치하고 있다. 소득과 불평등이라는 양 변수의 조합으로부터 우리는 한 국가 혹은 한 지역의 물질적 복지 문제에 대한 의미 있는 접근을 할 수 있을 것이다. 실제로 빈곤율은 소득과 불평등 양 차원의 교차점에 따라 달라진다. 만약 라틴아메리카가 국제적 기준으로 볼 때 빈곤율이 중간 정도에 위치한 지역이라면 이는 이 지역의 높은 소득 불평등에도 불구하고 1인당 소득이 사하라 사막 이남에 위치한 아프리카 국가들이나 아시아 국가들과 같은 인구밀도가 높은 지역보다 상당히 높다는 점에 기인한다.

전 세계적 차원에서 볼 때 1인당 GDP와 소득 불평등간의 어떤 조합들을 우리는 발견할 수 있을까? 우선 선진국들은 높은 1인당 GDP와 상대적으로 낮은 소득 불평등으로 특징 지워진다. 특히 북유럽 국가들의 경우 이러한 특징이 두드러지게 나타난다. 이들 국가들은 오늘날 소득 불평등 현상이 라틴아메리카 국가들과 유사한 상황을 보여주는 미국보다 1인당 GDP가 높고 소득 불평등 현상은 낮게 나타난다. 카타르, 쿠웨이트, 사우디아라비아 등과 같은 중동 산유국들의 경우에는 1인당 GDP는 매우 높지만 소득 불평등 수준 역시 높은 수준이다.

한편 구사회주의 동구권 국가들의 경우에는 공산주의 붕괴 이후에도 상대적으로 소득 불평등 수준은 낮지만 1인당 GDP는 중간 수준에 머물고 있다. 이것은 라틴아메리카 국가들과는 상반되는 현상이다. 즉 라틴아메리카 지역 국가들은 구사회주의 동유럽 국가들보다 1인당 소득은 높지만 매우 높은 소득 불평등 수준을 보여주고 있다. 일례로 세르비아의 1인당 소득은 콜롬비아와 유사하다. 그러나 양국의 빈곤율은 현저히 다르다. 구매력 평가 기준 하루당 10달러 선을 기준으로 삼을 때 세르비아의 빈곤율이 42%인데 반해 콜롬비아의 빈곤율은 55%에 달한다.[1] 이와 마찬가지로 크로아티아와 칠레는 1인당 소득이 유사하다. 그러나 크로아티아의 빈곤율은 23%인 반면 칠레의 빈곤율은 32%이다.[2] 한편 남아프리카공화국, 보츠와나, 나미비아와 같은 남아프리카

1) 이 선은 일반적으로 "중산층"에 속하는 층으로 간주되며 현재 아르헨티나에서 자국의 빈곤상황을 측정하기 위한 기준과 매우 유사하다.

2) 이 통계 자료는 2014~15년 기준으로 세계 은행에서 운영하는 PovCalNet 사이트에서 인용함.

국가들의 경우 1인당 소득은 중위권이지만 소득 불평등은 세계 최고 수준으로 지니 계수[3)]가 0.6을 상회한다. 사하라 사막 이남에 위치한 다른 국가들은

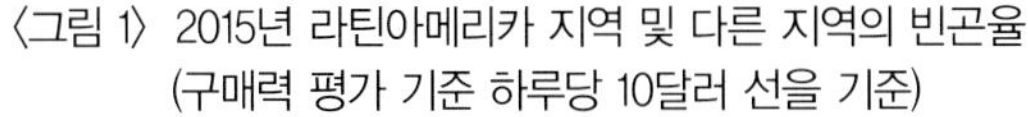
〈그림 1〉 2015년 라틴아메리카 지역 및 다른 지역의 빈곤율
(구매력 평가 기준 하루당 10달러 선을 기준)

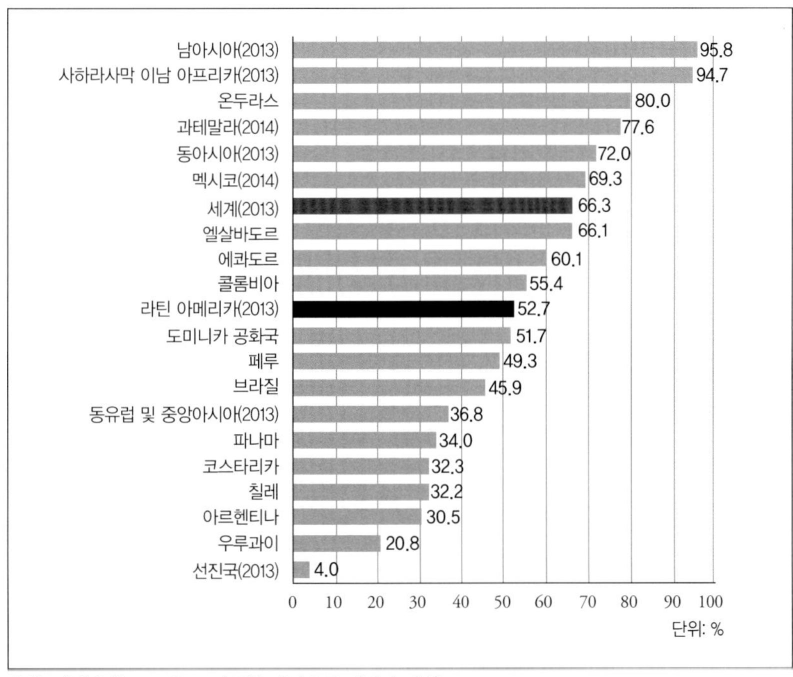

출처: 세계은행 PovcalNet 자료를 바탕으로 필자가 작성.
《http://iresearch.worldbank.org/ PovcalNet/povOnDemand.aspx》

3) 이탈리아 통계학자인 코라도 지니(Corrado Gini)가 제시한 경제적 불평등을 계수화 한 것으로 오늘날 소득 불평등의 정도를 나타나는 통계 지표로 가장 많이 사용된다. 인구분포와 소득분포 간의 관계를 수치화 하는데 〈0〉은 완전평등 상태, 〈1〉은 완전불평등 상태를 의미한다. 따라서 〈1〉에 가까운 수치일수록 소득불평등 정도가 높아 부의 불균형 상태과 심화되고 있음을 나타낸다. (역주). 보다 자세한 내용은 《 https://en.wikipedia.org/wiki/Gini_coefficient》를 참조하라.

지니 계수는 이들 국가들보다 낮지만 1인당 GDP가 매우 낮다.

〈그림 1〉은 구매력 평가 기준 하루당 10달러 선을 기준으로 하여 측정한 빈곤율의 비교를 보여주는데 이것은 위에서 언급한 것들을 보충 설명해준다.[4] 이 도표를 보면 라틴아메리카의 빈곤율은 50%를 상회하는 반면 선진국의 평균 빈곤율은 4%에 불과하다. 그러나 전 세계적으로 볼 때 빈곤율은 65%를 넘는데 이는 아프리카와 아시아의 상황에 기인한다.

라틴아메리카 국가들 중 우루과이, 아르헨티나, 칠레, 파나마, 코스타리카의 빈곤율은 35% 이하로 이 지역에서 가장 낮은 수준이다. 이는 다음과 같은 요인에 때문이다. 우선 이들 국가들의 1인당 GDP가 지역 내 국가들 중 가장 높은 수준이기 때문이다. 또한 우루과이와 아르헨티나의 경우에는 역내 국가들 중 소득 분배가 상대적으로 평등하게 이루어졌기 때문이다. 한편 페루, 브라질과 같은 국가들의 빈곤율은 45-50% 사이로써 이 지역 평균 빈곤율보다 낮은 수준이다. 반면 콜롬비아, 에콰도르, 엘살바도르, 멕시코, 온두라스, 과테말라의 빈곤율은 50%를 훨씬 상회하고 있다.

빈곤율에 있어 라틴아메리카 지역 내 불균형 현상 뒤에서는 여러 요인들이 있지만 무엇보다 우리는 노동 시장에 주목할 필요가 있다. 왜냐하면 이것은 라틴아메리카에서 가구의 주 소득원이기 때문이다. 앞으로 우리는 지속적으로 라틴아메리카 노동 시장의 근본적 양상들을 분석하고자 한다. 이 작업을 통해 우리는 한편으로는 라틴아메리카의 빈곤율이 선진국보다 월등히 높은 이유를 알 수 있고 다른 한편으로는 이 지역이 역내에서도 왜 이질적인 현상을 보이는지에 대한 원인을 파악할 수 있을 것이다.

4) 구매력 평가 기준은 예를 들어 볼리비아에서는 1달러로 구매할 수 있는 상품을 미국에서는 구매할 수 없다는 점을 고려한다.

라틴아메리카 노동시장 분석

취업률

분석을 위한 첫 번째 질문은 라틴아메리카에서 경제적으로 발전한 국가들에서는 취업률(100명당 취업자 수)이 높은가라는 것이다. 이 가설이 옳다면 아르헨티나, 우루과이, 칠레, 코스타리카, 파나마와 같은 국가에서의 취업률은 높아야만 하고 반대로 이들 국가를 제외한 중미 국가들 및 안데스 지역 국가들에서의 취업률을 낮아야만 한다. 하지만 1인당 소득 수준과 취업률과의 관계는 전혀 비례한 것처럼 보이지 않는다. 이 관계를 보다 상세히 살펴보자.

첫째, 상대적인 경제 발전과 25세에서 64세 사이 성인 취업률 간의 상관관계는 매우 약하다.[5)] 라틴아메리카 국가들 중 페루, 볼리비아, 에콰도르, 콜롬비아 등 안데스 산맥 인근 국가들 및 우루과이와 파나마의 취업률은 75% 이상으로 높게 나타난다. 아르헨티나와 칠레의 25세 이상 64세 이하 인구의 취업률은 중간 정도 수준으로 70%를 약간 상회한다. 반면 취업률이 70% 이하로 낮게 나타나는 국가들 중에는 엘살바도르, 온두라스, 과테말라 등과 같이 1인당 GDP가 낮은 국가들도 있는 반면 우리가 앞에서 살펴보았듯이 라틴아메리카에서 빈곤율이 가장 낮은 수준을 보여주는 코스타리카도 있다.

만일 우리가 15세 이상 24세 미만의 청년 인구와 65세 이상의 노령 인구에 초점을 맞춘다면 우리는 상대적인 경제 발전과 취업률간의 관계가 상당히 부정적인 관계를 형성하고 있음을 알 수 있다. 일례로 아르헨티나, 우루과이, 칠레,

5) 1인당 GDP와 25세에서 64세 사이 성인 취업률 간 상관관계 지수는 2015년 기준 0.06이다. 이 상관관계가 완전 비례할 경우 지수는 1이며 완전 반비례할 경우 지수는 –1이다. 또한 상관관계가 없다면 지수는 0이라는 점을 염두에 둘 필요가 있다.

코스타리카, 브라질에서 노동 시장에 참여하고 있는 노령 인구 비율은 20% 미만으로 라틴아메리카에서 가장 낮다. 이렇게 노령 인구의 취업률이 낮은 이유는 이 연령대의 상당수가 연금을 수령해 생활을 하고 있기에 노동 시장에 참여할 필요성이 크지 않기 때문이다. 이와는 반대로 페루, 볼리비아, 에콰도르, 온두라스, 과테말라에서의 노령 인구의 취업률은 높은 수치를 보이고 있다.

상대적으로 1인당 GDP가 높은 라틴아메리카 국가들에서 노령 인구의 취업률이 낮게 나타나는 것과 동일한 현상이 15세 이상 24세 미만 청년 인구층에서도 나타난다. 즉 아르헨티나, 코스타리카, 칠레에서는 이 연령층의 취업률이 35% 이하로 라틴아메리카에서 가장 낮은 수준이다. 이 현상의 배경에 존재하는 구조적 원인은 이들 국가에서 15세 이상 24세 미만 연령층들의 중등 교육 및 대학 교육으로의 접근 가능성이 라틴아메리카 지역에서 가장 높기 때문이다.[6] UN라틴아메리카카리브경제위원회에 따르면, 2002년부터 2015년 사이 라틴아메리카 전 지역에서 15세 이상 24세 미만 인구 및 64세 이상 인구의 취업률이 무상 교육 및 연금 제도의 확대로 인해 낮아졌다.[7]

그러나 지금까지 우리가 살펴 본 내용을 "청년 취업률은 낮을수록 좋다"라는 식으로 선형적으로 해석해서는 안 된다. 왜냐하면 어떤 특정 환경 속에서는 청년 취업률이 교육에 대한 대규모 투자와 같은 긍정적 요인에 기인하는 것이 아니라 전반적인 실업의 증가에 기인할 수 있기 때문이다. 실제 브라질에서는 2013년 초부터 2017년 초 사이 청년 취업률이 46%에서 38%로 하락하였는데 이 시기에 청년 실업률은 18%에서 31%로 증가하였다.[8] 브라질의 이와 같은 드라마틱

6) 실제 라틴아메리카 지역에서 1인당 GDP와 15세 이상 24세 미만 청년층의 취업률 간 상관관계 지수는 −0.63이다. 한편 1인당 GDP와 64세 이상 노령층의 취업률 간 상관관계 지수는 −0.72에 달했다.

7) CEPAL, *Panorama social de América Latina 2017,* Naciones Unidas, Santiago de Chile, 2018.

8) LABLAC 데이터베이스 참조.

한 상황은 비슷한 연령집단에 따른 장기적 차원의 취업률과 같은 구조적 경향성이 2014년부터 지속되어 온 심각한 경제 위기라는 경제 사이클과 결부된 현실을 보여준다. 또한 우리가 경제 지표들을 단순히 선형적으로 읽지 말아야 할 중요성 역시 부각하고 있다.

고용 가능성

본 연구에서 다룰 두 번째 포인트는 라틴아메리카 각 국가들의 고용의 질을 검토하는 것이다. 이를 위해 〈그림 2〉에서 우리는 라틴아메리카 국가들의 2015년 경제활동인구를 분석하고 있다. 노동 시장의 공식적인 핵심으로 정의될 수 있는 영역 속에는 고용주, 5인 이상 사업장 근무 임금 근로자, 공공 부문 근무 임금 근로자, 자영업자 등이 포함된다. 노동 시장의 비공식 부분에는 가사 서비스를 포함하는 5인 미만 사업장 근무 임금 근로자, 비숙련 자영업자, 그리고 무임금 근로자 등이 포함된다.[9] 〈그림 2〉에서는 노동 시장의 비공식적 특성이 가장 강하게 나타나는 국가부터 공식적 특성이 강하게 나타나는 국가 순으로 나열되어 있다. 여기에서 우리는 상대적 경제 발전과 양질의 일자리의 존재가 명백하게 상호 관계를 맺고 있음을 목도할 수 있다.

앞에서 살펴본 바와 같이 라틴아메리카에서 빈곤율이 가장 낮은 칠레, 우루

9) 본고에서는 노동시장의 공식성/비공식성의 구분을 위해 라플라타 대학교의 분배 노동 사회 연구소(Centro de Estudios Distributivos, Laborales y Sociales de la Universidad de La Plata, CEDLAS)가 제시한 기준을 따랐다. 라틴아메리카 카리브 경제위원회 역시 유사한 기준을 이용하고 있다. 소기업 및 대기업 고용주, 공무원, 초소형기업의 숙련 근로자, 소기업 및 대기업의 숙련 비숙련 근로자, 중소득 및 고소득 자영업자 등을 중생산성 및 고생산성 근로자로 정의하고 있으며 소상공인, 저소득 자영업자, 가사 서비스 종사자, 영세 기업의 저임금 근로자 등을 저생산성 근로자로 정의하고 있다. Cepal, op. cit. 라틴아메리카 카리브 경제위원회와 라플라타 대학교 분배 노동 사회 연구소의 기준 설립에 있어서의 차이는 전자의 경우 영세 사업자와 소기업 및 대기업 고용주를 구분하였고, 초소형기업의 숙련 근로자를 중생산성 및 고생산성 근로자로 정의한데 비해 후자는 이들을 노동 시장의 비공식적 부분에 포함시키고 있다.

과이, 코스타리카, 아르헨티나, 파나마 등 5개 국가는 동시에 가장 공식적인 노동 시장을 가지고 있다. 그러나 이들 국가들의 노동 시장은 바람직한 환경과는 거리가 멀다. 예를 들어 〈그림 2〉에서 보듯이 라틴아메리카에서 가장 낮은 빈곤율과 가장 공식적인 노동 시장을 가지고 있는 칠레에서는 비공식 노동 시장 종사자들이 경제활동인구의 1/3을 차지하고 있다. 또한 〈그림 2〉는 우리가 언급할 만한 가치가 있는 몇 가지 특성들을 보여준다. 첫째, 공공부문 고용비율이 경제활동인구의 4% 남짓한 콜롬비아와는 달리 아르헨티나의 경우에는 19%에 달하면서 두각을 나타내고 있는데 이는 라틴아메리카에서 가장 높은 수치다. 그렇지만 우리는 아르헨티나의 공공부문 고용비중은 경제협력개발기구(OECD)의 평균인 21%보다는 낮다는 사실을 고려해야만 한다. 특히 의료, 교육, 사회사업과 같은 공공 서비스에 종사하는 경제활동인구가 30%를 상회하는 스칸디나비아 국가들과 비교할 때 라틴아메리카에서 가장 높은 공공부문 고용비율을 자랑하는 아르헨티나도 한참 낮은 수준임을 잊지 말아야 할 것이다.[10] 칠레는 5인 이상을 고용하고 있는 일정 규모 이상의 사업장에서 근무하는 노동인구가 가장 많은 국가로 눈에 띈다. 그 비중은 경제활동인구의 51%로 14%에 불과한 볼리비아나 19% 남짓한 온두라스와는 극명한 대조를 이룬다. 동시에, 경제발전 정도와 임금 근로자 비율의 비례관계가 또한 현저하게 드러난다. 라틴아메리카에서 가장 경제가 발전한 칠레와 아르헨티나에서 임금 근로자 비율은 전체 경제활동인구의 70%를 상회한다. 이와는 대조적으로 볼리비아, 온두라스, 페루와 같은 국가에서 이 비율은 50%를 밑돈다. 이 지역적 패턴은 세계적 차원에서도 입증된다. OECD 회원국들의 임금 근로자 비율은 평균 87%이며 노르웨이 같은 경우에는 95%를 상회한다. 반면 사하라 사막 이남 아프리카 국가 등 개발 도상국가들에

10) 경제협력개발기구 데이터 참조. 〈https://stats.oecd.org/〉

서 임금 노동자 비율은 28% 정도다.[11)]

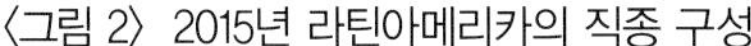

〈그림 2〉 2015년 라틴아메리카의 직종 구성

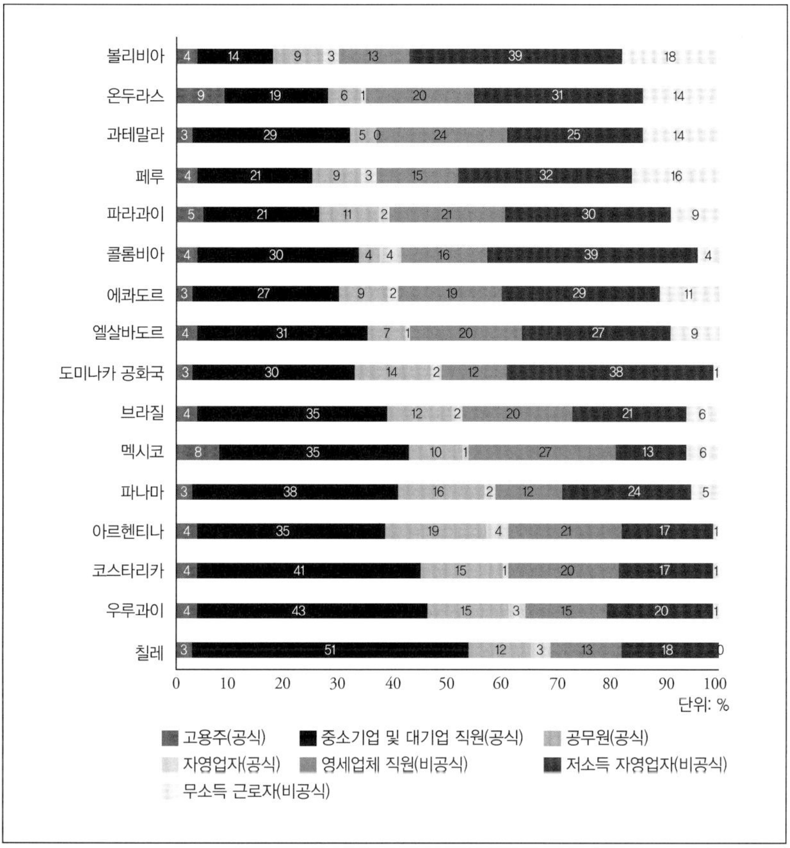

	고용주(공식)	중소기업 및 대기업 직원(공식)	공무원(공식)	자영업자(공식)	영세업체 직원(비공식)	저소득 자영업자(비공식)	무소득 근로자(비공식)
볼리비아	4	14	9	3	13	39	18
온두라스	9	19	6	1	20	31	14
과테말라	3	29	5	0	24	25	14
페루	4	21	9	3	15	32	16
파라과이	5	21	11	2	21	30	9
콜롬비아	4	30	4	4	16	39	4
에콰도르	3	27	9	2	19	29	11
엘살바도르	4	31	7	1	20	27	9
도미나카 공화국	3	30	14	2	12	38	1
브라질	4	35	12	2	20	21	6
멕시코	8	35	10	1	27	13	6
파나마	3	38	16	2	12	24	5
아르헨티나	4	35	19	4	21	17	1
코스타리카	4	41	15	1	20	17	1
우루과이	4	43	15	3	15	20	1
칠레	3	51	12	3	13	18	0

단위: %

출처: 라플라타 대학교의 분배 노동 사회 연구소(CEDLAS) 데이터베이스를 바탕으로 필자가 작성

11) Ilostat 자료 인용. 〈www.ilo.org/ilostat/〉

〈그림 2〉가 보여주는 라틴아메리카 노동 시장의 또 다른 두드러진 측면은 자영업이 기업가 정신이나 '내 회사의 사장'과 같은 개념과 결부된 긍정적 고용의 형태라기보다는 하나의 생계활동 성격이 강하다는 점이다. 비록 라틴아메리카 국가들마다 차이를 보이기는 하지만 실제 이 지역 전체에서 자영업의 수준은 낮은 편이다. 아르헨티나, 우루과이 칠레에서 전문 자영업 비율은(아르헨티나는 18%, 칠레는 15%, 우루과이는 11%) 과테말라(1%)와 멕시코(7%)에 비해 상당히 높은 편이다.

마지막으로, 저개발과 일반적으로 농업 분야에서의 가족 노동과 결부된 무임금 노동 간의 관계 역시 우리의 주목을 끈다. 볼리비아, 온두라스, 과테말라, 에콰도르, 페루와 같은 국가에서 무임금 근로자는 10%를 상회한다. 이 사실은 칠레, 아르헨티나, 코스타리카, 우루과이, 도미니카 공화국 등 무임금 노동자 비율이 거의 의미가 없을 정도로 미미한 국가들과 뚜렷한 대조를 보이다. 앞에서 우리가 임금 노동자 비율에서 목도한 바와 같이, 라틴아메리카의 경향은 전 세계에서 그대로 드러난다. 국제노동기구(International Labor Organization, ILO)에 따르면 저소득 국가들에서 무임금 근로자 비율은 전체 근로자의 19%에 달한다. 반면 OECD 회원국에서 무임금 근로자 비율은 평균 1% 남짓이다.[12)]

그런데 우리는 라틴아메리카 국가들과 다른 지역 국가들을 비교할 때 라틴아메리카 국가들이 공통분모를 가지고 있음을 알 수 있다. 1인당 GDP를 고려할 때 라틴아메리카 국가들에서는 노동 시장에서의 전문직이나 기술직과 같은 고급 노동 비율이 낮게 나타난다.[13)] 상술하면 1인당 GDP가 높을수록 고급 노동 비율이 높아지는 명확한 상관관계가 존재하는 것이다. 그런데 실질적으로는 라

12) 노동에 대한 일반적 정의에서는 주로 여성들이 담당하는 무임금 가사노동을 포함하지 않는다. 노동 통계에서 이와 같은 유형의 활동을 또한 포함하는 것이 바람직하다고 사료된다.

13) 직업 분류 데이터는 OTT (ILOSTAT) 데이터 베이스를 인용함.

틴아메리카 국가들의 경우 1인당 GDP 수준에 비해 고급 노동이 차지하는 비율이 비례관계의 일반적 양상보다는 낮은 수준이다. 이와 유사한 현상을 우리는 중동 국가들에서 발견할 수 있다. 이들 국가들의 1인당 GDP는 상대적으로 높은 반면 고급 노동이 차지하는 비율은 상대적으로 낮다. 라틴아메리카와 중동은 공통적으로 지식 집약적 노동보다는 천연자연 집약적 노동의 비중이 높게 나타나고 있다. 앞에서 살펴보았듯이, 라틴아메리카보다 평등 지수가 훨씬 높은 동유럽 및 구소비에트 연방 국가들은 1인당 GDP에 비해 상대적으로 높은 수준의 노동력을 보유하고 있다. 이는 아마 사회주의 시절 이들 국가 노동자들이 획득한 높은 교육 수준의 유산일 것으로 사료된다.

소득과 노동 시간

라틴아메리카 국가들의 근로 소득은 어떤 성격을 지니고 있을까? 국가 간 그리고 다양한 직업군 간에는 어떠한 불일치와 부조화가 존재할까? 라플라타 대학교의 분배 노동 사회 연구소(CEDLAS)가 제공한 정보는 앞에서 살펴 본 빈곤율에 대한 데이터와 매우 높은 상관관계가 있음을 보여준다. 달러화 환산 1인당 구매력 평가기준으로 볼 때, 라틴아메리카 지역에서는 코스타리카, 파나마, 칠레, 아르헨티나, 우루과이 순서대로 높은 근로 소득 국가이며 동시에 가장 낮은 빈곤율을 보여준다. 이와는 반대로 과테말라, 온두라스, 엘살바도르는 가장 낮은 근로 소득 국가이자 가장 높은 빈곤율을 보여준다.[14] 소득수준과 빈곤율 간의 깊은 상관관계는 비록 완벽한 비례 관계는 아니지만 놀랄 만한 것은 아니다. 한 예로, 우루과이는 라틴아메리카에서 빈곤율이 가장 낮은 국가이다. 그러나

14) 2015년 자료임. 2015년 코스타리카의 월 평균 수입은 달러화 환산 1인당 구매력 평가기준으로 1,175달러였다. 코스타리카의 뒤를 이어 파나마는 1,154달러, 칠레는 1,146달러, 아르헨티나는 1,142달러, 우루과이는 1,034달러였다. 반면 온두라스는 458달러였다. 전체 라틴아메리카 지역의 월 평균 수입은 837달러였다.

비록 라틴아메리카에서 가장 높은 소득 수준을 가진 국가들 중의 하나이긴 하지만 정확하게 가장 높은 근로소득국가로 특징 지워지지는 않는다. 그렇다면 우루과이의 가장 낮은 빈곤율은 무엇에 기인하는가? 근로 소득과 함께 기본적으로 빈곤을 정의할 때 중요한 요소로 고려되는 다음 세 가지 요인들 때문이다. 첫째, 비근로 소득은 어떻게 되는가? 둘째, 근로 소득 및 비근로 소득은 어떻게 분배되는가? 셋째, 가구 구성원 중 몇 퍼센트가 소득이 있는가? 이 마지막 요인은 가구의 평균 규모 같은 질문과 결부된다. 즉, 3인 구성 가구에서 단일 소득자가 있는 것과 5인 구성 가구에서 단일 소득자가 있는 것은 전혀 다른 상황인 것이다. 바로 이점에서 우루과이는 다른 라틴아메리카 국가들에 대해 우위를 가지고 있다. 우루과이의 경우, 가구의 평균 규모는 2.8명이다. 반면, 칠레와 아르헨티나의 평균 가구 규모는 3.2명이다. 평균 규모가 가장 큰 국가인 멕시코는 3.8명이다. 평균 가구 규모가 가장 낮은 것에 비해, 우루과이 인구의 64%는 근로 소득 혹은 비근로 소득을 올리고 있다. 반면 칠레의 경우에는 인구의 58%, 아르헨티나의 경우에는 54%, 멕시코의 경우에는 48%가 소득을 얻고 있다.[15)]

한편, 라틴아메리카 각 국가에서 어떤 직군이 상대적으로 높은 소득을 올리는지에 대한 명확한 규칙이 존재한다. 첫째, 고용주들은 라틴아메리카 전 지역 임금 근로자의 평균 임금보다 2.2배가 많은 소득을 올리고 있다. 둘째, 라틴아메

15) 여기에 대해 니콜라스 바다락코(Nicolás Badaracco), 레오나르도 카스파리니(Leonardo Gasparini0, 마리아나 마르치온니(Mariana Marchionni)는 라틴아메리카의 빈곤과 불평등을 설명할 때 출산율이 중요한 변수라고 주장한다.(N. Badaracco, L. Gasparini y M. Marchionni: "Distributive Implications of Fertility Changes in Latin America", Documento de Trabajo del CEDLAS No 206, 2017). 저출산율은 곧 가구 규모가 작다는 것을 의미하며, 따라서 가구 구성원 1인당 소득이 높다는 사실을 내포하고 있다. 이 점이 바로 빈곤 상태로부터 벗어나는데 결정적인 역할을 하고 있는 것이다. 동시에 저출산율은 여성의 노동참여율이 높다는 점을 수반하여 이는 가구의 소득을 증대시키는데 기여하고 있다. 예를 들어 2015년 우루과이의 25세 이상 64세 이하 여성 인구의 취업률은 70%였는데 이는 파나마의 62%, 아르헨티나의 59%, 칠레의 58%, 코스타리카의 53%보다 매우 높은 수치이다. 본 자료는 CEDLAS가 가구를 대상으로 한 설문통계에 기반하고 있음을 밝힌다.

리카의 모든 국가에서 공공 부문 임금 근로자들은 각 국가들의 평균 임금을 상회하는데 이는 OECD 회원국들에서도 나타나는 경향이다. 이와 유사하게 전문직 자영업자들 역시 국가의 평균 임금보다 높은 소득을 올리고 있다. 이와는 대조적으로 초소형 기업 임금 근로자들의 임금 소득과 비숙련 자영업자들의 임금 소득은 평균 임금보다 아래였다. 반면 중소기업 임금 근로자 및 대기업 임금 근로자들의 임금 소득은 평균을 약간 상회하고 있다.[16]

그런데 우리는 이렇게 라틴아메리카 국가들이 공통적으로 보여주는 경향 속에서 각 국가의 특수성 또한 발견할 수 있다. 이런 특수성 중에 우리의 주목을 끄는 것은 아르헨티나의 경우 직군 간 임금 격차가 가장 작게 나타나고 있다는 점이다. 상술하면, 아르헨티나에서 고용주들의 소득[17]과 비공식 임금 근로자의 소득 간의 차이는 2.2배인 반면 칠레의 경우에는 3.4배, 파나마의 경우에는 5.4배에 달한다. 예상할 수 있듯이, 고학력자와 저학력자 간 소득 격차도 이와 유사한 양상을 보인다. 아르헨티나에서는 고학력자와 저학력자 간 소득 격차는 1.9배인 반면, 브라질과 콜롬비아의 경우에는 3.6배, 칠레의 경우에는 3.1배이다.[18] 더군다나 아르헨티나의 비공식적 핵심 구매력은 달러화 환산 구매력 평가 기준

16) 라틴아메리카 국가들의 단순 평균 소득을 살펴보면 2015년 공공 부문 임금 근로자들의 월 평균 임금은 국가 평균 임금보다 65% 많다. 전문직 자영업자들의 경우에는 58%, 5인 이상 중소기업 근로 소득자들의 경우에는 15% 각각 국가 평균 임금보다 높다. 반면 초소형 기업 임금 근로자와 비숙련 자영업자들의 월 평균 임금은 국가 평균 임금보다 각각 39%, 37% 낮았다.

17) 본 글에서 이용한 자료는 가구통계조사에 기반 한 CEDLAS의 데이터 베이스이다. 이 기관의 가구통계조사에는 자진소득신고를 바탕으로 한 임금 소득에 대한 통계가 잘 나타나 있는데 이와 같은 방법론은 다음과 같은 점을 고려할 때 불평등을 과소평가하고 있다. 즉 첫째, 슈퍼 리치들은 무작위 표본추출조사에서 거의 포착되지 않는다. 둘째, 부자들은 일반적으로 소득을 축소 신고하려는 경향이 있다라는 점이다. 국가 간 비교에서 왜곡을 불러 일으킬 수 있는 요소들 중 하나가 소득 축소 신고 비율이 나라마다 다를 수 있다는 것이며 실제 발생하기도 한다. 그러나 가구 조사에 있어 내재되어 있는 이 문제를 수정하는 것은 사실상 매우 어렵다.

18) 모든 자료는 가구통계조사를 바탕으로 구성된 CEDLAS의 데이터 베이스에서 인용.

으로 라틴아메리카에서 가장 높다.[19] 따라서 근로소득 지니계수가 이 지역에서 가장 낮은 국가가 아르헨티나라는 사실은 그리 놀랄 일이 아니다. 또한 소득 측면에 있어 노동 시장에서 발생하는 현상들은 비록 완벽한 비례 관계는 아니지만 가구당 소득 분배와 직접적인 상관관계가 있다. 실제로 〈그림 3〉에서 우리는 노동시장 지니계수와 가구 총소득(국가 간 소득분배 불평등 비교를 위해 일반적으로 이용되는 가구당 소득) 지니계수 간에 명백한 상관관계가 존재하고 있음을 볼 수 있다. 아르헨티나의 이러한 특수성 뒤에는 국가의 생산구조가 요구하는

〈그림 3〉 2015년 임금소득 지니계수와 가구당 소득 지니계수 간 상관관계

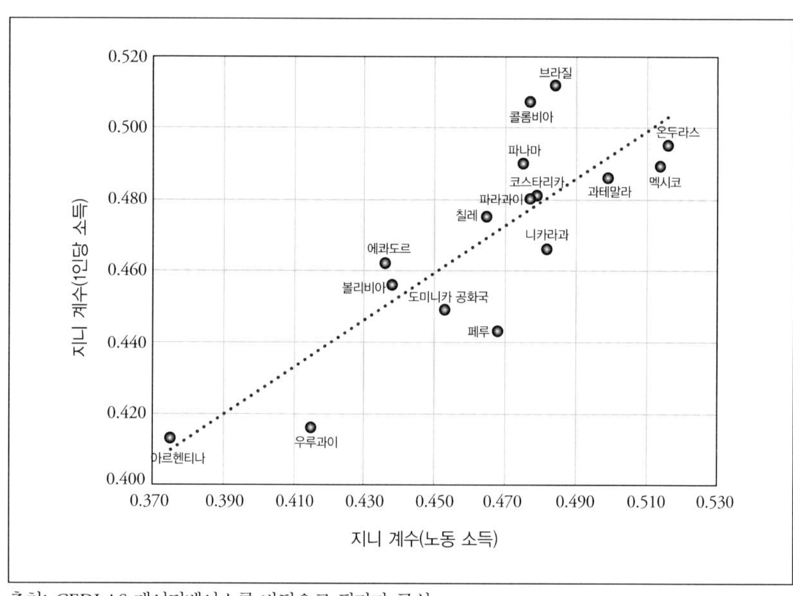

출처: CEDLAS 데이터베이스를 바탕으로 필자가 구성

19) 예를 들어 2015년 아르헨티나의 비숙련 자영업자들의 구매력은 라틴아메리카 지역 평균보다 36% 높았고 칠레가 뒤를 이어 21% 이상 높았다.

자격과 자질에 대한 대학 졸업자의 과잉 공급, 그리고 노동 시장의 제도적 특징들(예를 들어, 비숙련 부문에서의 높은 노동조합 비중, 단체 협상, 2002년 이후 최저 임금의 높은 인상을 통한 임금 균등화 정책 등등)이 존재하고 있다는 가설을 우리는 제시할 수 있을 것이다. 그리고 이러한 가설의 제시는 노동 시장의 성격을 연구하는데 있어 필수적이다.

앞에서 분석한 사항들은 월 근로 소득을 다루고 있기에 국가 간 그리고 다양한 직군 간 근로시간에 있어 차이가 있을 수 있다. 자료에 대한 분석을 통해 우리는 무엇보다 근로시간과 경제발전 간에는 반비례 관계가 성립하고 있음을 볼 수 있다. 다시 말해, 선진국일수록 짧은 근로시간을 가지고 있고 개발도상국일수록 긴 근로시간을 가지고 있다. 이는 OECD 회원국에서도 동일하게 나타난다. 라틴아메리카 지역은 근로시간과 경제발전 간에 반비례 양상을 명확하게 보여준다. 우루과이, 아르헨티나, 파나마는 브라질, 에콰도르와 함께 주당 근로시간이 40시간 이하[20]로 가장 짧은 국가들이다. 이와는 대조적으로 볼리비아, 콜롬비아, 파라과이, 과테말라, 멕시코는 주당 근로시간이 45시간 이상으로 가장 긴 국가들이다.[21] 만일 독일, 덴마크, 노르웨이, 네덜란드와 같은 국가를 근로시간

20) 가구통계조사를 바탕으로 구성된 CEDLAS의 데이터 베이스에서 인용.

21) 실제 1인당 GDP와 근로시간 간의 피어슨 계수는 라틴아메리카의 경우 −0.402이며 세계 전체로는 −0.463이다. 피어슨 적률상관계수 (Pearson product moment correlation coefficient, PPMCC) 란 영국의 통계학자 칼 피어슨 (Karl Pearson)이 개발한 것으로 표준화된 두 변수 X, Y간의 공변 관계를 나타내는 통계량이다. 이 변수들은 선형적 관계를 보여주며 관계성의 정도는 −1에서 +1 척도상에 위치한다. 변수 X와 변수 Y의 상관관계가 +1이면 두 변수가 완벽한 비례관계를 형성하면서 일대일로 대응, 변화한다는 의미이다. 상관관계가 0이면 두 변수가 서로 완전히 독립되어 있어 상호 관련이 전혀 없음을 의미한다. 상관관계가 −1이면 두 변수가 완벽한 반비례관계를 형성하면서 변화한다는 의미이다. 상관관계가 양수일 경우 두 변수 간에 정적 상관이 있다고 하며 상관관계가 음수이면 두 변수 간에 부적 상관이 있다고 한다. 정적 상관일 경우 변수 X가 증가(감소)할 때 변수 Y 역시 증가(감소)하며 부적 상관일 경우 변수 X가 증가(감소)할 때 변수 Y는 감소(증가)한다. 자세한 사항은 위키피디아(https://en.wikipedia.org/wiki/Pearson_correlation_coefficient)를 참조하라.(역자 주)

비교 리스트에 추가한다면 라틴아메리카의 그 어떤 국가보다도 상당히 아래에 위치할 것이다. 이들 국가에서 주당 근로시간은 30시간 미만이다.[22] 우리가 청년 취업률에 대해 분석할 때 언급했던 바와 마찬가지로 근로시간이 짧다는 것이 본질적으로 긍정적이라고 말할 수는 없다. 어떤 경우에는 근로시간의 단축이 근로자 측에서 업무를 더 해야 할 필요성이 감소하여 여가를 선호하는데 기인하는 것이 아니라 경기 침체에 기인할 수 있기 때문이다. 한 예로 1998년부터 2002년 사이 극심한 경기 침체기 동안 아르헨티나는 주당 44시간 근로시간을 40시간 이하로 단축하였다. 이 기간 아르헨티나와 유사한 경기쇠퇴를 경험했던 우루과이 역시 근로시간을 단축했다.

지금까지 살펴본 것 외에 근로시간과 관련된 또 다른 규칙들이 존재한다. 첫째, 라틴아메리카 거의 모든 국가에서 고용주의 주당 근로시간이 가장 길다. 콜롬비아의 경우 54시간에 이른다.[23] 라틴아메리카 이외 지역에서는 고용주들은 다른 직군 근로자들이 주당 42시간을 근무하는데 비해 49시간을 근무한다. 둘째, 우리가 짐작할 수 있듯이 주당 근로시간이 가장 짧은 직군은 무임금 근로자로서 이들의 주당 근무시간은 평균 29시간이다. 셋째, 5인 이상 사업장에서 근무하는 근로자들은 일반적으로 평균 근로시간보다 5시간 이상 더 근무한다.

22) 경제협력개발기구 통계자료 (OECDSTAT) 인용.

23) 라틴아메리카에서 고용주들은 주당 근로시간이 가장 긴 직종이라는 사실 이외에 또 다른 특성의 규칙들을 가지고 있다. 첫째, 고용주들을 성별 구조로 관찰했을 때 75%가 남성일 정도로 매우 남성 편향적이다. 둘째, 라틴아메리카 지역의 경제활동인구의 평균 연령이 38세인데 비해 고용주들의 평균 연령은 46세이다. 셋째, 고용인들의 대부분은 가장이다. 넷째, 고용인들은 비숙련 자영업자에 비해 교육수준이 높은 반면 전문직 자영업자에 비해서는 낮고 임금 근로자 평균과 거의 비슷하다. 다섯째, 고용주들 간 소득은 다른 어떤 직종보다 가장 넓게 분포되어 있다. 여섯째, 초소형기업인은 자영업자로, 자영업자는 초소형기업인으로의 전환이 빈번하게 발생한다. 일곱째, 고용주들은 다른 직종과 비교했을 때 일반적으로 초과 소득을 더 많이 얻는다. Pablo Gluzmann, David Jaume y Leonardo Gasparini, "Decisiones laborales en América Latina: el caso de los emprendedores. Un estudio sobre la base de encuestas de hogares", *Documento de Trabajo del CEDLAS*, No 137, 2012, 12.

반면, 비숙련 자영업자들은 평균 근로시간 이하로 근무하는데 이는 자신의 자발적 선택이 아니라 이 직군이 지닌 특징인 업무 및 작업의 비지속성에 기인한다.[24] 공공 부문 임금 근로자들과 초소형 기업 임금 근로자들은 경우에 따라 평균 이상 혹은 평균 이하 근무를 하는데 라틴아메리카 이외 지역에서 공공 부문 임금 근로자들의 근무 시간은 평균치에 가깝다.

결론

2002년부터 2014년까지 라틴아메리카는 유례없는 경제 호황을 경험하였다. 이 덕분에 코스타리카부터 남부 라틴아메리카 국가들까지 빈곤 현상이 상당히 감소하였다. 호의적인 국제 환경 속에서의 실질 소득의 향상 및 어느 정도의 비공식성의 감소와 같은 노동 시장에서의 긍정적 변화로 인해 생활 조건이 향상되었다(〈그림 4〉 참조). 근로소득의 불균형 현상 역시 이 시기에 감소하였는데 여기에는 상호 관련이 있는 다음과 같은 몇 가지 이유가 있다. 첫째, 1990년대와는 대조적으로 2002년부터 2014년 사이 경제 호황기에는 비숙련 근로자 직군에 대한 상대적인 수요가 증가하였기 때문이다. 1990년대의 경제 자유화는 전문직 근로자보다는 비숙련 근로자들에게 더 큰 영향을 미쳤다. 이 시기의 경제 발전은 실업률의 증가뿐만 아니라 비정규직 및 불평등의 증가와 함께 이루어진 특징이 있다. 반면 2000년대의 경제 성장은 1990년대의 경제 성장보다 훨씬 강력했으며 여러 분야에서 일반화 되었는데, 특히 많은 부분이 건설업이나 1차 산업과 같은

24) 예를 들어 2016년에서 2017년 사이 아르헨티나의 비숙련 자영업자들의 30%가 보다 많은 시간 일을 하고자 했다. 이는 근로자들의 16%가 더 많은 시간 일을 하길 원하는 것과는 상당한 격차를 보이고 있다. Encuesta Permanente de Hogares del Instituto Nacional de Estadística y Censos (eph–Indec)의 자료를 취합하여 계산함.

〈그림 4〉 2002~2015년 라틴아메리카의 노동의 비공식성 변화 양상

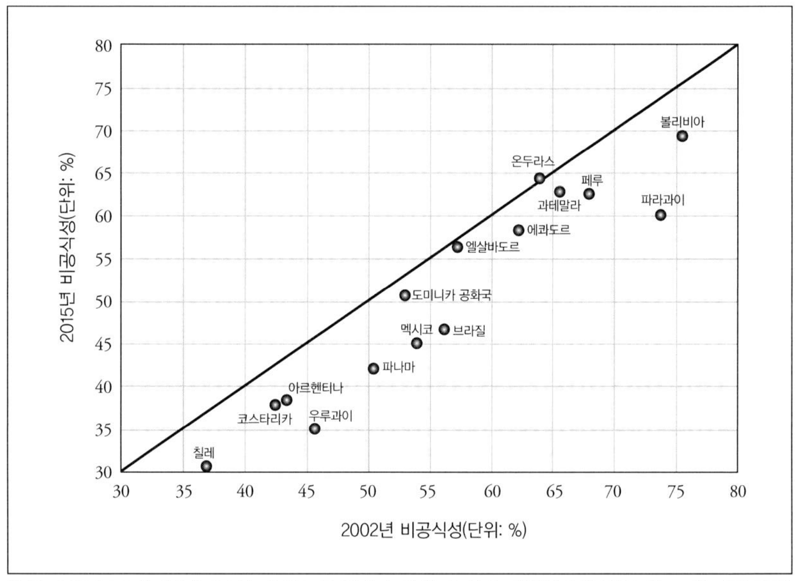

출처: CEDLAS 데이터베이스를 바탕으로 필자가 작성. 노동의 비공식성의 범주에는 5인 이하 작업장에서 근무하는 임금 노동자, 학사 학위 없는 자영업자, 무임금 근로자들이 포함된다.

노동집약적 특성을 지닌 부분이었다.[25] 둘째, 아르헨티나나 브라질과 같은 몇몇 국가에서는 노동법 개정으로 인해 최저 임금 상승이 이루어졌는데 그 상승률은 평균 임금 상승률보다 월등히 높았다.[26]

25) L. Gasparini, Guillermo Cruces and Leopoldo Tornarolli, "Chronicle of a Deceleration Foretold: Income Inequality in Latin America in the 2010s", *Documento de Trabajo del CEDLAS*, No. 198, May 2016.

26) 예를 들어 말레나 아르시아코노 (Malena Arcidiácono)는 2003년부터 2013년까지 10년 동안의 아르헨티나에 있어 최저 임금의 분배적 영향에 대한 연구를 수행한 후 다음과 같은 결론을 내리고 있다. "최저 임금 인상은 평균임금 격차가 정규직 근로자의 경우 년 0.5% 포인트, 전체 임금 근로자의 경우 년 0.3% 포인트의 감소를 설명해 주고 있다." Malena Arcidiácono, "Salario mínimo y distribución salarial: evidencia para Argentina 2003-2013", *Documento de Trabajo del CEDLAS*, No 192, Diciembre de 2015, p. 2.

노동 시장의 역동성이 비록 가구 간 소득격차 축소의 가장 중요한 요소였지만 취약 계층으로의 현금 이전의 확대와 같은 다른 변수들도 소득격차 축소에 기여하였다. 현금 이전은 볼리비아나 아르헨티나의 경우 노령 연금의 준보편화를 통해서, 아르헨티나의 보편 아동수당(Asignación Universal por Hijo)[27]이나 브라질의 보우사 파밀리아(Bolsa Familia)[28]와 같은 조건부 현금 지급의 형식을 통해 이루어졌다. 또한 출산율 저하 역시 소득격차를 줄이는데 상당한 영향을 미쳤다. 왜냐하면 출산율 저하는 빈곤층 가정의 자녀수의 감소 및 가구 규모의

27) 실업 상태에 있거나 최저 생계비 이하 소득 가구를 대상으로 최대 5명의 자녀까지 지원금을 지원하는 제도로써 2009년 10부터 시행되었다. 무조건적 지원이 아니라 5세 미만 자녀에 대한 지원금을 받기 위해서는 국가 필수 예방접종 확인서를 의무적으로 제출해야 하며 5세 이상 자녀의 경우 재학 증명서를 의무적으로 제출해야만 한다. 자녀가 만 18세가 될 때까지 지원금을 받을 수 있으며 담당 주무기관인 복지청(Administración Nacional de la Seguridad Social)은 지원금 대상인 각 자녀 이름으로 된 통장을 발급하여 관리 및 통제를 한다. (역자 주)

28) 2003년 룰라 행정부의 출범 이후 시작된 빈곤과 기아 퇴치를 위한 브라질 연방정부의 복지정책이었던 포미 지루(Fome Zero) 프로그램의 일환. 빈곤층의 최저생계를 보장하기 위한 가족지원금 정책으로 빈민층의 음식 및 에너지 구입, 자녀의 취학 지원을 위해 정부가 현금으로 대상 가구에게 지급하였다. 2003년 시행 초기에는 정부가 정한 빈곤선인 가구 구성원 1인당 소득이 50헤알 이하인 가구에는 50헤알을 지급하였고 50헤알 이상 100헤알 이하인 가구에는 미취학 아동 1인당 15헤알씩 최대 45헤알까지 지급하였다. 보우사 파밀리아는 직접 현금으로 지급하는 대신 "시민카드"라고 불리는 체크카드와 유사한 형태의 카드를 가장에게 지급한다. 이 카드를 지급받은 가정은 국영은행인 연방 경제은행(Caixa Económica Federal)의 지점에서 현금을 인출할 수 있다. 정부는 이 프로그램 시행 초기에 발견된 약점들 중 하나인 남성 가장들이 경우 지급된 현금을 정부가 의도한 최저 생계유지에 쓰기 보다는 술과 마약 구입에 쓰는 경우를 막기 위해 남성 가장보다는 여성 가장에게 "시민카드"를 지급하는 것을 선호한다. 또한 브라질 정부는 2006년부터 보우사 파밀리아 수혜 가정이 적절하게 지급받은 현금을 사용하는 지를 정밀하게 모니터링하는 제도를 도입하였다. 현재 보우사 파밀리아 제도는 기초 보우사 파밀리아(Bolsa Família Básico), 변동 보우사 파밀리아(Bolsa Família Variável), 청소년 변동 보우사 파밀리아(Bolsa Família Variável para Jovem), 최빈곤 극복을 위한 보우사 파밀리아(Bolsa Família para Superação da Extrema Pobreza) 등의 총 4개 프로그램으로 운영되고 있다. 보우사 파밀리아 제도는 브라질의 빈곤 타파에 큰 기여를 했다는 긍정적 평가와 함께 정부 재정 부담을 급격히 증대시켜 경제 운영에 악영향을 미쳤다는 부정적 평가가 동시에 존재한다. (역자 주)

축소를 의미하며, 따라서 가구 1인당 소득의 증가로 직결되었기 때문이다.[29)]

2000년대 이룬 이와 같은 노동 시장의 개선에도 불구하고, 최근 이러한 추세는 정체를 보이고 있다. 브라질과 같은 국가의 경우에는 심지어 악화일로를 걷고 있다. 여기에는 여러 가지 원인들이 있는데, 이 중 두드러진 것은 전반적인 경제성장의 둔화, 2000년대와 비교했을 때 역동적이지 못한 세계경제의 결과, 세계 무역의 감소, 특히 남아메리카 국가들의 무역량 감소 등이다. 여기에 우리는 정부 차원에서의 국내 거시경제 정책의 심각한 실책을 덧붙일 수 있다. 특히 브라질, 베네수엘라, 아르헨티나가 거시경제 정책의 대표적인 실패 사례다. 브라질은 2015년부터 2016년까지 심각한 경제 위기를 겪었고, 베네수엘라는 2013년부터 거시경제 지표 및 사회 지표의 모든 부분에서 최악의 상황에 직면하였으며, 아르헨티나는 2011년부터 인구가 증가하는 상황 속에서도 경제 성장이 정체되어 2017년 1인당 GDP가 2011년 보다 3% 하락하였다.

경제적 성과에 대한 각 국가의 특수성은 차치하고, 확실한 것은 그 어떤 라틴아메리카 국가도 2000년대 경제 호황 속에서 생산성 측면 그리고 결과적으로는 노동 시장 측면에서 의미 있는 구조적 변화를 일궈내지 못하였다는 점이다. 현재 남미의 원자재, 중미와 멕시코에서의 제품 조립과 같은 지역별 특화 양상은 15년 전과 매우 유사하다. 반면 1인당 GDP 대비 R&D 투자는 선진국에 비해 여전히 미미한 실정이다. 라틴아메리카 국가들의 이러한 행적은 같은 시기 동아시아 국가들이 보여 준 행적과는 상당히 차이를 보인다. 이 시기에 동아시아 국가들은 라틴아메리카 국가들보다 훨씬 중대한 생산 구조의 변화를 일궈냈으며 이를 통해 일반적으로 말하는 '중위소득의 함정'을 피할 수 있는 가능성을 증가시

29) Badaracco, Gasparini y Marchionni는 브라질에서 1990년부터 2012년 사이 출산률 감소가 지니계수를 18% 떨어뜨렸다고 평가하고 있다. N. Badaracco, L. Gasparini y M. Marchionni, *ob. cit.*

켰다. 중위소득의 함정이란 1인당 GDP가 라틴아메리카 국가들처럼 중위권 수준에 도달하게 되면 임금을 통한 경쟁력을 상실하게 됨으로써 상위소득으로 나아가는데 상당히 많은 난관에 봉착하게 된다는 것이다. 왜냐하면 라틴아메리카 국가들보다 더 가난하면서 임금수준도 낮은 국가들이 존재하기 때문에 낮은 임금이라는 장점이 없어지기 때문이다. 따라서 이 함정으로부터의 유일한 탈출구는 생산성과 혁신에서 경쟁력을 확보하는 것이다. 혁신을 일궈낸다는 것은 훌륭한 거시경제 정책의 운용과 교육의 질 향상뿐만 아니라, 국가 내에서의 생산적 연계와 기술적 역동성을 강화시킬 수 있는 생산, 과학, 기술 정책이 수반되어야 함을 의미한다. 이것은 필연적으로 국가의 행동을 요구하며, 동시에 공공 정책을 효율적으로 집행할 수 있는 국가의 능력을 요구한다.

정동희 옮김

라틴아메리카의 로비 규정: 투명성과 참여의 사이

다비드 코르도바

IE 경영대학 교수

원제와 출처: David Córdova, "Regulación del lobby en América Latina", *Nueva Sociedad*, No. 276, julio–agosto de 2018, pp. 129–139.

핵심어: 부패, 로비, 참여, 투명성, 라틴아메리카

15년 전인 2003년 7월 11일 페루는 역사상 처음으로 로비 활동에 대한 규제 법안을 통과시켰다. 이로써 페루는 라틴아메리카 국가 중 행정부 및 입법부 활동과 관련된 로비를 규제한 첫 번째 국가가 되었다. 이 규제는 여러 국가 기관들이 개입된 부패 사건들에 대한 폭로와 고발이 난무하던 시기에 대한 응답이었다는 사실을 우리는 기억해야 한다.[1]

이 시기동안 발생했던 일련의 부패 사건들의 시발점은 고위 공직자와 국회

1) Carlos Iván Degregori, *La década de la antipolítica. Auge y huida de Alberto Fujimori y Vladimiro Montesinos*, Fondo Editorial del Instituto de Estudios Peruanos, Lima, 2000.

의원 간의 부적절한 거래를 담은 동영상의 유포였다. 이 동영상에는 국가정보국 국장이 한 야당 국회의원에게 15,000달러에 달하는 뇌물을 주면서 알베르토 후지모리 대통령의 소속 정당으로 옮기는 협상을 하는 장면을 담고 있었다.

이 사건 직후 APEC 정상회담 차 브루나이를 방문 중이던 후지모리 대통령은 국가정보국을 해체하고 재선거를 약속하였다. 그리고 이것은 후지모리의 정치 여정에 마침표를 찍는 계기가 되었다.[2] 페루 정치계를 강타한 이 사건 이후 행정부 관료들의 행위와 윤리적 기준을 감독하기 위한 입법 기구가 창설되었고, 이와 같은 정치적 상황 속에서 '공공 행정부서에서의 이해관계 규제법'(Ley que Regula la Gestión de Intereses en la Administración Pública)이 2003년에 제정되었다.[3]

2) 3선에 도전한 알베르토 후지모리 대통령은 2000년 대선에서 2차 투표까지 가는 어려운 상황 속에서 51.2%의 득표율로 가까스로 집권하였지만 야당 및 국제 사회의 비난은 멈추지 않았다. 이런 상황을 타개하고자 후지모리 대통령은 야당 지도자 중 한 명이었던 페데리코 살라스(Federico Salas)를 국무총리로 임명하였지만 야당은 거부하였고 대선에서 후지모리의 강력한 경쟁자였던 알레한드로 톨레도(Alejandro Toledo)는 대선 무효 운동을 적극적으로 전개하였다. 이렇게 취약했던 후지모리 정권에 결정타로 작용한 것이 블라디미로 몬테시노스(Vladimiro Montesinos) 국가 정보국 국장이 야당 소속 국회의원이었던 알베르토 코운(Alberto Koun)을 매수하여 여당으로 정당을 옮기게 하려는 협상 장면을 담은 동영상이 2000년 9월 14일 케이블 방송국인 Canal N에 의해 전국에 방송된 사건이었다. 사건 발생 두 달 후인 2000년 11월 13일 후지모리 대통령은 APEC 정상회담 참석을 위해 브루나이로 출국했고 정상회담을 마친 후 쿠알라룸푸르와 도쿄를 방문 후 파나마에서 개최 될 예정이었던 제 10차 이베로 아메리카 정상 회담에 참석할 예정이었지만 11월 17일 도쿄를 방문하여 귀국길에 오르지 않고 팩스로 의회에 대통령 자진 사임을 통보하였다. 하지만 의회는 그의 자진 사임을 수용하지 않고 대통령이 "영구적으로 도덕적 불구"가 있다고 판단하여 해임을 결정하였다. 후지모리는 2005년까지 일본 국적자로서 일본에서 망명생활을 하게 된다. –옮긴이

3) 예를 들어 2002년에 공공 서비스 윤리 강령법(Ley del Código de Ética de la Función Pública) 및 그 조례가 제정되었고 2003년에는 공공 행정부서에서의 이해 관계 규제를 위한 법률 제 28024호(Reglamento de la Ley No 28024)가 제정되었다. 동시에 행정부는 "공공 행정 및 사회에서의 부패 방지와 윤리 및 투명성 증진을 위한 국가 위원회"(Comisión Nacional de Lucha contra la Corrupción y la Promoción de la Ética y la Transparencia en la Gestión Pública y en la Sociedad)를 창설하였다. 이후 이 위원회는 국가 부패방지 위원회(Consejo Nacional Anticorrupción, CNA)로 개명하였고 다시 국가 부패방지 사무국(Oficina Nacional Anticorrupción, ONA)로 불리게 되었다. 하지만 국가 부패방지 사무국은 여론과 자체 감사실의 비판으로 인해 2008년 폐지되었다.

페루의 뒤를 이어 로비 활동을 규제한 두 번째 국가는 멕시코이다. 멕시코의 로비 규제는 오직 입법부에만 영향을 미쳤는데 2010년에 하원 규정과 상원 규정에 각각 포함되었다. 로비에 대한 상하원의 규정은 규범적 틀을 만들기 위한 10년간의 토론과 의회의 발의 끝에 마련된 것이다. 많은 학자들은 멕시코에서의 로비 규제에 대한 관심은 제도혁명당(PRI)이 1997년 총선에서 의회 과반수 확보에 실패하여 의회 권력이 국민행동당(PAN)으로 이동했던 시기에만 일어났다고 확언한다. 권력의 변화는 기업이나 조합 등 이익 단체들이 새로운 권력과의 대화나 협상 등을 위한 창구를 마련할 필요성을 야기하였다.[4] 로비 규제에 대한 법안이 제정된 2010년 멕시코의 부패 인식 지수[5]는 10점 만점에 3.1점을 기록하였는데 2009년에 비해 아홉 계단 하락하여 이집트, 부르키나 파소와 함께 98위[6]를

4) Efrén Elías Galaviz, *El cabildeo legislativo y su regulación*, UNAM, Ciudad de México, 2006; Sebastián Lerdo de Tejada y Luis Antonio Godina Herrera, El lobbying en México, Miguel Ángel Porrúa, Ciudad de México, 2004; Laura Ponce Lugo y Jonathan Sánchez López-Aguado, *Hacia una regulación del cabildeo en México*, Fundación Miguel Estrada Iturbide/Investigar para Legislar/Tatevari Ediciones, Ciudad de México, 2009.

5) 부패 인식 지수(Corruption Perceptions Index, CPI)는 독일의 비정부 기관인 국제투명성기구(Transparency International, TI)가 1994년부터 조사를 시작하여 1995년부터 공식 발표를 시작한 일반 대중들이 인식하는 국제 청렴도를 지수화 한 것이다. 이 지수는 세계은행, 아시아 개발은행, 프리덤 하우스, 세계 경제포럼 등과 같은 10여개 기관의 13종류에 대한 설문조사를 바탕으로 산출되는데 공무원과 정치인들이 얼마나 부패했는지를 수치화한다. 부패 인식 지수는 경제적 측면보다는 정치적으로 한 국가가 얼마나 신진화된 사회인지를 평가하는 기준으로써 프랑스의 국경 없는 기자회(Reporters Without Borders, RWB)가 발표하는 언론 자유 지수, 영국의 이코노미스트지가 발표하는 민주주의 지수와 함께 가장 많이 이용되는 지표이다. 2011년까지는 10점 만점으로 평가하여 10점에 가까울수록 국민들이 공무원과 정치인들이 청렴하다고 느끼며 0점에 가까울수록 부패하다고 느끼고 있다고 상정한다. 2012년부터는 100점 만점으로 기준이 바뀌었다. 조사 대상국들 중 70%가 2011년까지는 5점, 2012년 이후로는 50점 미만이며 개발도상국으로 분류되는 국가들의 90%가 5점, 혹은 50점 미만이다. 참고로 지수 발표 이후 수위권은 대부분 북유럽 국가나 뉴질랜드가 차지하고 있으며 한국은 2011년 10점 만점 평가 때까지는 5점대, 2012년 100점 만점 평가 이후부터는 50점대로써 중간 수준이다. 보다 상세한 사항은 〈https://www.transparency.org/〉를 참조하라. –옮긴이

6) 원문에는 89위로 되어 있는데 원저자의 오류이다. 2009년 멕시코의 부패 인식 지수 순위는 89위였고 2010년은 98위였다. 여기에 대해서는 〈https://www.transparency.org/〉를 참조하라. –옮긴이

차지하였다.

라틴아메리카에서 로비 활동에 대한 규제를 추진한 세 번째 국가는 콜롬비아였다. 2009년 콜롬비아는 선거 시스템을 개선하고 정당의 투명성을 확보하며 정치 자금 조달을 위한 적절한 통로를 확충하기 위해 헌법의 일부 조항들을 수정하고 새로운 조항을 추가하였다. 상술하면 헌법 144조에 로비 활동은 법률을 통해 규제를 받는다는 조항이 추가된 것이다. 이 시기에는 사법 당국의 조사를 통해 "파라폴리틱스"라 불린 준군사조직과 정치인들의 유착 사건이 밝혀졌다.[7] 조사에 따르면 국회의원의 3분의 1이 준군사조직 단체들과 유착되어 있었다. 마약 카르텔과 정치권력 간의 유착은 이미 거의 모든 콜롬비아 국민들에게 잘 알려져 있었다. 마침내 2011년 의회는 홍보 원칙과 의회의 투명성 정책을 추동하기 위한 목적으로 결의안 MD-2348을 통과시켜 로비스트의 공개 등록을 법제화 하였다. 하지만 이 결의안은 국가 경제사회 정책 협의회(Consejo Nacional de Política Económica y Social)에 따르면 긍정적 결과를 거의 얻지 못하였다.[8] 20년이 넘는 논쟁 끝에 현재 로비 활동을 규제하고 현행법에 대한 다른 보완조항들을 규정하는 입법 계획이 상원에서 진행 중이다.

7) 준군사조직을 의미하는 Paramilitar와 정치를 의미하는 Política의 합성어로 수천 명의 콜롬비아 민간인을 국가수호 및 사회질서 유지라는 명목으로 학살한 극우 단체인 콜롬비아 연합 자경단(Autodefensas Unidad de Colombia, AUC)과 국회의원들 간의 유착 스캔들이다. 139명의 국회의원들과 5명의 주지자가 Parapolítica 사건과 연루된 혐의로 조사를 받았다. 여기에는 콜롬비아 우익 정치계의 대부이자 당시 대통령이었던 알바로 우리베(Álvaro Uribe) 전 대통령의 조카인 우리베 에스코바르도 포함되었다. 콜롬비아를 뒤흔든 이 부패사건은 2015년 6월 야당인 대안민주당 소속 클라라 로페스 오브레곤 의원이 대법원에서 국회의원들과 콜롬비아 연합 자경단 간의 유착관계가 있다고 공식적으로 증언하면서 언론의 집중적 조명을 받게 되었다. 이 증언 이후 자경단의 한 리더의 노트북에서 국회의원들과의 유착관계를 상세히 담은 파일이 발견되면서 전체 국회의원의 3분의 1이 수사를 받게 되었다. 보다 자세한 사항은 위키피디아 스페인어판 《https://es.wikipedia.org/wiki/Parapolítica》를 참조하라. -옮긴이

8) Consejo Nacional de Política Económica y Social ₩(Conpes), "Estrategia nacional de la política pública integral anticorrupción", *Documento Conpes*, No 167, 2013.

로비 활동에 대한 규범의 틀을 만든 네 번째 국가는 칠레다. 2014년 칠레는 로비 및 당국 과 공무원들을 대상으로 "특수 이익의 제시 및 표현"을 하는 행위들에 대한 규제 법안을 통과시켰다. 이 경우 역시 로비 규제에 대한 논의는 부패 근절을 위한 개혁의 전체적인 틀 속에서 발생하였다. 에두아르도 프레이 대통령뿐만 아니라 리카르도 라고스, 미첼 바첼레트 대통령 역시 세바스티안 피녜라 정부 기간 동안 로비 규제법이 통과되기 전에 부패 척결을 위한 조치를 취할 필요성을 느꼈다.

로비 규제에 대한 라틴아메리카적 모델?

라틴아메리카 국가들에서 로비 규제법의 시발점에 대해 짧게 고찰을 한 후 이제 우리는 로비 규제법에 있어 라틴아메리카적 모델이 존재하는지를 분석할 필요가 있다. 우리는 현재 글로벌화 된 현상에 직면하고 있다는 경제협력개발기구(OECD)의 견해에 동의한다. 2000년 이전에는 전 세계를 통틀어 오직 4개국만이 로비 규제법을 마련했는데[9] 이 국가들 중에는 라틴아메리카 국가들은 없었다. 그러나 10년이 지난 후 15개국이 로비 규제 법안을 승인하였고 많은 국가들이 법안 승인을 준비하고 있는 중이다.

보다 넓은 관점에서 우리는 전 세계의 로비 규제 입법에 대한 요약 검토를 통해 이 법안에는 어떤 공통점이 있다는 결론에 도달할 수 있다. 로비 규제에 관한 입법 동기는 공공 정책 결정에 있어서 투명성과 사회적 참여의 강화이다. 이 규제 법안들에는 로비 활동 및 이 활동과 연관된 행위의 주체에 대해 개념적으로 정의 되어있고, 많은 경우 로비 활동의 등록을 통해 접근과 통제의 메커니즘을

9) 미국, 캐나다, 호주, 독일 등 4개국만이 2000년 이전에 로비 규제법을 통과시켰다.

설명하고 있다. 즉 로비스트의 신분, 로비스트가 어떤 관심을 가지고 있는지 그리고 누구의 이익을 대변하는 지에 대한 정보를 공개적으로 요구하고 있는 것이다. 또한 로비스트의 행동 규칙 및 규범들을 규정하고 있으며 몇몇 경우에 있어서는 특정 당국 관할 하의 제재 규정들을 마련해 놓고 있다.

하지만 로비 규제법의 각 항목에 좀 더 세심한 주의를 기울인다면 우리는 이 법들 간의 차이가 상당히 크다는 사실을 알 수 있는데 이 차이점들은 우리가 상정한 로비 규제법의 공통 구조를 최소로 축소한다. 헌법 체계와 관습 그리고 상황은 국가마다 상이하다. 그러므로 로비 규제에 대한 입법은 국가의 특수성과 현실에 맞추어 이루어져야 한다. 경제협력개발기구 역시 이러한 점을 고려하여 『로비 활동의 투명성과 청렴의 원칙』에서 이 점을 밝히고 있다.[10)]

입법 활동은 헌법에 이미 포함되어 있는 민주주의적 요구나 필요성에 부응하는 경향이 있다. 예를 들어 미국의 경우 청원권, 유럽 연합의 경우 대표권과 참여의 채널을 늘릴 수 있는 필요성이 로비 규제에 관한 입법을 탄생시키거나 발전시킨 계기가 되었다. 라틴아메리카 국가들에서 로비 규제 법안에 대한 요구는 투명성과 청렴성에 대한 요구의 결과였고 공공 정책과 법률, 그리고 규범의 채택에 반영되었다. 이런 의미에서 이들 국가들에서의 로비 규제는 투명성 프로그램 및 정책과 병행하여 구축되었으며, 이 프로그램과 정책들은 점진적으로 입법 및 정책 기구에 통합되었다. 투명성 정책은 미국, 캐나다, 독일, 호주 등 비(非)라틴아메리카 국가들에서 처음으로 로비 규제법을 실행한 이후 20년을 넘지 않은, 상대적으로 새로운 현실이라는 점을 언급할 필요가 있다. 하지만 라틴아메리카의 경우에는 투명성 정책이 로비 활동 규제와 병행하여 추진되었다.

10) OECD, *Lobbyists, Governments and Public Trust 1: Increasing Transparency through Legislation*, OECD Publishing, París, 2009. 《https://doi.org/10.1787/9789264073371-en》.

이것은 공공 정책 결정에 있어 대표성이나 참여의 증진등과 같은 요소들을 고려하지 않았다는 것을 의미하지는 않는다. 라틴아메리카 국가들이 투명성 정책을 로비 활동 규제와 동시에 추진한 것은 대표성보다는 투명성의 요구에 비중을 두었기 때문이다. 그렇다고 이 점이 유럽의 경우 투명성의 제고가 부재하였다는 것을 의미하지도 않는다. 오스트리아, 슬로베니아, 헝가리와 같은 국가에서 로비 활동 규제는 공공 정책 결정에 있어 투명성의 추구에 부합하는 방향에서 마련되었다. 비록 서구의 헌법에 있어서는 대의 민주주의가 우세하지만 대표성의 수단으로써 로비에 대한 규제가 항상 정립되어 있었던 것은 아니다.

라틴아메리카에서는 로비 활동의 규제가 대표성의 표현에 있어서의 평등을 해친다는 어떤 두려움이 존재한다. 많은 법률가들은 규제의 틀이 다른 사람들에게 피해를 주면서 특정한 사람들의 접근을 유리하게 한다고 주장하였다. 하지만 그 어떤 경우에도 법률가들이 가지고 있는 이와 같은 불신의 견고한 토대가 어디에서 유래하는지는 명확히 규명되지 않았다.

역설적으로 미국에서는 로비 규제가 참여보다는 하나의 메커니즘으로 인식되는 반면 라틴아메리카에서는 대표성을 왜곡하는 메커니즘으로 인식된다. 앞에서 살펴 본 라틴아메리카 4개국의 로비 규제법에는 로비스트로 등록하는데 있어 그 어떤 특권도 포함하고 있지 않다는 사실에 우리는 주목할 필요가 있다. 칠레는 명시적으로 행정 당국 및 공공 기관과의 관계에 있어 동등한 대우의 원칙이라는 새로운 요소를 규제법에 도입한 유일한 국가였다. 이 평등의 원칙은 이해관계의 대표자에 대한 존중과 존경의 태도 및 청원서를 준비하고 제출하는데 적절한 시간을 부여하는 것을 통해 성취되어야 하는 것이다.

앞에서 언급한 로비 규제법을 도입한 라틴아메리카 4개국에서 로비 혹은 이익 관리는 입법부에 의해 규제가 된다. 이 4개국 공히 상하원 양원제를 운영하고 있는데 콜롬비아를 제외하고는 상하원 모두 로비 활동에 있어서 특별한 규제를 받는다. 콜롬비아의 경우는 상하원 모두 비록 헌법의 통제를 받기는 해도 로비 규제법은 하원만을, 그것도 매우 제한적으로 대상으로 한다. 멕시코의 경우에는 상원과 하원이 각자의 자율적인 규제를 가지고 있으면서 규제법에 대한 해석을 달리하고 있고 지켜야 할 의무 사항 역시 상하원이 다르게 규정하고 있다. 이와 같은 현실은 오늘날 만족스럽지 못한 결과를 초래하고 있다. 하지만 페루와 칠레는 로비 규제법의 적용 대상을 입법부에만 한정하지 않고 행정부까지 확대하여 중앙 정부 및 지방 정부 그리고 기초 자치단체까지 규제 대상에 포함하고 있는데 이는 규제의 적용 범위를 매우 넓게 설정한 것이다.

우리는 라틴아메리카 국가들의 로비 규제법에는 다른 규제법들과 마찬가지로 공통적으로 기본적인 설계안이 있음을 확인할 수 있다. 로비 규제법의 구조는 4개의 큰 부분으로 나눌 수 있다.

첫 번째 부분: 규제법의 목적
두 번째 부분: 규제 대상 개념의 한계 설정
세 번째 부분: 통제와 홍보 메커니즘으로써의 이해관계 등록
네 번째 부분: 제재 규칙

다섯 번째 부분으로써 행동 규범의 제시를 추가할 수는 있지만 이것은 오직 페루와 칠레의 로비 규제법에만 나타나고 있다. 여섯 번째 부분은 겸직 금지이다. 즉 당국, 공무원 혹은 그 친척의 경우 로비 활동을 금지 혹은 제한하고 있는데 이것은 페루와 멕시코의 경우에만 명시적으로 제시되어 있다.

라틴아메리카의 모든 로비 규제법들은 공공 정책 결정에 있어 영향을 미치는 활동에 대해 제한된 정의를 내리고 있다. 콜롬비아를 제외하고는 다른 라틴아메리카 국가들의 로비 규제법은 “영향”이란 단어를 정확히 기술하고 있지 않다.

콜롬비아의 로비 규제법은 "영향"에 대해 "자신의 이익을 지키기 위해 자신을 알리는 것"이라고 규정하고 있다. 한편 라틴아메리카의 모든 로비 규제법들은 로비 활동과 같은 행위의 적법성을 인정하고 있다.

또한 페루의 경우를 제외하고는 로비 활동에 있어 구두 혹은 서면을 통한 의사전달에 대한 정의가 명시적으로 제한되어있지 않다. 멕시코의 경우에는 "모든 활동"으로, 콜롬비아의 경우에는 "모든 노력"으로, 칠레의 경우에는 "모든 직무 활동"으로 표현하길 선호하고 있다. 그러나 실제로는 필수적으로 등록해야 하는 정보 기재 내용의 결정에 있어서는 이해 당사자와 공직자 간의 회의 혹은 지속적으로 유지 되어온 의사전달로만 제한하고 있다.

라틴아메리카 국가들의 로비 규제법에서는 로비활동을 지칭하는 다양한 용어를 사용하고 있다. 콜롬비아와 멕시코의 경우에는 로비를 의미하는 스페인어 단어인 "Cabildeo"를 사용하고 있고 페루에서는 "이익 활동과 관련된 업무" 혹은 "업무 행위"라는 표현을 사용한다. 콜롬비아의 로비 규제법에서는 "Cabildeo"라는 표현 이외에도 이익과 관련된 행위를 지칭할 때 영어 표현인 "Lobby"를 사용하고 있고, 고유의 이익을 대변하기 위한 행동이 수행될 때는 페루의 로비 규제법에서와 마찬가지로 "이익 활동과 관련된 업무"라는 표현을 사용하고 있다.

로비 활동이 무엇인지에 대한 정의 이외에도 모든 라틴아메리카의 로비 규제법은 로비 활동을 누가 하는지, 즉 로비 활동의 주체에 대해 정의를 하고 구분을 하고 있다. 로비의 주체에 대한 주요 구별점은 로비 활동이 제3자를 위해 이익 활동을 조언하고 대변하는 업체나 컨설팅 회사에서 전문적으로 그리고 보상을 받는 형식으로 이루어지는가라는 것이다. 페루에서는 "전문 대행인"으로, 칠레에서는 "로비스트"로, 멕시코와 콜롬비아에서는 로비 활동을 하는 모든 주체를 스페인어로 로비스트를 의미하는 "Cabildero"라 칭하고 있다. 그리고 칠레와 페루에서는 어떤 특별한 보상을 받지 않고 로비 활동에 종사하는 주체를 "이익 활동 대행인"으로 지칭하고 있는데 이 명칭은 영미 문화권에서 어떤 조직이나 비영리단체 소속 임직원으로서 로비 활동을 하는 주체를 지칭하는 "회사 소속 로비스트"(In company lobbyist)와 동일한 개념이다.

전문 로비스트와 회사 소속 로비스트 간의 구별 이외에도 로비 규제법을 도입한 라틴아메리카 국가들의 의회에서 공통적으로 있었던 비영리적 로비 활동을 하거나 로비 활동을 통해 경제적 보상을 받지 않는 활동 주체에 대한 논의를 강조할 필요가 있다. 그런데 재단이나 전문 협회 혹은 비정부기구들은 자신들의 목적을 위한 그들의 로비 활동을 전개하는데 있어 어떤 특정한 혜택을 받을 수 있지 않을까? 물질적 이익을 어떻게 이해해야 할 것인가? 이 주제가 상당히 복잡한 문제라는 점은 유럽 연합의 경험을 통해 이미 명확히 밝혀진 바 있다. 유럽 연합에서는 기업이나 기업 집단이 비영리단체나 싱크 탱크, 혹은 재단 등을 설립하여 재정 지원을 하였는데 이것은 경제적 이익을 목적으로 하지 않는 비영리 기관들의 로비 활동이 상대적으로 자유롭다는 점을 이용해 이들 기관들을 통해 자신들의 이익을 방어하고자하기 위한 수단이었다.

라틴아메리카 국가들의 로비 규제법에 나타난 또 다른 공통점은 누가 공권력의 주체로 간주되며, 따라서 로비 활동의 수혜자인가에 대해 많은 부분을 할애하고 있다는 사실이다. 멕시코와 콜롬비아의 경우 로비 규제법은 입법부만을 대상으로 하기에 법안의 내용은 명확하고 간단하다. 그러나 페루와 칠레의 경우에는 로비 규제법의 적용 대상이 행정부, 공공 기관, 사법부 일부 그리고 지방 정부에까지 이르고 있기에 법안의 내용이 광범위하고 상세하게 되어 있다. 더욱이 우리는 라틴아메리카 국가들의 로비 규제법의 혁신적 요소로써 칠레의 로비 규제법에서 도입한 '수동적 주체' 개념을 강조할 필요가 있다. 우리는 칠레의 경우를 제외하고는 로비 활동에 있어 법적 책임을 누가 지는가에 대해 비중을 둔 그 어떤 로비 규제법도 발견하지 못하였다. 누구를 로비스트로 간주해야 할지 결정해야 하는 어려운 문제에 대해 칠레 의회는 로비 활동의 주체보다는 로비 활동의 대상자에 대해 더욱 주목한 것이다.

라틴아메리카 국가들의 로비 규제법의 또 다른 공통분모는 "이해관계의 등록"이란 것이 존재한다는 점이다. 지금까지는 유럽 연합 집행위원회의 경우처럼 로비 활동의 자발적 등록을 채택한 국가나 기구들은 있었다. 그러나 로비 규제법을 도입한 모든 라틴아메리카 국가들은 로비 활동의 등록을 의무화 하였는데 등록을 한 로비스트만 공무원들과의 회의 및 미팅 기회를 가질 수 있다.

우리가 분석하고 있는 로비 규제법을 도입한 라틴아메리카 국가들에서 로비 활동의 등록은 개인 혹은 법인 등 로비 활동 주체의 기본적인 신분 정보와 이익 관련 주제 목록을 담은 신청서를 기반으로 한다. 그런데 보다 근본적인 정보를 요구하는 국가들도 있다. 칠레의 경우에는 로비 활동을 통해 영향을 미치고자 하는 공공 정책의 결정 사항들에 대해 로비 활동 신청서에 기재하기를 의무화하고 있으며 멕시코의 경우에는 로비 활동의 대상으로 삼고자 하는 의회의 상임 위원회를 신청서에 명기하도록 하고 있다. 로비 활동 등록의 유효성을 위한 핵심적인 요소 중 하나는 지속적으로 로비 활동에 대한 정보를 업데이트해야 한다는 점이다. 그런데 로비 활동을 규제하고자 하는 라틴아메리카 국가들은 칠레는 제외하고는 로비 활동에 대한 업데이트된 정보를 필수적으로 요구하고 있지는 않다.

우리가 검토하고 있는 라틴아메리카 4개국의 로비 규제법은 법률 조항의 확장된 부분 중의 하나로써 제재 규정을 정의하고 있다. 그런데 우리는 보다 제한적으로 제재 조항을 도입한 콜롬비아와 멕시코의 로비 규제법과 법률 및 규범 위반의 다양한 유형에 제재 조항의 상당 부분을 할애하고 있는 페루와 칠레의 로비 규제법을 구분해서 살펴 볼 필요가 있다. 콜롬비아와 멕시코의 경우 로비스트 활동 규정에 명시된 유일한 제재는 로비 활동 등록 신청서에 거짓 정보를 기재할 경우에만 이루어진다. 이럴 경우 콜롬비아에서는 5년간 로비 활동을 금지하며 멕시코에서는 로비스트 자격 등록을 취소해 버린다.[11] 하지만 어떤 기관 혹은 조직이 필요한 경우 로비 활동을 감시하고 제재하는 주체가 되어야 하는지에 대해서는 콜롬비아나 멕시코의 로비 규제법에서는 상술되어 있지 않다.

이와는 대조적으로 페루와 칠레의 로비 규제법은 로비스트의 신분이나 어느 이익 단체를 대변하는지에 대해 불충분한 정보를 등록하거나 어떤 이익 관계를 가지고 있고 어떤 영향을 미치려고 하는지에 대한 로비 활동의 구체적 주제들을 전달하지 않는 경우 제재를 가한다고 명기되어 있다. 칠레의 경우 위법한 사실이 밝혀지면 벌금형이 선고된다. 페루의 경우에는 위법의 정도에 따라 제재의 수준이 달라지는데 제재 수단으로는 경고, 벌금형, 로비스트 면허 정지 및 취소, 그리고 영구적 자격 박탈 등이 있다.

우리는 칠레와 페루가 제정한 로비 규제법의 차별화 요소로써 양국 모두 위법한 사실이 밝혀져 로비스트에 대해 제재를 가할 경우 이를 의무적으로 공개하도록 규정하고 있다는 점을 강조하고자 한다. 이렇게 함으로써 누구든지 어떤 로비스트가 징계 대상이 되었는지, 그리고 징계 조치의 이유가 무엇인지를 알 수 있도록 하고 있다. 공적인 것과 사적인 것의 관계는 기본적으로 신뢰와 명성에 기반하고 있기에 이와 같은 제제는 억제적 요소를 구성한다. 또한 이 경우 제재 사실의 공개와 공표는 공적 영역과 사적 영역 모두에게 영향을 미치게 된다.

우리는 라틴아메리카 국가들의 로비 규제법의 마지막 특징적 요소로써 로비 활동의 등록 이행이라는 법이 규정한 단순한 의무 준수를 넘어서 이해 집단을 위한 활동에 있어서의 행동 규범을 명시해 놓은 점에 주목할 필요가 있다. 하지

11) 로비스트 자격 등록 취소는 하원의 경우에만 해당된다. 상원의 경우에는 로비스트 자격 등록 제도가 없다.

만 매우 제한적인 로비 규제법을 도입한 멕시코와 콜롬비아의 경우에는 이와 같은 행동 규범들을 고려하고 있지 않다. 이와는 대조적으로 페루와 콜롬비아는 로비스트가 준수해야 할 행동 원칙과 형식들을 법안에 포함시키고 있다.

결론

라틴아메리카의 로비 규제법에 대한 비교 검토를 통해 우리는 많은 공통 요소들을 발견할 수 있다고 생각한다. 법률과 법 규정의 구조, 로비 활동이란 무엇인지에 대한 개념의 제한, 제3자를 위한 서비스로써 로비 활동을 수행하는 로비스트와 자신이 속한 조직을 위해 로비 활동을 수행하는 로비스트 간의 구별, 이와 유사한 성격을 가진 로비활동 등록의 의무, 그리고 주요 통제 메커니즘으로써 제재 규칙의 존재 등이 대표적인 공통 요소들이다.

이러한 모든 측면들을 통해 우리는 라틴아메리카 국가들의 로비 규제법에는 공통적인 기본 모델이 존재하고 있다는 결론을 내릴 수 있다. 이것은 10년에서 20년이라는 오랜 기간 동안의 시간적 성숙의 결과이며 정부 및 다양한 정치 집단들의 참여의 결과로써 이를 통해 점진적으로 로비 규제에 대한 입법의 필요성에 대한 숙고와 토론의 과정을 거치면서 법안이 만들어진 것이다.

라틴아메리카의 경우 로비 규제법을 도입한 국가들은 이 법률의 기본 구조와 공통 모델을 수용하였지만 우리는 규제 대상에 대한 전개와 해석에 있어 상당한 차이점이 있다는 사실을 목도할 수 있다. 우리는 페루와 칠레의 로비 규제법은 모든 차원에 있어 공공 정책 결정 과정의 법제화와 투명화의 중요성을 담보하는 보다 야심적이고 포괄적인 모델인 반면 콜롬비아와 멕시코의 로비 규제법은 이보다는 덜 야심적이며 특히 입법부만을 대상으로 한 모델이라고 말할 수 있다. 그럼에도 불구하고 페루와 칠레에서는 로비 규제법에 대한 비판의 목소리가 나왔고 일부 경우에서는 로비 규제 개선을 위한 법안의 제안이 구체화되었다.

우리는 라틴아메리카에서 마련된 로비 활동에 대한 모든 규제의 틀은 첫째, 공공 정책 결정의 투명성을 요구하는 정보에 대해 접근할 수 있는 권리, 둘째, 공공 정책 결정과정에 참여할 수 있는 권리, 셋째, 자신이 속한 집단의 이익이나 제3자의 이익을 대변하기 위한 기회 균등의 권리 등 세 가지 유형의 권리를 보호하고자 하는 목적이 있다고 말할 수 있다.

종합적으로 볼 때 라틴아메리카 국가들의 로비 규제법의 공통된 뿌리는 정확히 말해 공권력의 정당성을 증진시키기 위한 공공 정책 결정에 있어서의 투명성에 대한 절실함이며 바로 이 지점으로부터 규제 대상, 로비 활동을 구성하는 행위들에 대한 개념적 틀, 로비 활동 등록의 역할, 실행 메커니즘 등이 도출된다.

하지만 우리는 로비 규제법을 부패와의 전쟁을 위한 기본 축으로 간주하는 것은 큰 실수라고 생각한다. 라틴아메리카에서 이 부패와의 전쟁에 동원할 수 있는 수단들은 로비 규제법을 비롯하여 여러 가지가 있다. 예를 들어 사법부의 독립, 부정 부패 사건 수사를 위한 충분한 경찰 예산의 확보, 정부의 간섭을 받지 않는 전문 행정기관의 창설 등이 부패 방지를 위한 대표적인 수단이다.

종합적으로 말하자면 우리는 라틴아메리카에서 부패 방지를 위한 규범에 대한 논의는 로비 규제법이 부패를 "발견하기 위한" 방편이 되도록 하는 데 중점을 두었으며 이는 결과적으로 다양한 좌절을 가져왔다고 생각한다. 라틴아메리카 국가들의 로비 규제법들은 공공정책 결정에 있어 과정의 투명성과 이 결정이 기회 균등의 조건 하에서의 사회적 참여의 결과가 될 수 있도록 보장하기 보다는 로비 활동의 주체를 규제하는데 집중해왔다.

로비에 관한 법안 통과 이전에 있었던 입법 논쟁에 영향을 미친 또 다른 원칙은 어느 정도 성공적으로 로비 규제법에 반영이 되었는데 이것은 바로 대표성과 접근성에 있어서의 평등권의 보호였다. 칠레 헌법 1조는 "국민이 국가 운영에 기회 균등하게 참여할 권리를 보장하는 것이 국가의 의무"라고 규정하고 있다. 콜롬비아 헌법 제 13조는 "국가는 평등이 실제적이고 효과적일 수 있도록 하는 조건들을 촉진해야 한다."라고 명시하고 있다. 페루 헌법 제12조는 "법 앞의 평등"을 국민의 기본권으로 명확히 규정하고 있다. 멕시코 헌법 역시 제3조, 제20조, 제115조 등 여러 조항에서 평등권을 명시적이진 않지만 내포적 형식으로 규정하고 있다.

우리는 특정 이익 집단을 위한 특수한 이익 혹은 정파적 이익을 이유로 한 과잉 대표와 유리한 대우가 있는지를 확인하는 사항이 오직 칠레에만 영향을 미쳤다는 사실에 주목할 필요가 있다. 칠레의 로비 규제법은 모든 공무원과 공직자들은 "모든 사람들을 평등하게 대해야한다"라고 명시적으로 언급하고 있다. 정확하게 말해 로비 및 특정 이익관계에 관한 업무에 있어서의 권리와 의무를 규정하고 있는 조항에서 로비 활동의 주체들을 동등하게 대할 의무를 명확하게 밝히고 있다.

공공 정책 의사결정에 대한 참여의 촉진은 의심의 여지없이 모든 로비 규제법에 존재한다. 그러나 우리는 라틴아메리카에서는 이것이 로비 규제에 있어 일차적 추진체로서의 역할을 수행하지 못한다고 생각한다. 로비 규제법을 도입한 라틴아메리카 국가들 중 몇몇은 오랜 대통령 중심제의 전통을 가지고 있다는 사실을 우리는 염두에 둘 필요가 있다. 실제로 이들 국가들이 민주주의의 질 향상이라는 틀 속에서 직면하고 있는 도전 중의 하나가 바로 공공 정책 의사 결정 과정에 있어 시민 사회의 참여를 강화하는 것이다. 그래서 이들 국가들은 중앙 정부 수준에서뿐만 아니라 지방 정부 수준에서도 국가 운영의 형식으로써 열린 정부를 만들기 위한 수단들을 성숙시키기 시작하였다.

결론적으로 우리는 공개 등록 제도를 통한 이익 집단에 대한 규제는 공공 정책 결정을 투명하게 하는 수단이라기보다는 기관들과 이익 집단들의 참여를 장려하고 정상화하며 공공 권력에 참여하거나 적법하게 영향을 미칠 수 있게 접근할 수 있는 기회의 균등을 용이하게 한다고 본다.

정동희 옮김

브라질의 도시 위기와 '아래로부터의' 해법

베아 비트거

前 RIAL[1] 사무총장

원제와 출처: Bea Wittger, "La crisis urbana brasileña y sus soluciones 'desde abajo'", *Nueva Sociedad*, No 273, enero-febrero de 2018, pp. 110-121.

핵심어: 배제, 파벨라, 사회 운동, 신자유주의, 주거, 브라질

도시 위기에 대한 서론

UN이 내놓은 도시 발전에 대한 최근 보고서에 따르면, 2030년 무렵이면 세계 인구의 60%가 도시에서 거주하게 될 것이다.[2] 라틴아메리카는 이미 인구의 80%가 도시 지역에 거주하고 있고 따라서 세계에서 가장 도시화된 대륙이다.

1) Red de Investigación para América Latina: Etnicidad, Ciudadanía y Pertenencia

2) OUN, Departamento de Asuntos Económicos y Sociales, División Población: 《The World's Cities in 2016: Data Booklet》, ST/ESA/SER.A/392, 2016, p. ii.

하지만, 라틴아메리카 도시들의 급속한 성장은 20세기 초부터 시작되었음에도 그에 걸맞은 적절한 도시계획 정책은 없었다.[3] 브라질의 도시에서는 이러한 적절한 해결책의 부재가 일찍부터 파벨라[4] 및 여타 비공식 주거지 형태의 출현 및 팽창에서 가시화되었다. 재원이 부족한 사람들은 접근 가능한 주거의 결핍 및 공공재와 공적 서비스에 대한 불평등한 접근을 겪어왔다. UN해비타트에 따르면, 오늘날 브라질은 5천만 명 이상이 열악한 환경에서 살고 있고, 600~800만 개의 주택 부족에 직면해 있다. 그리고 그 대부분은 월 소득 1000달러 미만의 가구에 집중되어 있다.[5]

브라질의 도시 위기는 현실이고, 2017년의 정치 상황은 개선의 징후가 보이지 않는 듯하다. 2016년 지우마 호세피의 탄핵 이후 극단적 보수주의 부통령 미셰우 테메르가 대통령직을 수행하게 되었다. 테메르 정부는 집권 적법성에 의문이 있다는 점 외에도 심각한 우경화를 드러낸다. 신자유주의 정책은 그의 지휘 아래 정치 아젠다 초기 지점으로 되돌아가는 노선을 탐색했고, 이는 도시 정책 및 도시 발전에 영향을 주고 있다. 그 결과, 신자유주의 도시 정책이라는 글로벌 역학에 따라, 역사적인 뿌리가 깊은 소외현상 및 도시 중심부나 번창하는 지역으로부터 저소득층이 이탈하는 현상이 계속되고 또 강화된다. 주거 정책에 대한 초기 홍보물을 보면 주택 부족에도 불구하고 "내 집이 내 삶"(Minha Casa

3) ONU-Hábitat, *Estado de las ciudades de América Latina y el Caribe 2012. Rumbo a una nueva transición urbana*, ONU-Hábitat, Nairobi, 2012, p. xi, p. 19.

4) 필자는 Licia Valladares의 설명에 동의하여 '파벨라'라는 용어를 사회과학에서 빈번하게 사용되는 '지속적 사회 정체성'이 아니라 이종적이고 변형가능한 구조 형태로 이해한다. L. Valladares, "Social Science Perspective of Favelas in Rio de Janeiro: A Historical Perspective", *Lanic Etext Collection*, 2006, pp. 1-31. 〈http://lanic.utexas.edu/project/etext/llilas/vrp/valladares.pdf〉. 파벨라 및 파벨라 주민에 대한 참고문헌은 광범위하며, 종합적인 자료는 Janice E. Perlman, *The Myth of Marginality: Urban Poverty and Politics in Rio de Janeiro*, University of California Press, Berkeley, 1976.

5) Habitat for Humanity, "Brazil. Country Profile", 〈www.habitat.org/sites/default/files/Brazil_cp_June2017.pdf〉, 2017.

Minha Vida)[6]이라는 국가 주거프로젝트의 대폭적인 축소가 예견된다.

이러한 과정에 맞서 여러 NGO들과 사회운동, 시민사회가 결집하게 되었고 우려를 표명했다. 최근의 연대 성명서에서 이들은 그 도시 정책이 가져올 결과들을 경고하고, 과거와 유사한 상황들을 상기시켰다. 브라질의 배타적 도시 정책과 실행들이 역사적 연속성을 보이고 있음을 강조한 것이다.

> 2016년부터 일련의 여타 개혁들 – 보건비와 교육비 감축, 아웃소싱, 노동 개혁, 사회 보장, MP 759법 – 은 브라질의 도시 비극이 심화되고 있음을 암시한다. (...) 우리는 1980년대와 유사한 시나리오를 예견할 수 있다. 빈곤화, 폭력, 파벨라 증가, 가족 해체, 노숙자 증가, 여성 폭력의 증가, 신호등에서 구걸하는 빈곤어린이 문제 등.[7]

그러나 이러한 도시의 도전들에도 불구하고 피해자들은 이미 오래전부터 그들 나름의 해결책과 배제 정책 기조에 맞설 대응책을 모색하고 발견해왔다. 지속적으로 커져가는 이질적인 도시 공간은 늘 도시인의 생활이 이루어지는 배경이자 테두리였다. 시민성에 대한 협의와 일상적 형성은 새로운 가능성과 여지를 열어줌으로써 참여와 저항, 변화의 다양한 주역들을 추동시킨다. 다른 여러

6) 이 기획에 대한 더 자세한 정보는 다음 글을 참조할 것. Eduardo Marques y Leandro Rodrigues, "O programa Minha Casa Minha Vida na metrópole paulista. Atendimento habitacional e padrões de segregação", *Estudos Urbanos Regionais*, Vol. 15 No 2, 2013. Nabil G. Bonduki, "Do Projeto Moradia ao programa Minha Casa Minha Vida", Teoria e Debate, No 82, 2009.

7) #brcidades, "Por uma frente ampla em defesa da construção social de um projeto para as cidades do Brasil", 2017, p. 4, 〈www.brcidades.org/assineomanifesto〉. V. tb., "Com governo Temer, moradia volta ser 'coisa pra quem tem dinheiro'", *Rede Brasil Atual*, 30/12/2016, 〈www.redebrasilatual.com.br/cidadania/2016/12/com-governo-temer-moradia-volta-ser-ativo-financeiro-887.html〉.

중요한 참여방식들 중에서, 도시 사회운동이 조직되어 특정 도시민 계층이 도시적 혜택에서 배제되고 접근의 차별성이 일어나는 데 대해 투쟁하게 되었다. 도시 사회운동 참여자들은 다양한 형태의 실천운동을 통해 자신들의 도시권[8]을 공적으로 주장하기도 하고, 많은 도시 거주민이 공공재와 공공 서비스, 평범한 가용 주택에 대한 불평등한 접근성이라는 열악한 생활 여건을 겪고 있음을 지적한다.

이 글에서는 아래로부터의 도시 정책을 통해 도전하고 행동하는 도시 사회운동 참여자들의 역량을 강조하고자 한다. 이를 위해 리우데자네이루 사례에서 출발하되, 도심 타워빌딩 점령을 통해 적당한 거주 공간을 얻고자하는 주택 운동들과 그들의 투쟁에 초점을 두고 전개하겠다. 구체적인 점령 사례와 그 참가자들의 구술을 통해, 사회 저항에 적극적으로 가담하는 점령자들의 개인적 동기가 무엇인지 분석하고, 이들의 투쟁이 도시 정책 및 개인의 발전에 어떤 광범위한 효과를 갖는지 고찰하도록 하겠다.

도시 위기의 뿌리: 배제의 역사

특정 계층 주민들에게 도시적 혜택의 차별적 접근과 배제가 새로운 현상이 아니라 수십 년간 진행되어 왔다는 점을 강조하는 게 중요하다. 따라서 현재의 도시 위기와 그 도전들을 보다 잘 이해하기 위해서는 100년이 더 된 라틴아메리카 대도시의 출현기부터 시작하여 도시 역학에 대한 장기적인 시각을 가질 필요가 있다.

19세기 말 브라질 독립 이후 경제성장이 이루어지면서 갈수록 많은 노동자들이 더 나은 일자리와 생활 여건을 찾겠다는 희망으로 리우데자네이루와 같이

8) 도시권(derecho a la ciudad)은 도시에 대한 권리를 말한다. – 옮긴이

팽창 중인 도시들로 이주했다.[9] 식민기에 시작된 도시의 사회적 양분은 점진적인 도시 변화 및 성장과 더불어 더욱 심화되었다. 공장과 같은 노동 공간이 대부분 도심에 위치하고 노동자들은 교통수단을 이용하기에 경제적 제약이 있다 보니, 대체로 도심에 자리를 잡게 되었고 '코르치수'(cortiços)라고 불리는 과밀 집단주택에 살았다. 반면에 부유한 계층은 도시 남쪽, 특히 해안선을 따라 자리를 잡았다.[10] 그러나 리우데자네이루 도심에 위치한 코르치수들은 엘리트 계층에게 나날이 커다란 우려의 싹이었다. 그래서 정부는 비참한 위생 상태를 퇴치한다는 명분으로 이 코르치수들을 퇴치하고 주민들을 몰아냈다.[11]

이런 조치는 프란시스쿠 페헤이라 파수스(1902~1906) 시장 집권기에 최초의 도시 공공 개혁과 더불어 더욱 강화되었다. 그가 실시한 도시 재개발 개혁들은 토지가격과 임대료 상승을 불러왔고, 이로 인해 수천만 저소득 인구가 도심을 떠나야 했다. 이들 중의 대다수는 북쪽 변두리와 근교로 이주를 했고, 구릉지대에 자리를 잡아 새로운 형태의 서민 거주지, 파벨라를 만들어내기도 했다.[12] 부유한 계층의 주택과는 대조적으로, 파벨라의 집들은 정부의 지원 없이 거주자들이 직접 지은 경우가 대부분이었다. 따라서 이 집들은 기본적인 공공 서비스나

9) 산업화와 커피에 바탕을 둔 경제성장의 결과 리우데자네이루와 상파울루는 그 당시 국내 이주의 가장 높은 수준을 겪어야 했다. Fausto Brito, "The Displacement of the Brazilian Population to the Metropolitan Areas", *Estudos Avançados* vol. 20 No 57, 2006, p. 222.

10) Alvaro Ferreira, A cidade no século XXI. Segregação e banalização do espaço, Consequência, Río de Janeiro, 2011, p. 44. Mauricio de Almeida Abreu, *Evolução urbana do Rio de Janeiro*, Instituto Pereira Passos, Río de Janeiro, 2010, pp. 35-59.

11) Ibíd., p. 50. Helia Nacif Xavier y Fernanda Magalhães, "Urban Slums Report: The Case of Rio de Janeiro, Brazil", *Case Studies for the Global Report on Human Settlements*, 2003, p. 10.

12) M. de Almeida Abreu, ob. cit.; Zeca Brandão, "Urban Planning in Rio de Janeiro: A Critical Review of the Urban Design Practice in the Twentieth Century", *City & Time*, vol. 2 No 2, 2006, p. 37 y ss.

공공재가 결여되었다.[13)]

그 이후 몇 십 년 동안 도시 인구는 더욱 증가했고 1950~1970년에는 그 수치가 극에 달했다.[14)] 생계에 필요한 경제 수단도 없이 도시로 유입된 사람들은 집을 갖는 데 큰 어려움이 있었고, 이들이 선택할 수 있는 유일한 선택은 대체로 파벨라나 도시의 불법 거주촌에 정착하는 것이었다.[15)] 여러 해 동안 주거문제를 해결하려는 정부의 시도들이 있었지만 대부분 상징적인 데 불과했다. 주택 부족 문제에는 아무런 의미 있는 결과를 가져오지 못하였고, 부동산 가격의 지속적인 상승과 부동산 투기의 증대로 인해 주거 위기는 더욱 악화되었다.[16)] 1979년이 되어서야 도시 정책에 변화가 일어나기 시작했고, 여러 해의 노력 끝에 1994년 '파벨라 촌(Favela–Bairro)'과 같은 프로그램이 만들어졌다.[17)] 이 프로그램은 저소득 인구의 추방에 초점을 맞추기보다 도시화 및 파벨라의 사회공간적 통합에 우선적인 포커스를 맞추었다.[18)]

그러나 1980년대 민주화 이후의 여러 변화와 주택 프로그램들에도 불구

13) Márcia Pereira Leite, "Pobreza y exclusión en las favelas de Río de Janeiro", Alicia Ziccardi, *Procesos de urbanización de la pobreza y nuevas formas de exclusión social. Los retos de las políticas sociales de las ciudades latinoamericanas del siglo XXI*, Siglo del Hombre/ Clacso, Bogotá, 2008, p. 215; Nabil G. Bonduki, "Origens da habitação social no Brasil", *Análise Social*, vol. XXXIX No 3, 1994, p. 729.

14) George Martine y Gordon McGranahan, "The Legacy of Inequality and Negligence in Brazil's Unfinished Urban Transition: Lessons for other Developing Regions", *International Journal of Urban Sustainable Development*, vol. 5 No 1, 2013, p. 10.

15) Fernanda G. Correia, "Breve histórico da questão habitacional na cidade do Rio de Janeiro", s/f, 〈www.achegas.net/numero/31/fernanda_correa_31.pdf〉, p. 32.

16) M. de Almeida Abreu, ob. cit., pp. 95 y 116.

17) "파벨라 촌(Favela–Bairro)" 프로젝트에 대한 더 많은 정보와 논의는 다음 서지를 참고할 것. Fernando Cavallieri, "Favela–Bairro. Integração de áreas informais no Rio de Janeiro", Pedro Abramo(ed.), *A cidade da informalidade. O desafio das cidades latino-americanas*, Livraria Sette Letras/FAPERJ, Río de Janeiro, 2003.

18) H. Nacif Xavier y F. Magalhães, ob. cit., p. 13 y ss.; M. de Almeida Abreu, ob. cit., p. 134 y ss.

하고, 신자유주의 정책들과 경제 위기로 인해 급여 감소, 실업 증가, 비공식 부문의 증가, 도시 공간 전반에 걸친 인프라 개발 및 건설의 부재 등의 상황이 초래되었다. 이러한 상황은 그 자체로 임대료 상승과 민간 부동산 투기를 부추겼다. 그 결과 역사적으로 뿌리가 깊은 주거 부족은 더욱 심화되었고, 파벨라와 비공식 거주촌의 숫자는 다시 증가했다.[19] 이는 우려스러운 일이다. 최근의 통계들에 따르면 브라질에는 현재 비(非)거주 건물들의 숫자와 주택 부족 수치가 동일하다는 점을 확인할 수 있다.[20]

위기에 대한 대답: 도시 주거를 위한 운동과 투쟁

도시가 주는 혜택들에 대해 일부 계층이 겪는 차별적 접근과 배제가 새로운 현상이 아니듯이 그런 현상에 대한 저항도 새로운 것은 아니다. 19세기 말 도시화가 시작될 무렵부터 이미 도시 정책의 배타적 특성에 맞선 저항이 있어 왔으며 이는 브라질뿐 아니라 다른 나라들도 마찬가지다.[21] 오늘날에는 이러한 저항이 주로 도시 사회운동의 형태를 띠고 있으며, 자신들의 권리를 실현하게 하고 재원이 부족한 이들의 상황을 개선하는 일을 모색하고 있다. 1950년대부터, 특히 1970년대에 파벨라와 도시 전역에 걸쳐 시민 연합 및 지역 주민단체와 같은 지역 차원의 기층 운동이 전개되었다. 이들 운동의 목적은 기본적인 공공서비스와 공공재를 놓고 조직적으로 대응하는 것, 그리고 파벨라의 합법화 지지

19) M. Pereira Leite, ob. cit., p. 215; Charmain Levy, "Brazilian Urban Popular Movement: The 1997 Mobilization of the Inner-City Slum Movement in São Paulo", *Studies in Political Economy*, No 85, 2010, p. 36.

20) Fundação João Pinheiro, Centro de Estatística e Informações, "Déficit habitacional municipal no Brasil", Fundação João Pinheiro, Centro de Estatística e Informações, Belo Horizonte, 2013, p. 73.

21) 예를 들어 20세기 초 아르헨티나와 멕시코에 있었던 세입자들 쟁의와 운동이 그렇다.

및 추방 반대라는 압력을 행사하는 것이었다.[22] 1980년대에는 이 단체들이 점진적으로 연대함으로써 전국 차원의 조직적인 거대 도시운동이 출현했다.[23] 민주화 이행 이후에는 여타 시민사회 부문과 마찬가지로 새로운 헌법 논쟁에 열정적으로 참여했고, 도시 개혁에 대한 요구사항을 새 헌법에 포함시키려는 노력도 했다. 가장 중요한 성공 사례는 도시 정책에 관한 내용을 헌법 182조와 183조에 집어넣은 것으로, 무엇보다도 그 덕분에 도시의 사회적 기능이 헌법에 최초로 뿌리내릴 수 있게 되었다.[24] 그러나 이러한 성과에도 불구하고 그들의 투쟁은 지속되었다. 1990년대 신자유주의적 개혁으로 인해 삶의 여건이 더욱 악화되자 도시 운동은 확장되었고 그 저항 형태는 급진화했다. 도시의 비어 있는 지역을 점령하여 소유권을 요구한다거나 시위를 벌인다거나 합법적인 행동을 취하는 것과 같은 기존에 있었던 전략도 사용했지만, 주거의 사회적 기능을 주장하는 구체적인 방법으로 비어 있는 건물들을 점령하기 시작했다.[25] 이들의 저항과 조직화는 더욱 광범위한 결과를 가져왔고, 2000년에는 마침내 1988년 헌법의 6조에 주거권이 포함되었다. 게다가 2001년에는 일명 '도시법 조례'(Estatuto de Ciudad)이라

22) Kathryn Hochstetler, "Democratizing Pressures from Below? Social Movements in New Brazilian Democray", trabajo presentado en el XX Congreso Internacional de la Asociación de Estudios Latinoamericanos (LASA), 17-19 de abril de 1997, Guadalajara, disponible en 〈http://lasa.international.pitt.edu/ lasa97/hochstetler.pdf〉, p. 2 y s.; Regina B. Santos, *Movimentos sociais urbanos*, Editora unesp, San Pablo, 2004, p. 126.

23) Maria d. G.M. Gohn, Movimentos sociais e lutas pela moradia, Loyola, San Pablo, 1991, p. 12 y ss.; C. Levy, "The Housing Movement in the City of São Paulo: Crisis and Revival", C. Levy, Michelle Duquette y Maurilio de Lima Galdino, *Collective Action and Radicalism in Brazil: Women: Urban Housing and Rural Movements*, University of Toronto Press, Toronto, 2005, p. 101 y ss., 108.

24) Leonardo Avritzer, "O Estatuto da Cidade e a democratização das políticas urbanas no Brasil", *Revista Crítica de Ciências Sociais* No 91, 2010, pp. 205-209; Regina F. Cordeiro Fonseca Ferreira, "Constituição cidadã e o direito à cidade. 20 anos de luta e muitos desafios", en *Proposta* No 117, 2008, p. 36 y ss.

25) Adauto L. Cardoso, "Vazios urbanos e função social da propriedade", *Proposta*, No 116, 2008, p. 8; R.B. Santos, ob. cit.

불리는 10257법이 승인되었다. 이 법은 도시 정책에 관한 헌법 182조, 183조의 규칙을 정한 시행령이었다.[26] 이 성과는 주거 쟁취 운동에 중요한 발자취였는데, '도시법 조례'이 무엇보다도 5년 간 사용하지 않은 건물의 소유권 박탈이나 소유 재산에 대한 누진세를 통해 부동산 투기와 빈 건물의 존재를 방지한다는 내용을 담고 있기 때문이다.[27]

이상의 논의를 통해, 도시 발전 초기부터 있었던 아래로부터의 시민 투쟁과 지배적인 배제 정책이 서로 대립하는 가운데 주거권의 공식화가 이루어졌다고 할 수 있다. 그럼에도 불구하고, 불행하게도 현재까지 이 권리가 체계적으로 존중받은 경우는 드물며, 정부도 이를 이행하거나 실제로 적용하지 못하고 있다.[28] 그래서 주거 운동은 도심 지역에 비어있는 고층 건물들에 대한 점령을 통해 도시 개혁 달성을 위한 투쟁을 지속하고 있다. 리우데자네이루 시내 '마노엘 콩구 점거'(Ocupación Manoel Congo)가 그 사례다.[29]

도시 변화에 참여하기: 참여와 그 효과

건물에 대한 점거는 용의주도한 사전 조직화와 계획이 필요한 장기간에 걸친 과정이다. 비어있는 건물을 고를 때도 신중해야 할 뿐 아니라−공공건물이 우선적이다−책임을 맡은 운동조직은 성공 가능성을 높이기 위해 참가자들과의 사전 조정 모임들을 조직화하게 된다. '마노엘 콩구 점거'의 경우 선정된 건물을

26) 2001년 대통령령 10257.

27) 도시의 건물 보유세와 토지세를 말한다.

28) R.B. Santos, ob. cit.

29) 리우데자네이루의 주거 점거에 대해, 특히 시민권과 젠더 측면에 대해서는 다음 서지를 참조할 것. B. Wittger, *Squatting in Rio de Janeiro: Constructing Citizenship and Gender from Below*, Transcript, Bielefeld, 2017.

점거하기 1년 전인 2007년 10월 28일 '전국주거투쟁운동'(MNLM: Movimiento Nacional de Lucha por la Morada)의 주도로 시작되었다. 전국주거투쟁운동은 1990년에 창립되어 오늘날에는 브라질 15개 주에서 활동하고 있다.[30] 운동의 주요 목표는 모든 법적, 정치적 차원에서 도시 혁신을 추진하는 것이다. 특히 헌법이 보장하는 주거의 사회적 이익이라는 정책의 정착을 목표로 삼았다. 이들은 도시의 주거 문제가 보건 및 교육 문제와 같은 여타 기초적인 부문들과도 연관되어 있음을 이해하고 이들 투쟁에 동참하기도 한다.[31]

> 우리의 구상은 도시 혁신을 위한 투쟁이다. (...) 점거는 리우데자네이루에 존재하는 도시의 빈 공간을 고발하는 형식의 하나다. 부동산 투기를 고발하는 형식이자 공공정책 투쟁이다. 도시의 혁신은 보건, 교육, 교통, 건강한 식품 등의 공공정책과 유리되어 있는 게 아니기 때문이다. 이 모두가 결합되어 있다. 우리는 다만 이 투쟁이 공존을 위한 도시 투쟁이라는 사실을 알고 있을 뿐이다.[32]

그렇게 해서 점거에 필요한 조직과 점거 상황에서 있을 수 있는 차후 도전 등을 논의하기 위해 주택이 없는 사람들이 초대되었다. 점거의 정치적 선례들이나 점거운동의 내부적 구조에 대한 교육도 이루어졌다. 사람들이 건물에 진입하는 순간부터 작동하게 될 점거운동의 규범들과 의무 과제들도 이 단계에서 논의되고 조직되었다. 규범에는 점거 주택 안에서 싸움과 마약을 금지하는 내용이 포함되었고, 관리위원회 형태로 건물 청소와 유지, 현관(즉 경비실) 통제 같은

30) 15개 주는 파라, 아크리, 마토 그로수 두술, 연방 수도, 상파울루, 에스피리투 상투, 미나스 제라이스, 페르남부쿠, 세르지피, 바이아, 토칸틴스, 리우데자네이루, 파라나, 파라이바, 리우그란지 두술이다. MNLM-RS: MNLM *Rio Grande do Sul*, 2007, 〈http://mnlm-rs.blogspot.de/〉.

31) Ibid.

32) 2011년 '전국주거투쟁운동'의 전국 코디네이터의 말이다.

내용이 의무 과제에 담겼다. 점거 주택에서 이루어지는 정기 모임에도 참석하는 것도 거주자들이 지켜야 할 의무였다. 정기 모임에서는 의사결정이 집단 형태로 이루어졌다. 의무 과제와 규범을 이행하지 않을 경우 엄격한 처벌이 있었고, 나아가 해당 점거 책임자들의 논의를 통해 점거 주택으로부터 추방을 결정할 수 있었다. 시간이 지나면서 어떤 의무 과제에 변경이 생기기도 하고 이행 빈도가 바뀌기도 했으며 중단되는 과제도 생겼다. 그러나 '마노엘 콩구 점거'의 내부 조직과 책임성 있는 운동의 영향력은 다른 점거들의 사례와 대조적으로 현재까지도 가장 강력하게 지속되고 있다.

이 점거 운동에 참가한 사람들, 다시 말해 아래로부터 시민권을 구축하고 실천한 사람들은 대부분 이전에는 바이샤다 플루미넨시(Baixada Fluminense)의 변두리[33]나 파벨라 같은 열악한 지역에 살던 사람들이었다. 이들에게 그 지역에 산다는 것은 부족한 인프라와 매일같이 씨름한다는 의미일 뿐 아니라 마약 유통, 준군사 집단, 경찰 등과 공생하는 불쾌한 생활도 견뎌야 한다는 의미기도 했다. 따라서 당연히 심각한 폭력에 연루되거나 그 영향에 노출될 위험에 처한다는 뜻이기도 했다. 거주자들의 다수는 혼자만의 거주 공간이 없어 가족이나 친척들과 함께 살아야 했는데, 이는 대부분 갈등과 문제를 초래하였다. 도심의 길거리에서 살아야 하는 사람들도 있었다. 대부분의 점거 참가자들은 경제적으로 어려운 처지였고, 생계비를 간신히 벌어 생활하던 사람들이었다. 특히 임대료를 지불하는 게 가장 큰 부담이었다. 본고의 인터뷰에 응한 대다수 사람들은 일자리를 구하지 못해 어려움을 겪고 있었고, 또 다수가 비공식 부문에서 일한 적이 있거나 현재 일하는 중이었다. 그러므로 주택에 정착한다는 것은 2011년 마노엘

33) 바이샤다 플루미넨시에는 두케 지 카샤스(Duque de Caxias), 노바 이과수(Nova Iguaçu), 상조앙 지 메리치(São João de Meriti), 닐로폴리스(Nilópolis), 베우포르드 호슈(Belford Roxo), 케이마두스(Queimados), 메스키타(Mesquita) 등의 군이 포함된다.

콩구의 한 주민이 표현한 대로 이들의 삶의 질을 현격하게 개선한다는 의미였다.

> 여기 있을 수 있어서 정말 기쁩니다. 이 투쟁이 나의 것이자 여기 사는 마흔두 가족 모두의 것이라는 점을 알고 있어 기쁘고요. 우리 모두는 자신의 공간을 갖기 위해 싸웠고, 지금은 도심에 거주하고 있다는 게 행복해요. 사방으로 연결되는 버스도 있고요. 지하철이며 클럽, 영화관, 극장, 편의시설도 있지요. 다 걸어서 오갈 수 있는 곳이니까요. 학교도 마찬가지고요. 저는 공부를 다시 시작했습니다. 여기 살기 시작한 때부터요. 인권 교육 코스를 받았는데, 그러니까, 나한테 아주 좋았어요! 내 아들한테도 좋지요. 아들을 학교에 데려다 놓았더니 지금은 쓸 줄도 읽을 줄도 알아요.[34]

점거 주택 주민들과 인터뷰를 하는 동안, 어떤 이들은 마노엘 콩구에 참여하기 이전에 다른 사회운동이나 토지 점거운동, 사회 봉사활동 등과 같은 시민 활동에 참여한 적이 있다는 이야기도 들었다. 대체로 여성들이었는데 정치적 실천 활동에 참여한 지 이미 수년이 되었고, 그 경험과 지식을 점거 운동 조직화에 활용할 줄도 알았다.

결론적으로 보면, 거주민들의 삶의 상황과 과거의 활동들이 점거 행동에 가담하기로 한 이들의 결정에 중요한 역할을 한 것이었다. 이들은 사회적, 경제적 상황이 열악하여 적절한 주거, 교통 인프라, 위생과 교육의 보살핌으로부터 소외되었었다. 도시의 문화생활이나 공공 생활로부터 배제된 것은 물론이었다. 점거 건물, 그것도 도시 한복판에 있는 점거 건물에 산다는 것은 자신의 삶과 가족의 삶을 개선할 수 있는 진정한 기회를 제공받은 셈이었다. 그러니 참여를 결정한

34) 2011년 마노엘 콩구 점령지의 주민 인터뷰

주된 이유는 개인적 필요성이었던 것이다. 정치적인 동기를 이유로 꼽은 사람은 몇 명 되지 않았는데, 마노엘 콩구에 들어오기 전부터 이미 시민활동을 하던 사람들의 경우였다. 그러나 점거에 참여한 사람들의 정치의식이나 이후 그들의 발전이 당연한 것이라고 생각할 수는 없다. 사실 처음에는 대다수가 점거를 통해 뭘 기대할 것인지조차 모르고 있었다.

그럼에도 불구하고 이들은 점거 주택으로 이주하고 난 뒤에 깨달은 변화와 결과가 있는지 질문 받자, 점거 시점부터 시작된, 즉 점거 주택에 살게 되면서 경험한 개인적 발전을 계속 언급하였다. 이들은 건물 점거의 참여 및 점거의 성공적인 경험 덕분에 얻게 된 새로운 자신감을 말하곤 했다. 스스로 더 강해지고 더 믿음직해졌다고 느끼며, 목표를 달성하고 미래의 삶을 바꿀 능력과 희망이 있음을 느낀다고 했다. 이는 점거 주택의 집단생활이라는 상황에서 새로운 생활 규범과 여건이 주어지자 더욱 촉진된 듯했다. 새로운 규범과 환경은 타인의 욕구에 대한 교육과 관용을 통해 유의미한 개인적 발전과 변화를 가져왔고, 점거 지역에 살지 않는 사람들의 여론이나 편견을 무시할 수 있게도 해준 것이다.

경우에 따라서는 개인의 발전이 새로운 정치의식의 발전과 연관되어 있었다. 사회운동에 대한 적극적 참여가 일상적으로 공존하는 상황이나 시민 활동에 가담하고 참여하는 의무감이 변화의 힘이 되고 정치의식 개발에 이정표가 될 수 있는 분명한 잠재력이라는 점을 이들과의 인터뷰에서 확인할 수 있었다.

결론

마노엘 콩구 점거 운동은 도시 위기에 맞서 일어난 오늘날의 대중적 저항의 예시다. 리우데자네이루 시의 심장부에서 살아남은 이 거주민들의 성공은, 모든 정치적 차원에서 영향력을 발휘하고 활성화될 때 도시 운동이 도시 정책으로 구체화할 수 있으며 '위로부터의' 지배적 배제 정책에 맞선 '아래로부터의' 균형추가 될 수 있다는 점을 증명한다. 앞에서 지적한 대로 도시 운동은 수십 년간 도시 정책의 형태를 만들어왔다. 그리고 도시의 위기를 관리하는 방식은 매우 성공적이었는데, 특히 주거권을 헌법에 포함시킨 사례가 더욱 그러하다. 도시 운동의 지속적인 저항은 정치적인 측면에서만 광범위한 결과와 효과를 낳은 것이 아니다. 도시 운동의 이니셔티브 덕분에 이전에 한 번도 정치 저항에 가담한 적이 없는 사람들이 참여하기 시작했다. 그리하여 도시 변화와 개혁을 달성하기 위해 적극적으로 압력을 행사하게 되었다. 그 결과, 이러한 도시 운동 활동가들과 그들의 행동은 현 신자유주의 정책의 배경과 및 그 진행 과정에서 중요한 조정자의 역할을 하게 되었다. 이들의 시도가 실패할 수도 있고 그 성공이 경우에 따라서는 그다지 유의미해 보이지 않을 수도 있다. 그러나 이들의 투쟁은 중요한 응집력이고, 배제의 정치에 대한 지속적인 고발이며, 따라서 사회 변화가 가능함을 증명해주는 지표이기도 하다.

조영실 옮김

제4부 위기와 혼돈

베네수엘라 몰락은 《사회주의》도 《혁명》 탓도 아니다. _마누엘 서더랜드

니카라과: 새로운 전환점에 도달했는가? _엘비라 쿠아드라 리라

라틴아메리카: 과거로 회귀하나? _마르틴 샤피로

베네수엘라 몰락은 《사회주의》도 《혁명》 탓도 아니다.

마누엘 서더랜드

노동 연구 및 형성 센터장(CIFO)

원제와 출처: Manuel Sutherland, "La ruina de Venezuela no se debe al 《socialismo》ni a la 《revolución》", *Nueva Sociedad*, No. 274, marzo-abril de 2018, pp. 142-151.

핵심어: 자본 축적, 부패, 지대주의(rentismo), 사회주의, 베네수엘라

베네수엘라가 역사상 가장 심각한 위기를 겪고 있다는 것은 모두가 주지하는 사실이다. 2017년 추정치 2,616%를 감안한다면[1], 베네수엘라는 4년 연속 세계에서 가장 높은 인플레이션을 기록할 것이다. 2018년 1월 인플레이션은 95%에 달했고, 이를 연간 수치로 나타내면 4,520%에 해당한다(Econométrica에 따르면 식료품 물가는 5,605% 상승).[2] 베네수엘라는 초인플레이션 상태에 진입했고 연일 물가 상승을 무기력하게 바라보고 있다.

1) 《AN: Inflación acumulada de 2017 cerró en 2,616%》 en *El Nacional*, 8/1/2018.

2) Andreína Vargas: 《Econométrica: la inflación de enero alcanzó el 95,3%》 en *El Tiempo*, 1/2/2018.

뿐만 아니라, 베네수엘라는 적어도 6년 연속 두 자릿수 재정적자, 세계에서 가장 높은 국가위험도, 최근 20년간 가장 낮은 외환 보유고(93억 달러 미만), 재화 및 기본 서비스(식료품 및 약품)의 심각한 부족현상을 겪고 있다. 달러 가치는 2017년 2,500% 이상 상승하여 베네수엘라 국민의 구매력은 완전히 붕괴되었다.[3] 이와 같은 베네수엘라의 불행한 상황은 수구우파들에게 최고의 논지를 제공한다. 언론을 활용하여 이들은 다음과 같은 질문으로 자국민들의 우려를 더욱 자극한다. "사회주의를 원하는가? 베네수엘라로 가서 불행을 목도하라!" "변화를 열망하는가? 혁명이 한 번영국가를 어떻게 망치는가를 보라." 학자들은 사회주의 정책들이 베네수엘라를 몰락시켰으며 해결책은 초자유주의로의 복귀라고 단언한다.

본고에서는 베네수엘라의 볼리바르 경제정책이 사회주의적이거나 심지어 발전주의적인 성격과는 상당히 거리가 있다는 점을 밝히고자 한다. 분명히 관찰되는 것은 원유 판매수입에 근거한 국가의 자본축적 과정에서 열광적인 담론과 만연한 파벌주의와 결합하여 자본주의적 경제 주기상의 불황기를 급격하게 앞당긴 수입-금융업자에 유리한 심각한 탈산업화 과정이다.

경기변동과 원자재 호황

베네수엘라 경기변동은 보다 즉각적인 형태로 관찰된다. 〈그림 1〉에서는 GDP 성장률이 잦은 변동을 보이고 있는데, 이는 원유 가격의 변동성이 반영된 것이다. '검은 금'은 가격 상승시기(2012년)에는 베네수엘라의 전체 수출액의 약 95%

3) M. Sutherland: 《El desastre monetario en Venezuela, billetes de Bs. 100, inflación y una alternativa》 en *Alemcifo*, 22/2/2017

를 차지하였고 원유가격이 하락했던 시기(1998년)에는 약 65%에 해당하였다.[4] 즉, 원유가격이 낮은 시기에도 일반 산업생산의 이익 수준과 유사한 이익을 창출했다.

〈그림 1〉은 경제침체가 1980년대부터 시작됐다는 점도 보여준다. 그 때는 소위 채무 위기로 인해 베네수엘라뿐만 아니라 많은 국가들이 곤란한 상황에 직면했고, 상품가격지수가 급격한 수준으로 하락한 시기였다.

〈그림 1〉 베네수엘라: 1950~2017년 GDP 수치

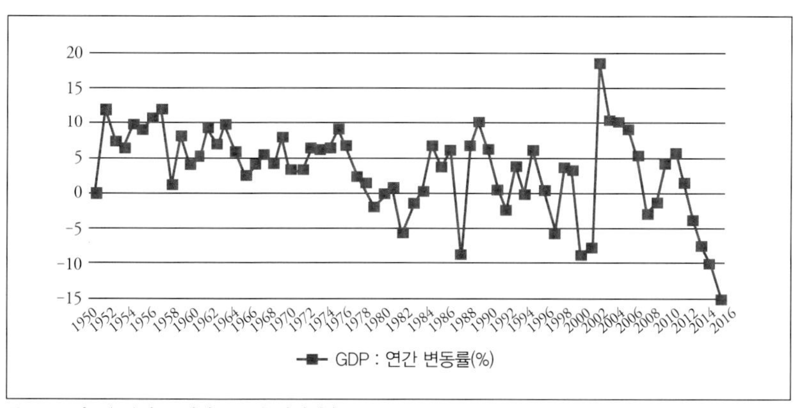

주: 2015년 4/4분기는 선형으로 추정되었음.
2016년의 GDP는 세계은행이 전망한 수치인 10.1%가 사용되었는데, 이는 베네수엘라의 경제분석기관(Ecoanalítica)이 예측한 16% 하락폭보다는, 훨씬 낮은 수치임.(www.diarioeltiempo.com.ve/sitio/pib-de-venezuelase-contraera-101-en-2016). 2017년의 GDP는 국회(la Asamblea Nacional) 추정치를 사용함.〈www.elnuevoherald.com/noticias/mundo/america-latina/venezuela-es/ article193622414.html〉.

출처: 베네수엘라 중앙은행(BCV)의 공식 자료인 《PIB a precios constantes del año 1997》를 저자가 재정리.

4) Información estadística, Banco Central de Venezuela (BCV), disponible en 〈www.bcv.org.ve/c2/indicadores.asp〉..

볼리바르 혁명 시대의 첫 해는, GDP는 낮은 원유가격(배럴당 약 9달러), 그리고 아마도 큰 변화를 약속했던 신정부의 출범으로 인한 불확실성에 기인하여 급격한 하락을 보였다. 이후 원유가격은 2002년 4월 11일 당시 대통령이었던 우고 차베스에 대한 반(反)차베스 쿠데타와 관련이 있다. 쿠데타는 기업들의 총파업으로 이어졌다. 예외적으로 낮은 수치인 2003년의 GDP는 경제적 요인보다는 경제 외적인 요인(좀 더 정확히 말하면 정치적인 요인)들에 기인한 것이다. 2004년에는 큰 폭의 성장률(18%)을 보이며 경기가 회복한 것처럼 보였다.

또한 〈그림 1〉로부터 세 배 이상 늘어난 원유 수익에 힘입어 2005~2008년 동안 경제성장률이 상당히 증가했음(연 8%)을 알 수 있다. 경제적 황금시대는 볼리바르 혁명 운동이 보다 적극적으로 전개된 시기와 일치한다. 이 때 '21세기 사회주의'(2005년)가 언급되었으며, 지역경제통합(미주를 위한 볼리바르 동맹, ALBA)을 추진하였다. 또한 시멘트, 철강, 정보통신, 은행, 광업 분야의 몇몇 대규모 기업의 국유화를 착수한 시기와 맞물려있다. 하지만 2007-2008년의 글로벌 금융위기로 인한 2008년 말부터 2009년 원유가격의 급락은, 볼리바르 혁명정책이행을 일시에 정지시켰다. 2009년 배럴당 35달러였던 원유가격이 2011~2013년 사이 120달러까지 급등하면서 경제성장 경로에서 회복이 관찰된다. 하지만 2014~2015년 사이에 원유가격은 다시 하락하기 시작한다. 사실 이 시기의 원유가격은 2000년대 초반보다 5~6배나 높은 가격임에도 정부 재정지출과 과도한 수입의 가파른 증가 때문에 낮아보일 뿐이다. 최근 몇 년 간 재화와 서비스 공급이 감소하고 수입이 하락하기 시작하였으며, 주택 건설을 위한 (중국인) 노동자들과 액상우유, 시멘트나 가솔린과 같은 제품의 수입에 99.9%의 보조금을 지급하는 등 수입에 지나치게 의존하는 탈산업화 과정의 결과들이 가시화 하고 있다.

지대추구를 지향하는 정부 지출의 증가는 지나치게 오랜 시간동안 지속되었고 그러는 사이 원유 수출로 거둬들인 수입(收入)이 급격한 하락하면서 나타난 폐해들은 더욱 심화되었다. 국내 제조업과 농업은 지나치게 과대평가된 환율로 인해 위축되었다.[5] 수입품이 지나치게 저렴했기에 제조업이나 농업 분야에서의 생산적 노력에 대한 동기가 상실되었다. 이러한 정책은 칼 마르크스의 '진정한 사회주의'와는 거리가 멀었다. 정부와 기업가들은 보조금에 전적으로 의존하는 수입 증가를 근거로 원유 수출에 열을 올렸고, 동시에 자본 도피는 급증하고, 높은 이율의 대외 부채는 확대되었다.

원유 지대가 어떻게 수입(輸入) 이익으로 전환되었는가?

기초 재화의 부족도 통화의 과대평가에 기인하여 생산적 투자 여력을 저해한 자본 수출의 결과였다. 이러한 정책은 원유 판매수입을 사회주의 정부로부터 수입업자로 이전한 것에 지나지 않는데, 수입업자들은 그들이 지출하는 볼리바르보다 더 많은 달러를 받는다. 이는 정부가 10달러를 팔 때마다 수입업자들에게 적어도 9.5달러를 주었다는 것을 의미한다. 이렇게 민간부문으로의 소득 이전은 정부 입장에서는 매우 비용이 높고 해로운 사업이다. 하지만, 더욱 심각한 문제는, 달러로 구매한 것으로 추정되는 상품은 베네수엘라 국내에 결코 들어온 적이 없기 때문에 대규모 사기나 다름없다.

〈그림 2〉는 베네수엘라의 거대한 수출 호황은 열배 이상의 원유 가격에 의한 것이며, 왕성한 수입 호황을 동반하고 있음을 자세하게 보여준다. 2003년

5) Juan Kornblihtt: 《El creciente peso del Estado en el comercio exterior venezolano como expresión de la contracción de la renta petrolera y la agudización de la disputa por la misma》, ceics, 2015, inédito; M. Sutherland: 《Venezuela sin fondo··· y sin alternativas》 en *Nueva Sociedad edición* digital, 2/2017, disponible en 〈www.nuso.org〉.

거의 140억 달러에 이르던 수입액은, 2012년에는 800억 달러에 달했다.[6] 수입의 70%가 생산적 투자로 연결되어야 한다고 보지만, 베네수엘라의 경우 국내 생산 증가와 상관관계가 없는 것으로 나타났다. 2003~2012년 기간 동안 수입액의 457%(CIF 기준) 증가는 수입 속도가 확실히 과장되었고 원유가격 하락으로 인한 경기침체에 대비한 저축에 대한 고려도 전혀 없었음을 반영한다. 실제로 동 기간 수출 증가율은 수입 증가 수준에 못 미치는 257%였다.

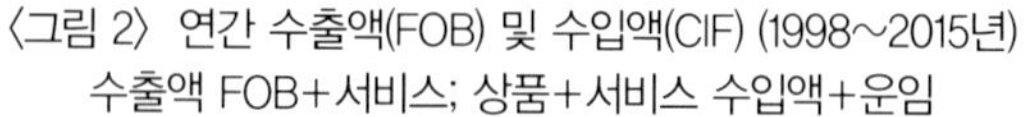
〈그림 2〉 연간 수출액(FOB) 및 수입액(CIF) (1998~2015년)
수출액 FOB+서비스; 상품+서비스 수입액+운임

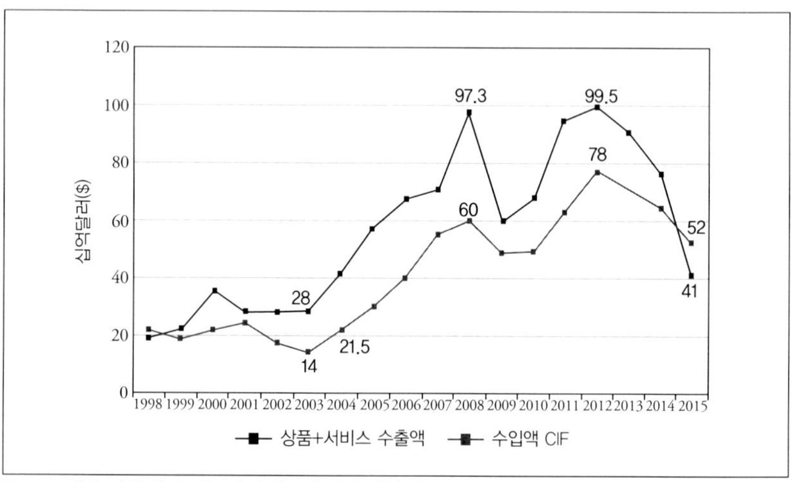

주: 2015년의 4/4분기 수치는 아직 발표가 되지 않았기 때문에 직전 세 분기의 수치의 평균을 사용함.
출처: 베네수엘라 중앙은행(BCV)의 공식 자료 《Valor FOB de las exportaciones y valores cif de las importaciones》를 저자가 재정리.

6) Comercio exterior, Instituto Nacional de Estadísticas(INE), 2014.

비(非) 원유부문 수출의 교역조건을 살펴보면, 1998~2014년 기간에 1kg당 가격 상승은 11%에 그쳤을 뿐이기 때문에, 이 역시 베네수엘라 총수입액의 엄청난 증가를 설명하지 못한다. 정부는 민간이든 공공부문이든 간에 국내 사업을 육성하기보다는, 대량 수입을 통해 다양한 수요를 해결하는 방향으로 전환했다.[7] 예를 들어, 정부는 국내 기업에 투자하는 대신 공공부문의 수요를 수입으로 충당했는데, 2003~2013년 기간 동안 1,033% 수입이 증가하였으며, 연간 수입 증가율은 2007년 기준 51%에 달했다.

수입 사기

사기성 수입은 주목할 만한 문제다. 필자는 다른 연구에서 그 메카니즘을 설명한 바 있으며[8], 본고에서는 육류를 예로 들어 그 개요를 제시하려한다. 2003년(환율 통제 개시)에서 2013년 사이 육류수입 증가율은 17,810%(FOB 기준)였다. 그렇다, 17,000% 이상이다. 놀라운 점은, 같은 기간 베네수엘라 국민의 평균 육류 소비량이 22% 감소했다는 사실이다. 육류 수입을 분석한 필자의 다른 연구에서 이를 이미 설명한 바 있다.[9] 연간 천만 달러이던 육류 수입이 17억 달러 이상으로 증가한 것이다. 하지만, 슈퍼마켓에서 육류를 구경하지 못한지 이미 몇 달째다.[10] 이에 더하여, 1998년부터 2013년 사이 살아있는 동물의 수입

7) Ibíd.

8) M. Sutherland: 《La enorme escasez de medicinas y la gran estafa en su importación: Farmafraude》 en *Aporrea*, 11/3/2015.

9) M. Sutherland: 《Aumento del 21.693,21% en la importación de carne, caída del consumo y escasez de la misma》 en *Aporrea*, 28/8/2014.

10) Martha Mejías: 《Advierten escasez de carne consecuencia de los bajos precios que fijó la Sundde》 en *El Venezolano News*, 22/2/2015.

증가율은 2,280%(FOB 기준)를 기록했으며, 같은 기간 살아있는 동물의 수출은 99.78%(FOB 기준, 4,300 달러) 감소했다.[11]

터무니없는 예초기를 만 2천 달러에, 닭 가공기기를 2백만 달러에 수입한 사건이 고발된 것은 유명한 이야기다. 세관은 컨테이너 속에서 녹슨 연장들만을 발견했다.[12] 권위 있는 컨설팅 회사인 에코아날리티카(Ecoanalítica)는 2003년부터 2012년 사이에 수입 사기를 통해 695억이 사라진 것으로 추정했다. 파나마 자유무역지대의 수출업자들은 베네수엘라에 14억 달러를 청구했지만, 파나마 공무원들은 이 중 9억3,700만 달러는 사기라고 주장한다. 회사들이 존재하지 않는 상품들을 송장에 기입했다는 것이다. 농기계를 수입하던 업체는 실제 가격이 2,900달러인 옥수수 타작기계를 47만7750 달러라고 주장했다.[13]

사회주의와는 거리가 먼 경제정책 요약

요약하자면, 다음과 같이 주장할 수 있다.

1. 국유화는 일반적으로 지역 부르주아 계층에게는 이익을 가져왔다. 대부분의 경우, 기술력이 뒤떨어진 기업들에게 많은 금액이 지불되었다. 대표적인 예로 베네수엘라 은행(Banco de Venezuela)의 국유화이다. 은행이 산탄데르 그룹(Grupo Santander: 지분 패키지의 93%)에 의해 3억 달러 이하에 인수되었음에도

11) M. Sutherland: 《Aumento del 21.693,21% en la importación de carne, caída del consumo y escasez de la misma》, cit.

12) William Newman y Patricia Torres: 《Importadores malversan millones en Venezuela y hunden la economía》 en *The New York Times*, 6/5/2015.

13) Ibíd.

불구하고, 베네수엘라 정부는 지분의 51%에 대해 10억 5천만 달러를 지불했다.

2. 조세 개혁이 절실함에도 여전히 미해결 상태다. 유엔라틴아메리카카리브경제위원회(ECLAC)에 따르면, 1990년 이래로 GDP 대비 가장 큰 재정 수입 증가를 나타낸 국가들은 볼리비아(20.6% 포인트)와 아르헨티나(18.8% 포인트)인 반면, 베네수엘라는 4.5% 포인트 감소를 기록했다.[14)]

3. 부족한 자본과 현저한 비효율성을 띠는 수십 개의 금융 기관들로의 자본 분배는 덜 사회주의적인 것이다. 저신용 정책으로 수반된 국영 은행의 분열은 '경제 전쟁'이라는 허황된 생각과 충돌한다. 이렇게 말하는 까닭은 정부가 기업들이 생산량을 줄이고 더 비싸게 팔면서 생산품들을 숨겨서 경제를 망친다고 주장하면서, 동시에 마이너스 이율로 수백만 볼리바르 상당의 신용을 제공하는 방식으로 기업들을 지원하는 것은 어리석고 모순적이기 때문이다. '경제 전쟁'의 장본인들에게 관대한 선물을 제공하는 것을 어떻게 정당화할 수 있겠는가?

우대 환율 이외에도 그러한 특혜의 예는 많다. 최근 타렉 엘 아이사미(Tareck El Aissami) 부통령은 다음과 같이 언급했다: "2018년 상반기에 민간부문에 10조 볼리바르 상당의 신용을 제공하는 것이 목표이며, 이는 국가예산의 1/3 수준이다".[15)] 또한 정부는 부르주아 계층에게 달러를 빌려준다. 예를 들어 네슬레(Nestlé)는 9백만 달러, 론 산타 테레사(Ron Santa Teresa)는 4백만 달러의 대출

14) Rocío Montes: 《La presión fiscal en América Latina sigue lejos de la media de la ocde》 en *El País*, 10/3/2015.

15) 《(Video) Empresarios reciben hoy de manos del gobierno 3,7 billones de bolívares en crédito》 en *Punto de Corte*, 〈http://puntodecorte.com/empresarios-reciben-37-billones-en-credito/〉.

을 받았다.[16] 얼마 전 마두로 대통령은 베네수엘라 미래 박람회(Expo Venezuela Potencia) 폐막식에서 다수의 기업들에게 2,500만 달러의 신용 제공을 승인했다.

4. 제조업 부문 GDP가 2004~2008년 사이 현저하게 증가한 이후 1997년 수치를 밑도는 수준으로 하락한 것은 심히 우려되는 상황이며, 역설적으로 보이기까지 하다. 그 까닭은 같은 기간 제조업 기계와 장비의 수입은 다섯 배 증가했기 때문이다. 대규모의 그리고 광범위한 산업화 과정은 발전주의 또는 사회주의라고 자부하는 국가들의 기반이지만, 베네수엘라의 경우는 정반대였다.

2018년 2월 현재 베네수엘라에서 제조업 생산에 대한 공식 통계자료들은 2011년에 대부분 발간이 중단되었다. 만약 최근 수치로 자동차 생산을 분석한다면, 퇴보의 정도는 비정상적으로 보인다. 2007년에서 2015년 사이 자동차 생산은 무려 89%이나 급감했다. 2015년의 수치는 자동차 산업이 공식적으로 탄생하고 일만 대를 조립했던 1962년 기록과 맞먹을 정도로 낮다. 172,418대를 조립한 해인 2007년부터 자동차 산업은 곤두박질쳤다. 2015년에는 53년 만에 최악의 수준으로 위축되었는데, 자동차 조립 대수는 18,300대에 불과했다.[17] 베네수엘라 자동차협회와 자동차부품연합의 자료에 따르면, 자동차 조립은 2,694대까지로 떨어졌고, 이는 2015년 11개월보다 83%나 하락한 수치이다.[18]

16) 《Estas son las nuevas empresas que recibieron millonarios créditos del Gobierno》 en *Notitotal*, 23/3/2017.

17) Kon Zapata y Roberto Deniz: 《La industria automotriz de Venezuela retrocede a cotas de 1962》 en *América Económica*, 26/1/2016.

18) Favenpa: 《Boletín Estadístico No 57/2016. Resumen de ventas de vehículos. Octubre 2016》, 8/11/2016.

임금, 불균형, 그리고 전망

요컨대, 베네수엘라의 상황은 마르크스나 러시아 혁명에 관한 교과서적 조치들의 실패로 인한 것이 아니다. 일부 특정 요소들에서는 볼리바르주의 경제 정책은 반자본주의 혁명적 변화나 생산의 사회적 관계들의 변질과도 아무런 관계가 없다는 것도 관측된다. 볼리바르주의 정책은 오히려 소위 원유지대주의로부터 비롯된 경제 정책들의 변종이었다. 이는 카를로스 안드레스 페레스(Carlos Andrés Pérez)의 첫 번째 임기(1974~1979)에서 이미 경험한 바다. 이념적 요소와 반제국주의 및 반기업적인 성격의 몇몇 담론들은 대통령의 구체적 정책보다는 담화만을 연구하는 분석가들을 혼동케 한다.

비록 볼리바르주의 정부는 재정지출을 확대하고 기업들을 국유화하며 극빈층을 위한 직접적인 현금 이전 정책들을 펼쳤으며, 또한 공공서비스에 대해 막대한 보조금을 제공했지만, 경제 정책의 핵심은 원유 수출에 의한 오일 머니의 지속적인 유입과 낭비, 그 이상이 아니었다. 또한, 각종 통제 정책의 공고화는 오히려 농업, 제조업, 상업의 파괴를 가속화하였고, 수입 확대를 통해 부패한 군부 계층을 더욱 배부르게 할 뿐이었다. 이에 전례 없는 수준으로 국가 경제가 악화된 것이다.

정부는 1999년에서 2018년 사이 재정지출 정책을 유지하기 위해 통화량을 250만% 이상 증가시켰다. 마지막 그래프는 그와 같은 인위적인 정부 지출 및 통화의 과대평가를 통한 정책의 직접적인 결과를 드러낸다. 〈그림 3〉은 2006~2017년 기간 동안 노동자 계층이 받은 월 최소 급여(임금+식료품 보너스)가 83% 폭락했음을 나타낸다.

세계의 좌파 세력들은 베네수엘라의 자본 축적의 국유화 과정에 대해 엄격한 분석을 하되, 서둘러 비판을 잠재우거나 "우파를 모방하지 않는다"라는 식의

〈그림 3〉 급여하락(실질임금+식료품보너스 CT) (2006~2017)

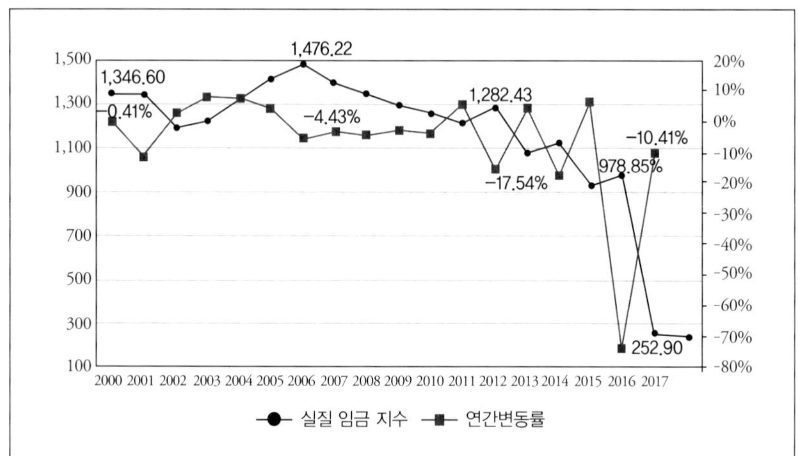

출처: 베네수엘라 중앙은행(BCV) 급여지수; 노틸로히아(Notilogía) 최저 급여 추세. 급여와 식료품 보너스를 더하여 계산. 수치는 공식 일자리에서 근무하는 노동자에 관한 것이며 공식 노동인구는 전체 노동 인구의 약 50%임. 2000년 기준. INPC(2008~2015년)과 IPC(2000~2007). 2016년 인플레이션 수치는 BCV가 IMF에 제출한 보고서에 따른 수치(274%)를 사용. 2017년 인플레이션 수치는 국회(금융위원회)가 발표한 수치임.

터무니없고 격세유전의 방어를 할 필요가 없다. 좌파는 우파적이고 반노동자적인 세력들에 대해 비판을 할 때와 마찬가지로 예리함과 명민함으로 진보세력들을 비판해야 한다. 이들 국가들에서 일어나는 문제들의 핵심을 간과할 이유는 없지만, 현명한 대안이 있다면 주저 없이 협력해야한다. 이는 단지 통렬한 비난에 그치지 않고, 변증법적인 지식을 바탕으로 문제를 객관적으로 분석하고 비판하는 것을 의미한다. 타이타닉호가 이미 침몰하였다면, 이제는 더 이상 연대하고 반제국주의자가 되기 위해서 난파에 대한 구체적인 사실을 부정하는 일은 멈춰야 한다.

정혜윤 옮김

니카라과: 새로운 전환점에 도달했는가?

엘비라 쿠아드라 리라
커뮤니케이션 연구센터(CINCO) 및 공공정책 전략 연구소(IEEPP) 객원 연구원

원제와 출처: Elvira Cuadra Lira, "Nicaragua: una nueva transición?", *Nueva Sociedad*, No. 277, septiembre-octubre de 2018, pp. 4-12.

핵심어: 위기, 시위, 산디니즘, 로사리오 무리요, 다니엘 오르테가, 니카라과

혁명, 그리고 좌절된 희망의 프로젝트

1979년 아나스타시오 소모사 독재정권의 붕괴와 산디니스타 혁명의 성공은 니카라과와 그 주변을 감격과 기대로 가득하게 했다. 니카라과 사회는 자유와 민주주의에 대한 욕망을 구체화하려는 강렬한 정치적 행보로 전 세계의 이목을 집중시켰다. 산디니스타 민족 해방전선(FSLN)이 이끈 혁명은 일찍이 정치·사회 분야에 대한 사회주의적 견해와 경제 영역의 자본주의적 견해가 혼재된 정치 프로젝트로 변형됐다. 그리고 국민의 다수가 이 프로젝트를 통해 새롭게 인식되었다.

산디니스타 혁명이 사회적 조직과 참여의 확대를 촉진시키는 동시에, 농업 개혁과 같은 사회·경제적 사업을 수행하고 교육, 보건 및 사회보장 분야의 복지 정책의 범위를 확대하며 국가의 역할을 강화하고 일자리를 창출하기 위해 노력하는 동안, 무력충돌은 커다란 내부적 긴장의 표출로서 다가왔다. 그러나 그 무력충돌은 또한 니카라과를 냉전 시대의 두 세력인 미국과 구소련의 지정학적 갈등의 장으로 전환시킨 양극화된 세계의 표현이기도 했다. 미국의 로널드 레이건이 우익 반군 콘트라를 지지한 것은 그 시대를 가장 명확히 반영한 것이기도 했다.

커다란 모순, 단점 및 오해들로 가득한 국가, 전쟁의 높은 정치·경제·사회·인도주의적 비용, 산디니스타 리더십의 정치적 근시안, 그리고 엄청난 국제적 압력은 다니엘 오르테가를 정부 수반이자 대통령 후보로 내세운 산디니즘이 1990년 선거에서 패배했을 때 뜻밖의 전환을 가져왔다. 세계의 여러 지역에서 산디니스타 혁명을 옹호했던 사람들뿐만 아니라 반대했던 사람들에게도 감격, 소망, 노력, 희생, 고통 그리고 분노로 가득 찬 시대는 막을 내렸다.

변화 그리고 불완전한 민주주의

1990년 4월에 시작된 체제 전환은 자유민주주의, 전쟁 후의 평화와 재건, 그리고 신자유주의 모델의 수립과 경제적 세계화로의 편입이라는 경제적 환경 변화가 동시에 일어난 복잡한 과정이 되었다. 1990년대 전반기에는 과도기와 관련된 사회적 갈등들이 심했는데, 그 중 다수는 평화협상의 이행을 요구하는 전(前)전투원과 오르테가가 선거 패배 직후 강조했던 '아래로부터의 통치'에 대한 권리를 주장하는 산디니스타 동조자들에 의해 주도되었다.

당시 시민의 자유가 회복되고, 지역 및 국가 조직이 확대·강화되며, 시민의식과 민주주의 가치라는 새로운 정치 문화가 형성되는 동시에, 1990년대 초반부터 다음 세 정부 전반에 걸쳐 시행된 개혁과 구조조정의 경제정책에 의해 악화된 심각한 사회·경제적 불평등 때문에 막대한 적자도 누적되었다. 그 당시 정치, 경제 엘리트들에 의해 채택된 거버넌스 모델은 독점적 교섭들과 협약들을 결합시켜서 1995년에서 2007년 사이 헌법에 다양한 개정을 가져왔다. 이중 가장 중요한 것은 당시 대통령이자 자유입헌주의당 수장인 아르놀도 알레만과 FSLN의 주요 지도자인 다니엘 오르테가 간에 체결된 소위 알레만-오르테가 협약이다. 이 협약은 알레만이 여전히 대통령이고 오르테가가 야당에 있던 2000년에 구체화했는데, 두 사람이 그들의 가장 가까운 추종자들과 정책 운영자들에 둘러싸여 미소를 짓고 있는 사진이 증거로 남아있다.

이 협약은 정치체제의 폐쇄를 강요했는데, 실제로 선거경쟁을 현저히 제한하는 2당 체제로의 축소를 가져왔다. 이는 또한 대법원과 선거관리위원회와 같은 국가 권력을 두 지도자에 맞게 분배하는 것을 의미했으며, 대선의 1차 선거에서 대통령직에 오를 수 있는 최소 득표율을 35%로 낮추는 선거법 개정을 초래했다.

혁명당인 FSLN은 1990년 선거의 패배 이유와 야당의 입장을 내부적으로 분석하지 않은 결과, 당시 정치적이고 호전적인 핵심 간부들의 분열을 겪었다. 정당으로 자리매김하지 못한 산디니스타 혁신운동(MRS)같은 단체들이 이러한 분열로부터 생겨났다. FSLN은 오르테가, 그리고 당의 제2의 권력이 된 로사리오 무리요 같은 그의 최측근들의 통제 하에 있었다.

"기독교적, 사회주의적, 그리고 연대를 향한"

2007년 오르테가는 세계의 새로운 정치 프로젝트를 대표하는 젊은 혁명가가 아니라 신뢰와 믿음이 거의 없는 오래된 지도자로서 니카라과의 대통령직에 돌아왔다. 시작부터 그는 옛 혁명 프로젝트와의 정치·상징적 연속성을 확립하고자,

자신의 정부를 혁명의 두 번째 단계, 즉 "기독교적, 사회주의적, 그리고 연대를 향한" 혁명으로 규정했다. 오르테가는 헌법에 저촉됨에도 불구하고 대통령직에 세 임기 연속으로 머물렀다. 그는 당시 1990년 이래로 구축 중이던 자유민주주의 체제를 권위주의 체제로 전환시켰다. 이러한 변화의 핵심 요소는 국가의 다른 권력들, 특히 의회, 대법원 그리고 선거관리위원회에 대한 통제였다. 의회에 대한 통제로 그는 국가 및 정치체제의 모델을 재정의한 헌법 개혁을 통해 국가의 법률 구조를 수정할 수 있었다. 또한 국방 및 안보 분야에서 새로운 법률들을 제정하여 군대와 경찰을 대통령에 직접 종속시켰다. 그리고 대륙 간 운하 및 기타 하위 프로젝트 건설에 대한 권리를 중국 기업에 주는 논란의 여지가 있는 법[1]과 가족법도 승인하였다.

대법원과 선거관리위원회에 대한 통제를 통해 오르테가는 2014년 헌법 개정 이전인 2011년에 대선 후보로 나설 수 있었다. 그러는 동안 선거관리위원회는 총선과 지방자치 선거들에서 오르테가를 밀어주기 위한 부정행위들을 용인했다고 비난받았다. 오르테가는 자신의 권력을 연속적으로 유지하기 위해 필요한 정치적 조정을 가하는 동시에, 자신의 가족과 측근들 주변에 새로운 경제적 권력 집단의 출현, 베네수엘라로부터 온 협력 자금의 사적인 착복, 그리고 정치경제에서 가장 중요한 결정들에 영향력을 미치는 거대한 국내 자본가와의 동맹을 조장했다.

자신에 대한 낮은 신뢰와 정당성을 인지하고 있던 오르테가는 2007년부터 사회통제, 정치감시 및 억압의 전략으로 불만의 표출을 제지하기로 결정했다. 따라서 모든 시위와 사회운동은 동기나 목적에 상관없이 저지되거나 진압됐다. 자유로운 조직화와 동원, 표현의 자유 및 언론 자유와 같은 기본적인 권리와 자유

1) Arturo Wallace: 《Nicaragua, un país dividi\-do por un canal que aún no empieza a cons\-truirse》en *bbc Mundo*, 23/12/2014.

역시 2007년 이래로 심각한 제한을 받았다.

사회적 행동의 억압과 봉쇄는 경찰과 친정부 민병대에 의해 자행되었는데, 이들은 거의 항상 강제로 행진과 시위를 제지하는 역할을 담당한 진압단으로 조직되었다. 감시 및 사회 통제는 시민권력위원회, 가족생활부, 산디니스타 지도자위원회, 산디니스타 청년, 그리고 노동조합과 같이 정부에 의해 추진된 조직들이 담당하였다. 이런 맥락에서 오르테가 정부는 근대성, 종교적 감정, 그리고 과거 산디니스타 혁명과의 정서적 유대로 포장된 낡은 표어에 호소하는 메시지를 통해 자신의 담론을 강요하려고 했다.

2007년 이래로 10년 동안 FSLN의 당 기반이 크게 변했다. 첫째, 1990년대에 의견을 달리하던 인사들이 떠난 후 현재의 부통령이자 오르테가의 부인, 로사리오 무리요의 결정에 따라 젊은 공직자들로 구성된 자신의 지지 집단을 만들었다. 이들 대부분은 혜택과 특전을 제공받으며 높은 충성도를 보였다. 괴짜인 무리요는 화가 구스타브 클림트의 이미지에서 영감을 받아 수도 마나과에 '생명의 나무들'이라는 거대한 금속 구조물을 세웠다. 클림트는 매일 언론 매체에 나와 정부에 대한 좋은 소식을 전했는데, 그는 오르테가의 권력을 합법화하기 위한 방법으로 종교적 담론(기독교와 영성주의의 혼합)을 사용한 예술가였다.

소모사 독재정권의 타도와 80년대의 내란에 참여했던 역사적 인사들은 좌천되고 해임되고 묵살되었다. 가장 잘 알려진 사례 중 하나가 무리요와 레닌 세르나 사이의 공공연한 대결이었다. 세르나는 소모사 독재 시절 오르테가의 감방 동료였는데, 오르테가의 가까운 협력자이자 심복이요, FSLN 조직의 비시권이었다. 무리요와 갈등이 있은 후 세르나는 해임되어 무리요의 측근들로 대체되었는데, 이러한 일은 다른 역사적인 인사들에게도 일어났다.

오르테가와 무리요는 국가에 대한 장악, 군대 및 경찰에 대한 통제, 그리고 거대 자본과의 협력이 자신들의 권위주의적이고 왕조적인 체제를 공고화하기에 충분하다고 생각했다. 또한 공원 조성 및 개선, 공공장소 무료 인터넷 촉진, 축제 및 스포츠 행사 조직을 통해 국민의 대다수이자 변화의 역사적 행위자인 젊은이들의 환심을 살 수 있을 것이라 생각했다. 하지만 경제 개선과 사회 정책 확대에 대한 기대가 신자유주의 경제정책의 연속, 불평등과 사회적 배제의 악화, 후견주의, 그리고 정치적 공간의 폐쇄에 의해 좌절되면서, 겉으로는 평온해 보였음에도 불구하고 실제로 밑에서는 불만의 싹이 점점 커졌다. 이러한 불만의 초기 표출이 정부 여당과 야당이 표 경쟁이 심하던 2016년과 2017년 선거에서의 높은 기권율이었다. 대외적으로 오르테가의 니카라과는 베네수엘라 정부와 동맹을 맺고 막대한 양의 석유를 지원 받았으며, 동시에 미국과 이주와 안보에 관한 정책 및 프로그램들을 협상했다.[2)]

반면에, 2013년에는 두 대양을 잇는 운하에 대한 시민의 반대, 광산개발 허가를 둘러싼 갈등, 원주민 공동체 소유의 토지에 대한 하수시설 건설 및 부동산 권리증서화, 수자원 확보, 천연 자원 보호, 그리고 시민권과 관련된 새로운 사회운동 시대가 열렸다. 이러한 움직임의 전면에는 새롭게 강화된 농민운동, 여성운동 그리고 사회조직들이 있었다. 2018년 초반에 니카라과에는 거의 시골 지역을 중심으로 적어도 20개의 갈등지가 존재했다.

2013년부터 2018년 초까지 농민운동은 100회 이상의 시위를 벌였다. 2015년 10월의 시위와 같은 가장 중요한 시위들은 경찰과 정부 지지자들에 의해 위협받고 방해받았다. 2013년에는 Occupy INSS(사회보장기구를 점령하라)라는 항의 시위가 있었는데, 이 시위는 노인들이 연금을 사회보장에 포함시킬 것을 주장하고 응답을 요구하면서 INSS 건물 앞을 점거하면서 시작되었다. 자발적으로 모인 젊은이들이 노인들의 시위에 동참하기 위해 모였고 의료 서비스 부스를 설치하

2) 《Presidente Daniel se reúne delega\-ción del Comando Sur de los Estados Unidos》, video en *El 19 Digital*, 3/5/2016, 〈www.youtube. com/watch?v=ccyd-y5azus〉.

였는데, 그 해 6월 22일 정부의 진압단이 시위 참가자들을 공격하여 구타, 약탈하고 그 자리에서 몰아냈다. 경찰은 현장에서 폭력을 막기 위한 아무 대응도 하지 않고 지켜보기만 했다. 이 사건은 2018년 4월 이후 진행된 사건들에서 볼 수 있듯이 젊은 세대의 기억에 이정표가 되었다. 경찰과 진압단은 계속해서 사회운동, 특히 운하를 반대하는 농민운동과 민주주의의 재건을 요구하는 시민단체들에 의해 조직된 행동들을 저지하고 진압했다.

4월의 시민 폭동

4월 시민 폭동의 촉매는 니카라과와 중앙아메리카의 가장 중요한 생태보존구역인 인디오 마이스(Indio Maiz)에서 발생한 화재에 대한 정부의 안일한 대처에 대한 시위와 같은 달 중순 사회보장제도 개혁에 대한 시위였다.[3] 이 두 시위는 경찰과 정부 진압단에 의해 공공연히 탄압된 자발적으로 모인 젊은이들에 의해 주도되었다. 사회보장제도 개혁의 경우, 4월 18일에 진압단이 불안정한 연금에 대해 권리를 주장하는 노인들과 이 사건을 다룬 기자들을 공격하여 부상을 입혔다. 구타당해 부상입고 바닥에 쓰러진 노인들의 이미지는 경찰의 폭동진압용 장비를 뚫고 여러 도시에서 수천 명의 사람들이 항의하기 위해 거리로 뛰어나오도록 하기에 충분했다. 다음날, 대학생들이 학내와 주변 거리들을 점령하고 시위에 참여하면서 이들이 이 시위의 주역이 되었다. 정부의 대응은 더욱 탄압적이고 폭력적이었다. 소모사에 내항한 산니니스타 두쟁의 옛 거점 도시인 마사야는 '독재자 없는 영토'로 선언되었으나, 몇 주 동안의 저항 끝에 결국 소형트럭을 타고 결집한 중무장 민간경찰에 의해 점령되었다. 이 민간경찰은 산디니스타

3) 《¿Qué ocurre en Nicaragua? Claves para en\–tender la reforma del Seguro Social》 en *cnn en español*, 20/4/2018.

게릴라를 습격했을 때 했던 '클린업 작전'을 하였다.[4)]

그 순간으로부터 시위, 억압, 국가 폭력의 소용돌이가 예상치 못한 방법으로 가속화하였고, 경찰과 진압단 그리고 준군사조직에 의해 자행된 심각한 위법행위들로 인해 정치 및 인권에 큰 위기가 닥쳤다. 미주인권위원회, 유엔인권고등판무관실 그리고 국제앰네스티는 여러 보고서를 통해 상황의 심각성을 기록했다. 수백 명이 사망했고, 수천 명이 부상을 당했으며, 수십 명이 실종되었다. 또한 수만 명의 사람들이 폭력과 국가의 탄압을 피해 나라를 떠났다. 다른 위법행위들은 경찰과 준군사조직에 의한 사회 지도자의 강제 실종과 납치, 구금된 사람들에 대한 학대, 고문 및 성폭력, 거짓 사법 절차, 대중과 언론인에 대한 공격, 협박 및 위협, 언론에 대한 검열, 그리고 시민들의 시위에 대한 무장 공격 등이 있었다.

오르테가는 4월 말에 가톨릭 주교회를 통해 대화를 소집했다. 그 대화는 5월 16일에 시작되었는데, 개막식은 학생운동 대표들이 대통령 부부에 공개적으로 질의를 하면서 큰 주목을 받았다. 그 후 몇 주 동안, 대화는 몇몇 주요한 합의에 이르렀는데, 니카라과 정부는 미주인권위원회의 감시단이 입국하는 것을 허가했고, 뒤이어 미주인권위원회 산하의 니카라과 후속조치 특별기구와 학제 간 전문가 협의체의 구성을 용인했다. 그럼에도 불구하고, 정부가 항의 시위를 해산하지 못하자, 국제 인권 단체들의 보고서는 상황의 심각성을 폭로했으며 2021년 예정된 대선을 앞당기는 것을 포함한 민주화와 관련한 문제들을 다루는 것이 불가피하게 되었다. 니카라과 정부는 대화를 방해하며 교착상태에 빠뜨렸다. 한편 민간 기업인을 포함해 대화에 참여한 여러 분야의 대표들로 결성된 정의와 민주주의를 위한 시민연합은 계속해서 제안을 구상하고 활동을 하며 또한 다른

4) Jon Lee Anderson: 《'Fake News' and Unrest in Nicaragua》 en *The New Yorker*, 3/9/2018.

시민운동 단체들과 협력하였다.

위기가 더욱 치달으면서 결국 국제 인권 단체들은 니카라과의 억압이 매우 심각함을 지적하고 니카라과 정부가 탄압을 중단할 것을 촉구했다. 국제 사회, 특히 미주기구 상임이사회, 유럽 의회 그리고 여러 나라의 정부가 니카라과에 억압을 중단하고 대화를 재개하며 평화적 해결책을 모색할 것을 요구했다. 오르테가는 굽히지 않고 자신의 지지자들을 결집시켰으며, 주교회와 민간 기업인들에 대해 공격과 보복을 감행하여 그들의 굴복을 원했다. 그는 또한 정국을 불안정에 빠뜨리고 있는 일련의 사건들을 비난하며 니카라과의 위기를 자신의 방식으로 설명하기 위해 11년 만에 세계의 텔레비전 방송들에 수많은 인터뷰를 제공했다. 미디어에서 오르테가 진영은 반대파의 강한 활동에 대응하고 니카라과를 폭력에 빠뜨린 것이 범죄자와 외부 세력들의 음모라 고발하기 위해 "니카라과는 평화를 원한다(#NicaraguaQuierePaz)"라는 해시태그를 올렸다.

현재의 위태로운 상황은 오르테가 정권이 좌초되고 있음을 보여준다. 지지 세력은 지친 경찰력, 진압단과 준군사조직들, 일부 공직자들, 그리고 위기를 적당히 피하려는 군대 정도로 부족한 상태다. 현재까지 오르테가는 시민운동을 해산시키지 데에 실패했고, 유엔인권고등판무관실 대표단이 니카라과 정부의 요구에 따라 조기 철수한 이래로는 자국을 향한 국제사회의 시선을 다른 데로 돌리지도 못하고 있다. 위기의 심각성은 누가 봐도 명백하며 임시방편적인 해결책은 소용이 없어 보인다. 오르테가도 그리고 니카라과 사회도 그것을 알고 있다. 니카라과는 새로운 전환을 위한 준비가 되어 있다.

임태균 옮김

라틴아메리카: 과거로 회귀하나?

마르틴 샤피로
행정법 변호사

원제와 출처: Martín Schapiro, "America del Sur: todo vuelve?", *Nueva Sociedad*, No. 275, mayo–junio de 2018, pp. 4–13.

핵심어: 반포퓰리즘 합의, 신자유주의, 진보주의, 남아메리카

문화적 변화를 두고 '재건설적"이라는 말이 나옴에도 불구하고 아르헨티나의 마우리시오 마크리 정부는 자신의 주요한 강점이 되어야 하는 경제 분야에서 심각한 어려움에 직면하고 있다. 친시장적 정책과 기업 측 인사들과의 친분을 통해 마크리는 투자가 쇄도할 것이라는 그의 믿음을 뒷받침했지만, 시장 고유의 논리에 부딪혀 급속히 주춤해졌다. 1980년대 경제부 장관을 지낸 후안 카를로스 푸글리에세(Juan Carlos Pugliese)는 과거에는 기업가들에게 자금지원을 솔직히 털어 놓으면 그들이 그런 부탁을 받아들였다고 씁쓸하게 회고했다. 그러나 마크리는 2018년이 1990년대 세계주의자의 무대와는 완전 다르다는 것을 깨달았다.

지금은 정치적 제약이나 물가상승, 세금 인상, 환율 불안정 등 해결하기 어려운 내부 경제 불균형을 넘어선 또 다른 문제가 존재한다. 마크리의 어려움은 다른 신진보주의 정부들과 공통적이다. 브라질의 미쉐우 테메르 대통령이 살아남았다지만, 나라는 불확실성에 휩싸였고 지역적 영향력은 심각하게 축소되었다. 브라질은 참여국 대다수에 의해 남아메리카 국가연합(UNASUR)에서 제외되었다. 제도가 후퇴했고 정치사회적 폭력이 눈에 띌 만큼 증가했다. 2000년대 진보주의들의 잠재력을 가진 자유-보수주의자들의 리더십은 상상하기 어렵다. 멕시코와 콜롬비아처럼 좌파로 기울지 않고 지난 시기를 보낸 국가들에서 성장한 진보주의자들도 약하긴 마찬가지다. 이런 이유로 90년대 신자유주의자들 혹은 2000년대 진보주의자들처럼 견고함을 지닌 신념의 시스템을 세우기가 어려워 보인다.

2001년, 페르난도 델 라 루아가 이끄는 일자리, 정의, 교육을 위한 연합 정부가 아르헨티나에 생겨났다. 이와 함께 아르헨티나 역사상 전례 없는 사회적 위기와 갈등 하에서 페소와 달러의 이중제도를 공고하게 만든 태환제도가 생겨났다. 1999년 브라질 정부는 레알화 평가절하를 실시했고, 경제 위기 속에서 외국 투자자들과의 약속 이행을 위해 재정 조정 프로그램을 가동시켰다. 지난 시기 브라질은 특별한 중량감으로, 아르헨티나는 개혁의 급진성으로 인해, 신자유주의적 지향성을 지닌 이 지역 정부들의 주요한 상징이 되어왔다. 신자유주의적 흐름은 1990년대 워싱턴 컨센서스로 알려진 경제구조개혁 프로그램을 통해 다양한 수준에서 진행되어 왔다.

전면적 사유화, 재정평가, 금융탈규제, 통상 개방, 노동 유연화 등을 포함한 개혁 프로그램은 세계화 시대의 호의적 환경에서 나왔다. 베를린 장벽의 붕괴와 '역사의 종말'이라는 선언으로 상징되는 이 시대는 라틴아메리카의 잃어버린 10년으로 일컬어지는 80년대를 특징지은 채무 위기와 하이퍼인플레이션 주기를 끝내는 데 효과적이었다. 경제적 안정화와 글로벌한 지지를 통해 신자유주의 정부들은 이 지역 전체의 성장을 견인하고 효율성을 안착시키는 시대를 시작하리라고 장담했다.

그런 모델의 부정적 효과가 드러나는 데는 시간이 걸렸다. 처음 성공적인 시기에는 경제논쟁보다는 부패 문제가 비판의 중심을 차지했다. 카를로스 메넴, 페르난도 콜로르 지 멜루, 알베르토 후지모리, 카를로스 살리나스 데 고리타리는 이 문제에서 명백한 약점을 드러냈기에, 처음부터 부패가 반대 논리의 핵심적 위치를 차지하게 되었다. 루이스 이나시우 룰라 다 실바도 다르지 않았다. 그는 1992년 선거를 지휘했고 대규모 대중 시위를 통해 콜로르 지 멜루를 패배시켰다.

그럼에도 90년대 말, 큰 폭의 교역 하락과 채무 제도의 악화 이후 신자유주의가 촉발시킨 폐해가 가시화되고 회복이 불가능해졌다. 특히 사회복지 부족에서 기인한 불평등의 확연한 증가, 국가 역할의 퇴조로 인한 보호해제, 통상 개방과 산업 재전환이 양산한 실직으로 생겨난 구조적 문제가 확산되면서 논쟁의 중심을 차지하게 되었다. 따라서 부패라는 죄명으로 라틴아메리카의 신자유주의를 반대해온 사람들은 이런 위기의 책임에 대해 새로운 비판을 더했다.

국내외적 지도층을 향한 신뢰의 움직임은 변화에 대한 희망을 드러냄으로써 위기의 회귀라는 과거의 공포심을 극복하게 만들었고, 이후 이 지역은 새로운 시대를 열었다. 1998년 우고 차베스는 변화의 한 주기를 시작했고, 여기에 브라질, 아르헨티나, 우루과이, 볼리비아, 에콰도르 등이 가세했다. 정도의 차이는 있었지만 새로운 정부들은 사회적·도덕적인 모든 측면에서 국가 개선을 약속했다. 2002년 11월 20일, 룰라의 승리 이후 브라질을 방문한 세계은행의 당시 총재인 짐 울펜슨은 워싱턴 컨센서스의 죽음을 선고했다. 상징성이 짙은 세계경제포럼 두달 후, 브라질 대통령은 기업의 이윤과 극단적 빈곤 사이의 갈등, 기업가와 노동자 임금의 보다 평등한 배분의 문제를 포괄적으로 다루겠다고 약속하면서 투자자들을 기쁘게 만들었다. 라틴아메리카에서 외채 이후에 유행하는 빚은 사회적 채무이다. 그것을 변제하기 위한 새로운 경제 모델은 실직과 불안을 완화하는 차원에서 소외된 계층에게 소득을 바로 이전하는 프로그램을 마련하고자 했다. 또한 사회 보장의 범위를 늘리고, 산업 분쟁에서 노동자에게 유리한 국가적 중재 메커니즘을 확대하고자 했다. 이런 의미에서 최저임금의 안정적 상승을 강조했다. 대화 상대자인 기업가들은 사회적 갈등의 축소가 소비증가로 이어지면서 혜택을 받을 수 있었다.

미주개발 은행에 의하면 2002년에서 2014년 사이 멕시코를 제외한 라틴아메리카의 모든 국가에서 불평등이 크게 완화되었다. 2003년 라틴아메리카의 지니계수가 0,542인 반면 2013년에는 0,486로, 가장 부유한 계층 대비 하위 10%의 빈곤층 비율이 개선되었다는 점을 보여준다. 지역의 평균 경제 성장률은 연간 4%를 유지했지만, 소득분배와 경제성장 사이에 있을 법한 긴장은 드러나지 않았다. UN라틴아메리카카리브경제위원회(ECLAC)에 의하면, 같은 시기에 빈곤율이 43.9%에서 28%로, 극빈율은 19.3%에서 12%로 감소했는데, 이러한 빈곤의 뚜렷한 완화로 볼 때 위의 사실은 전혀 이상할 바가 없다.[1)]

모든 이들이 승리를 거두는 상황은 라틴아메리카 역사에서 아마 처음일 것이다. 어떤 이들은 처음으로 하루에 세끼 식사를 했고, 어떤 이들은 자동차, 냉장고, 에어컨과 핸드폰을 구입할 수 있었다. 돈을 번 부자들이 있었지만, 다행히 경제성장 덕분에 그들이 국민소득에 상대적으로 가장 적게 기여한다는 사실이 상쇄되었다.

1990년대 이 지역에서 가장 유명한 좌파 지식인들 중 하나인 페르난두 엔히키

1) Gerardo Caetano y Gustavo de Armas: 《Pobreza y desigualdad en América Latina》 en El País, 30/3/2015.

카르도주(Fernando Henrique Cardoso)는 신자유주의적인 헤알플랜(Plan Real)으로 이 시대의 분위기를 열었다. 이것은 2000년대 라틴아메리카를 휩쓴 특징으로서 전 대륙으로 널리 확장되었다. 콜롬비아나 페루와 같은 우파 정부들도 사회보장 프로그램을 시작하였다. 한편, 라틴아메리카에서 가장 극좌파들까지도 부르주아들의 이해를 얻었는데, 이런 사실은 베네수엘라 최대의 제철회사 시도르(Sidor)의 국유화 이후 베네수엘라 정부로부터 20억 달러를 받은 아르헨티나-이탈리아 재벌 그룹 테킨트(Techint)의 간부들이 증언할 수 있을 것이다.[2)]

소비증가 열기를 따라 남아메리카를 향한 신뢰가 증가하였다. 더불어 남아메리카 사람들의 자신감도 높아졌다. 과거 디스인플레이션과 민영화 시기에는 북미의 후원과 유럽의 투자가 지역통합 프로젝트를 가동시켰다면, 이번 시기는 자체적인 것이었다. 남미국가연합(UNASUR)과 라틴아메리카-카리브국가공동체(CELAC)가 미국을 제외한 대신 라틴아메리카의 많은 국가를 포함시킴으로써 이 지역 문제를 다루는 새로운 대안으로 자리 잡았다. 대통령들의 외교시대였다. 카리스마가 넘치는 지도자들은 자신의 국가가 세계 속에 자리매김하도록 노력했다. 가장 급진적인 국가들의 대표격인 차베스는 바로 UN에서 미국 대통령에게 도전했다. 그는 유럽의 지식인과 정치학자들과 함께 '21세기 사회주의'를 두고 이론화 작업을 펼쳤고, 석유외교를 통해 독특한 통합 프로젝트인 '아메리카를 위한 볼리바르 동맹'(ALBA)을 중앙아메리카로 확대시켰다. 반면, 브라질의 노동자 출신 대통령은 이코노미스트(The Economist)나 파이낸셜 타임즈(Financial Times), 심지어 세상에서 가장 잘 알려진 버락 오바마 대통령으로부터도 환영받았고, 브라질을 세계적 수준으로 부상시키기 위해 온건주의자의 얼굴을 한 채 자신의 대중성을 이용하고자 노력했다. 거대 국영 기업들을 세계화고

2) 《Expropiación a valor de mercado》 en Página/12, 8/5/2009.

이란 핵 프로그램으로 생긴 갈등의 중재자 역할까지 자처하려는 의도에서, 브라질은 러시아, 인도, 중국과 BRIC그룹을 형성하는 자율적 프로젝트를 추진했다.

그 성장주기는 어떤 신비한 비법에 의해서가 아니라 더할 나위 없이 좋은 외부 조건 덕분이다. 2002년에서 2008년 사이 원자재 가격이 최저가에서 역대 최고까지 4배 이상 올랐다.

대륙에 걸쳐 매장된 풍부한 천연자원이라는 경쟁력으로 인해 주요 수출 분야는 통화를 창출했다. 통상 균형이라는 결과를 낳았고, 기업부채에 심각한 영향 없이 국가의 재원 증진을 이뤄냈다. 동시에 내수 시장을 겨냥해 생산에 주력하는 기업들과 시민들에게 골고루 혜택을 주는 여러 정부 보조금을 통해 이런 재원의 일부를 배분하였다. 아시아 시장에서의 수요는 그들의 거대한 인구와 높은 성장률에서 비롯된 1차 산물의 필요에서 나왔기에, 향후 지속될 이 현상에 대해 고려하게 만들었다. 2008년 메르코수르의 발표에서 아르헨티나 대통령인 크리스티나 페르난데스는 근본적인 환율제도 개혁을 감행했음을 대담하게 밝혔다. 같은 해 주요 국가에서 발생한 글로벌 경제 위기로 인해 생필품 가격이 단기간 내 확연한 하락세를 보여주었다. 하지만 신속히 회복되었고 2014년까지 높은 가치를 안정적으로 유지했다.[3)]

광범위한 동의를 얻으려는 라틴아메리카 좌파들은 국가의 확대와 재분배 의지만큼 호의적인 국제 환경 또한 필요했다. 이 두 조건이 존재하고 또한 빈곤과 소외로 점철된 과거와 성장하는 현재를 비교하는 논의들이 나타나면서 좌파 국가들은 수년 간 무대의 중심을 차지했다. 물질적 만족을 누리는 지배계층은 정치 분야에서 소외되었다. 절대적 수혜를 보장받기 위해 정치 참여를 상대적으로

3) Fondo Monetario Internacional (fmi), 〈www.imf.org/external/np/res/commod/Charts.pdf〉.

양보해야 했고 자신들 편이 아닌 정부의 움직임과 공존해야 했다. 명백한 반대편도 강한 정당도 없었기에 미디어가 적대적 위치를 차지했다. 1990년대와 유사한 모습으로 부패 문제는 합법적으로 선출된 새 진보 정권을 겨냥한 주요 공격 대상이 되었다. 이런 공격은 때로는 근거가 있기도 하고 때로는 변덕스럽거나 선택적이었는데, 그럼에도 이를 통해 사회 재구조화라는 담론의 도덕적 정당성을 흠집 내거나 앞선 신자유주의적 정부들의 사고와 다를 바 없다고 비판했다.

다니엘라 캄페요(Daniela Campello), 세사르 숙코 주니어(Cesar Zucco Jr.)와 같은 정치학자들의 세밀한 분석에 의하면, 정부는 대부분 어쩔 수 없는 상황에 의해서 이익을 거두거나 비난을 받는다.[4] 수십 년간에 걸쳐 라틴아메리카 지도자들의 인기는 그 국가의 변화무쌍한 내부 정치보다는 원자재의 국제가격과 미연방준비제도의 이자율에 의해 결정되었다.

진보주의 시기 초반의 원자재 가격의 급등에 비하면 후반부에는 비록 역사상 높은 가치기는 했지만 상대적으로 정체되었다고 볼 수 있다. 경제는 성장을 추인할 동력이 없어졌다. 정부로부터 대부분의 소득을 보장받던 부문에서는 상대적으로 저조한 수준의 민간투자를 그 원인으로 돌렸다. 민간투자는 경제 주기와 상관없이 성장의 유지를 보장할 능력이 없었다. 이는 국가에 의해서 대체될 수 없었다. 국가의 개입은 대부분의 경우 생산 구조의 변화를 실행하는 데 그리 효과적이지 않거나 때로는 베네수엘라의 경우처럼 완전히 역효과를 가져왔다. 베네수엘라에서 민간분야에 대한 정부 개입은 나라의 모든 문제를 악화시켰다. 한편, 노동자 권익과 사회보장 혜택의 유지는 중상류층의 주머니에 영향을 주기 시작했다. 또한 주요 경제 활동가들이 눈에 띄는 반대 전선을 활발히 구축했다.

4) D. Campello y C. Zucco Jr.: 《Presidential Success and the World Economy》, Fundación Getúlio Vargas, 3/11/2015.

야당 지도자들은 특히 복지 프로그램 등에서 일부 여당다운 실적을 거뒀고, 투표자들의 기대를 고조시키면서 호세 나탄손(JoséNatanson)의 용어를 빌리면 '새로운 라틴아메리카의 우파들'이라는 집단을 탄생시켰다.[5] 진보주의 흐름의 두 번째 시기는 앞선 시기보다 훨씬 갈등이 심했다. 예전 투표결과와 달리 2013년 니콜라스 마두로는 차베스의 서거에 탄력을 받았음에도 간신히 승리했고, 2014년 룰라의 유명세에 도움을 받은 지우마 호세프는 적잖은 논쟁을 거쳐 재선되었다. 여기에 2013년 크리스티나 페르난데스를 반대하는 의회의 목소리가 강력해 진 것도 포함할 수 있다. 이렇게 변화는 약속하지만 좋은 것은 고수한다는 중도우파의 반대가 등장했다.

국가의 개입을 내수의 강력한 동력으로 변화시킨 모든 요소들은 평등을 최대한 보장하고 자본과 노동 사이의 조화로운 관계를 유도해 왔다. 그런데 2015년 초반에 이르자, 어느 순간 거의 마술처럼 대중의 인식에서 이것이 납세자들의 노력에 기대어 지탱하면서 민간투자를 억누르는 요인이자 부패와 파벌주의의 온상으로 변형되었다. 국외적 제약에 의해 촉발된 원자재 가격의 확연한 하락은 경제 모델을 폐기하기에 이르렀다. 이 지역의 주요 국가들에 의해 검토된 대응 중 어느 것도 가능한 해결 방안의 단서조차 제시하지 못했다.

베네수엘라 모델의 심화는 인도주의적 재앙이 되었고 유래 없는 경제 위기를 만들었다. 투표라는 방식을 넘어서 권위주의와 군대의 역할을 정부의 최후 담보로 확대함으로써 경제 위기를 억제해 왔다.[6] 아르헨티나에서는 경제 구조의 축적된 불균형을 수정하려는 계획을 연기한 결정이 위기를 모면하게 했다. 그러나

5) J. Natanson: 《La nueva derecha en América Latina》 en Le Monde diplomatique edición Cono Sur No 185, 12/2014.

6) V. 《Venezuela: el ocaso de la revolución》, el Tema Central de Nueva Sociedad No 274, 3-4/2018, disponible en 〈www.nuso.org〉.

이것이 마크리의 승리는 아니었다. 한편, 브라질에서는 소극적 조정을 통해 재정 적자를 줄이고 성장을 도모하고자 했던 호세프의 시도가 경제적 모순으로 귀착되었다. 이것은 지배계층에 대한 입장을 개선시키지 못한 채 극빈층의 지지를 거두게 만들었다. 길거리 집회, 사법 소송, 정치적 음모, 미디어의 역할 등을 통해 이런 실패의 결과가 알려졌다.

테메르가 일반적 민주적 채널을 통해 당선되지 못했다 하더라도 그의 대통령 취임이 이 지역의 정치 지형과는 어울리지 않지는 않다. 아르헨티나, 칠레, 파라과이, 페루의 선거에서는 우파 대선 출마자가 당선되었다. 에콰도르에서는 레닌 모레노가 이 나라의 정치판에서 라파엘 코레아를 대체하기 위해 반대 보수파의 지지를 업고 승리를 거두었다. 베네수엘라의 위기로부터 떨어져 있는 우루과이와 볼리비아만이 경제 성장을 유지했다. 물론 10여 년 전 선출된 이 나라의 집권자들이 녹록치 않은 상황으로부터 예외적이었던 것은 아니다. 우루과이의 부통령인 라울 센딕트라스는 부패 스캔들 이후 사임했고, 에보 모랄레스는 비록 법원에 의해 뒤집히기는 했지만 2016년 국민투표에서 패배하기도 했다.

라틴아메리카 포퓰리즘 주기의 종말을 언급하는 것이 평범한 일이 되었다. 좌파 혹은 포퓰리스트 정부를 지목하면서 그들의 파산이 호의적인 국제 정세를 허비한 끝에 하나의 새로운 기회를 잃어버린 증거라고 얘기한다. 이런 설명보다 좀 더 단순하면서 잘 알려진 주장은 창출된 부가 여당의 부패한 구조를 지탱하는 데 사용되어졌다는 것이다. 정치 계층의 순화과정을 통해 국가를 부강의 길로 이끌 수 있었는데 그러지 못했다는 것이다. 이런 '정직주의(honestista)'[7]의 환상 중 가장 정교한 구현은 브라질의 법무장관 세르지우 모루(Sergio Moro)다.

7) Martín Caparrós: 《Honestismo》 en El País, 23/4/2013.

그가 형을 내린 두 명의 상징적인 인물이 룰라와 마르셀로 오데브레히트(Marcelo Odebrecht)다. 그들은 라틴아메리카 전역으로 확장된 서사를 만들었다. 룰라가 뒤처지고 불평등하며 의존적인 대륙에서 자치, 평등, 성장을 혼합할 프로젝트의 주요한 정치적 인물이었다면, 오데브레히트는 좋든 싫든 그에게 지지를 보내도록 호출된 기업가 계급의 얼굴이었다. 이 지역 모든 정부에게 혜택을 베푸는 데 관대했으며 다른 국가들과 거짓 협약을 맺으며 성장했지만, 그럼에도 불구하고 중국, 북미, 유럽 기업과 평등한 조건으로 협상을 하기에 이르렀다. 그래서 당연하게도 그들의 추락은 이런 소진된 시기에 대표자들을 정치적으로 좌경화 혹은 우경화하도록 만들었다. 모루의 판결은 제한적인 우월한 입장을 지닌다. 즉, 그의 결정은 사법 절차에 의해 영향을 받는 사람들에게만 직접적 영향을 미친다. 하지만 이 이익은 언론에 주목을 받으며 스스로를 점검하게 되는 이 지역의 판사 모두와 공유한다.

테메르도 마크리도 모레노도 이런 이점을 가지고 있지 않다. 결국 이전 시기를 끝내고 새로운 주기를 시작하는 데 성공을 결정하는 것은 시민의 삶에 대한 그들의 직무 수행의 영향이다. 이는 새로운 생각을 제시하기 보다는 낡은 생각을 개선할 여지를 발견하는 것이다. 외국 투자자들을 끌어오고 지역 산업의 경쟁력에 영향을 미칠 임금 수준을 조정할 목적으로, 탈규제, 상업개방, 노동 유연화, 사유화가 새롭게 처방 메뉴에 등장한다. 그러나 특수한 외부 조건이 없이 1990년대 말부터 거대해진 국가의 규모와 책임을 축소하는 데 어려움이 따른다. 극빈층을 위한 복지 정책들을 유지해야 하고 사회보장 서비스를 건드리기 어렵다는 광범위한 사회적 합의는 정부 예산을 축소하려는 어떤 유효한 정책에도 구조적 제한을 가한다. 한편, 선거는 경기 압박을 만들고, 채무에 의존해 개혁을 재정 지원할 가능성은 연방이자율의 증가와 함께 위축된다. 이런 맥락에서 기업가의 구미를 자극할 만큼 세금감면을 충분히 감행할 어떤 계획도 가능하지 않게 된다.

마지막으로, 이미 잘 알려진 것처럼 새로운 정부들이 열고자 하는 세상은 90년대 초 자본주의적 개혁주의의 이전 과정에 대한 반대다. 도널드 트럼프 선거 이후 미국은 자신의 리더십의 축소, 세계화 열망의 축소, 또 하나의 중요 상업 파트너인 중국과의 경쟁이라는 구조적 경향을 받아들이고 강조했다. 이러한 환경에서 이 지역 우파들의 프로젝트는 헤게모니를 건설하려는 의도보다는 얻은 것을 잃게 만드는 데 더 치우쳐 있다. 더 힘들게 살도록 사람들을 설득하는 것은 간단하지 않다. 지속성이라는 분명한 문제를 가지고 있었고, 외적 요인에 근거한 성장이라는 특수한 조건으로 인해 가능했었지만, 많은 사람들은 지난 10년간의 프로젝트는 혜택의 영역을 늘리기 위한 것이었다고 인식하고 있다.

특수한 상황이 반복되지 않는다면 진보주의 흐름의 도래 이전으로 상태를 회복하는 것은 가난한 사람들의 부를 부자들에게 많이 이양하는 것을 요구한다. 정부 주기의 불명예스런 종말도, 부패를 향한 광범위한 비난도, 평등을 위한 유일한 종결자로 제시되는 베네수엘라의 실패도, 이런 상황을 유리하게 해 줄 만큼 다가오지 않는다. 호의적인 구조적 조건 없이는, 엘리트의 프로젝트, 그리고 불안하지만 존재하는 국가라는 수혜제공자에 대한 대중의 향수 사이에는 갈등의 위험이 도사리고 있다. 이것이 약속의 가능성을 일제히 폐기시킬 수 있고, 민주주의적 연속성을 위한 것이라고 해도 위해하고 공허한 일을 지원할 수 있기 때문이다. 사회 조직들을 겨냥한 폭력의 사례들이 증가하는 상화에서 기업 지도층은 룰라의 감금이 유지될 길 희망하는 한편, 대통령 선거를 위한 지지율 조사에서는 룰라가 선두를 달린다. 이러한 브라질의 상황은 가까운 미래에 있을지 모르는 어두운 시나리오의 한 장면을 보여줄 뿐이다.

이은아 옮김

부록

1. 2018 시사토론
   혼돈의 베네수엘라, 그 출구는 어디인가?

2. 라틴아메리카 경제지표 2018

1. 2018 시사토론

혼돈의 베네수엘라, 그 출구는 어디인가?

- **일시: 2018년 11월 9일(금) 오후 3:30~5:30**
- **장소: 서울대학교 신양인문학술관(4동) 301호**

사회

김기현(선문대학교 스페인어중남미학과)

토론

김지엽(KOTRA, 前 베네수엘라 무역관장)
손혜현(외교안보연구원)
이상현(전북대 스페인·중남미학과)

김기현: 지금부터 서울대학교 라틴아메리카연구소가 주최하는 제6차 시사 토론회를 시작하도록 하겠습니다. 올해의 주제는 혼돈의 베네수엘라, 그 출구는 어디인가입니다. 토론을 맡아주실 세 분을 모셨습니다. 가나다순으로, 우선 코트라 팀장이시고 최근까지 베네수엘라 무역관장을 지내신 김지엽 팀장님, 외교안보연구원 미주연구부의 손혜원 교수님, 그리고 전북대 스페인·중남미학과 이상현 교수님입니다. 오늘 토론은 크게 세 파트 정도로 나누어서 이야기를 진행시키려고 하는데요. 첫 번째는 베네수엘라 위기의 현황을 살펴봄으로써 언론에서 듣고 있는 만큼 심각한 수준인지 짚어보고요, 두 번째는 그 위기의 원인이 무엇인지 논의해보고, 세 번째는 위기 극복이 가능한지, 그야말로 출구는 어디에 있는지 살펴보도록 하겠습니다. 우선 베네수엘라 위기의 실제 모습들을 살펴보겠습니다. 인터넷 언론에서는 금년도 IMF 인플레이션 전망이 100만%까지 달한다고도 하고, 생필품이 부족하여 체중이 평균 8.5% 감소했다고들 합니다. 실상은 어느 정도 상황인지, 국내 상황에 한정하여 손혜현 교수님이 먼저 간결하게 말씀해주시고, 김지엽 팀장님이 실상을 짚어주셨으면 합니다. 이어서 이상현 교수님도 말씀 부탁드립니다. 손혜현 교수님, 얼마나 위기상황이 심각한 건가요?

위기의 현황

손혜현: 베네수엘라 최근의 위기는 크게 세 가지로 나누어 볼 수 있겠습

니다. 크게 경제적, 사회적, 도덕적 위기로 나누어 볼 수 있는데요, 경제 위기의 경우 잘 아시다시피 최근의 가장 큰 문제는 인플레이션입니다. 말씀하신대로 IMF에서는 2018년 연말 물가가 100만%까지 상승할 것이라 예상하고 있습니다. 또 얼마 전 세계은행 발표 자료에 따르면, 지난 9월부터 올해 9월까지 약 50만% 가량 물가 상승이 이루어졌다고 합니다. 이러한 측면에서 볼 때, 물가 상승이 매우 심각한 문제임이 분명합니다. 그리고 식량, 의약품 부족 문제가 사실상 베네수엘라 국민들에게 가장 큰 영향을 미치고 있습니다. 현재 베네수엘라 피난민 문제도 굉장히 심각한데요, 이 피난민 문제의 근본적인 원인이 바로 식량과 의약품이 없어 국경을 넘을 수밖에 없는 그런 상황에 있습니다. 그리고 또 2014년부터 유가하락의 영향으로 베네수엘라의 경제성장률이 4년 연속 마이너스를 기록하고 있습니다. 2016년에 마이너스 16.5%, 2017년 마이너스 14%, 올해는 더욱 악화되어 마이너스 18%가 될 것으로 IMF가 예상하고 있는데요. 이런 마이너스 경제성장의 배경에 저유가와 원유 생산량의 지속적인 감소가 있습니다. 국가 재정의 90% 이상을 석유 수입에 의존하고 있는 베네수엘라로서는 심각한 타격을 받을 수밖에 없는 거지요. 나아가 민간 생산 기관의 국유화, 왜곡된 물가 정책, 국영기업의 부실 운영, 비효율성, 관료와 정치엘리트들의 만연한 부패 등 이러한 경제 정책의 실패 또한 경제 위기에 영향을 미치고 있는 것 같습니다. 나아가 외화가 심각하게 부족하기 때문에 생산 활동 자체가 붕괴되어 있고, 수입 제한으로 인해 극심한 물자 부족 현상에 시달리고 있는 상황이에요. 정부의 재정 여력이 부족한 상황에서, 정부가 이러한 부족한 물품을 공급할 수 없기에 더욱더 물품 부족난을 가중시키고 있는 그런 상황이라고 보시면 됩니다. 그리고 또 정치적 불안정도 지금 지적되고 있는 문제 중 하나입니다. 지난 5월 대선에서 마두로 대통령이 6년 임기에 재당선되었지만 많은 국가들이 이를 합법적인 선거로 인정하지 않았고요, 국내에서도 야당이 비합법적이라고 주장하며 대치하고 있습니다. 이러한 정치적 불안정 또한 경제 불안정성에 큰 영향을 미치고 있는 것으로 보입니다. 정치와 경제 위기에도 불구하고 지금 정부와 야당은 합의점을 찾지 못하고 혼란을 키우고 있는 상황이라서, 베네수엘라의 현재 혼란이 더욱더 가중되고 있는 상황인 것 같습니다.

김기현: 예. 일단 지금까지 위기를 총체적으로 짚어주셨습니다. 다만, 처음에 말씀하실 때는 위기를 크게 경제적, 사회적, 도덕적 위기로 나누어 주셨는데, 도덕적 위기는 무엇을 말하는 겁니까?

손혜현: 도덕적 위기는 관료들의 부패를 말하는 겁니다. 지금 지적되고 있는 커다란 문제점 중 하나가 정부 관료들이 마약 밀매라든지, 식품이나 의약품 배급에 있어 크게 개입이 되어 있다는 건데... 이런 관료들이나 정부 측근들의 부정부패로 인해 국민들에게 배급이 잘 안 되고 있다는 점도 현재의 혼란을 야기하는 큰 문제이기에 심각한 문제점으로 지적이 되고 있는 것 같습니다.

김기현: 예, 잘 알겠습니다. 말씀하신대로, 인플레이션에 대해 IMF는 100만% 예상하고 있지만 다른 기관의 예상은 또 그와는 다릅니다.

성장률 또한 올해 IMF에서는 마이너스 18% 예상한다고 하는데, 베네수엘라 정부의 공식 통계는 없는 상황입니다. 실제 이정도로 심각한 상황인지 김지엽 팀장님께서 실제로 현장에서 겪으신 일을 바탕으로 말씀해 주시겠습니까?

김지엽: 제가 2014년 이래 3년 근무를 했지만, 2017년부터는 또 지금까지 많은 변화가 있었습니다. 그럼에도 불구하고 본질은 변하지 않은 것 같아요. 최근 금융 쪽 분들이 들어오시면서 하시는 말씀이 그 때와 상황은 비슷하다고 합니다. 어떤 상황이냐면, 기본적으로 화폐 제도는 붕괴가 되었습니다. 아무도 볼리바르화에 대해서 신뢰를 갖지 않는 상황이고, 그렇기에 인플레이션이 몇 퍼센트다 얘기하는 것은 사실 아무 의미가 없습니다. 현지 사람들도 인플레이션 수치에 대한 불만이 있는 건 아니고요. 오늘 받은 돈으로는 오늘은 먹고 살 수 있어도 내일은 먹고 살 수 없어야 불만이 생길 텐데, 오늘 받은 월급으로 오늘 먹고 살 수 없으니까요. 큰 의미가 없습니다. 그러나 정말 먹고 살수 없느냐 하면 그것도 아닙니다. 화폐가 아닌 다른 형태로 생활을 충분히 유지할 수 있는 형태가 되었습니다. 인플레이션이 뛴다는 얘기는 환율이 뛴다는 얘기와 똑같은데, 실제로 지금 빈민이라 말할 수 있는 서민들은 한 달에 50불만 있으면 먹고 사는데 이상이 없는 수준입니다. 50불이면 4~5인 가족이 먹고 자고 하는데 있어서 거의 생활이 가능한 수준의 돈이거든요. 우리로서는 상상이 잘 되지 않지만, 아시다시피 일단 전기, 수도 등 공공요금은 거의 무료이고, 기름값은 거의 제일 싼 나라입

니다. 먹는 것도 그렇게 거한 걸 먹지 않고요. 밀가루나 마요네즈만 있으면 충분하고, 또 일주일에 한 번 닭고기 먹고… 이 정도 하는데 50불이면 충분히 살 수 있어요. 또 이 수준이 외부 시각으로 보면 맥도날드를 사 먹을 수 없는 돈이지만, 실재 맥도날드를 가보면 길거리에서 동냥하던 사람들도 자기 딸 손잡고 와서 먹고 있어요. 결국 인플레가 꼭 소득의 감소를 말한다고는 볼 수 없고요, 오히려 귀찮음이 증가하는 정도로 봐야 합니다. 예를 들어 이전에는 지폐 한 다발, 한 뭉치로 먹을 수 있는 것을 이제는 인플레로 열 다발을 가져다 줘야 한다든지, 이제는 직불 카드 승인 한도가 한 사람 밥값이 안 되기 때문에 은행 한도를 늘려야 한다든지… 그렇다면 이 50불을 어디서 버느냐? 이 문제는 구조가 좀 복잡합니다. 일단 정부 보조금 부분이 제일 큽니다. 서민들의 경우 나오는 식료품 보조를 다 먹으면 절대 배고플 수 없으나, 이걸 가지고 암시장에 팔 경우 열 배 스무 배 이득을 안겨줍니다. 결국 이걸 가지고 생활을 영위해 나가는 것이고, 그렇기에 정부 배급이 없는 경우에는, 특히 시골의 경우 어쩔 수 없이 이민을 가게 됩니다. 적어도 카라카스 빈민촌에서는 정부 배급에 한정하여 생활해 나갈 수 있는 구조가 마련되어 있습니다. 오히려 인플레가 심할수록 보급품을 암시장에 내다 팔 때 벌 수 있는 이익이 더 커지는 구조가 정착되어 있습니다. 결국 지금 이 상황은 정부가 석유를 수출해서 벌어들이는 달러를 일단 다 소진하여 더 이상 버티지 못할 경우가 아니라면 계속 유지가 될 것이라 전망하는 것이죠. 베네수엘라 지도층도 그렇고, 서민도 이득이 되고 있는 기형적인 구조가 되었다고 저는 판단을 했었습니다. 오히려 제가 보았을 때 제일 큰 문제 중 하나는 사람이 없다는 점입니다. 쓸 만한 사람이 없어요. 대학교 다니고, 기술 배워가지고 뭐라도 할 수 있는 사람들이 베네수엘라에 남아 있지 않습니다. 예를 들어 PDVSA 석유공사에 근무하는 직원들의 경우, 전 세계적으로도 유명한 인력들입니다. 그들이 2000년대 중반부터 빠져나가기 시작해, 콜롬비아나 인근 산유국에서 벌어들이는 월급이 만 불 이상입니다. 그런 사람들이 오히려 안 들어오는 거지요. 우수 인력 유출로 인해 성장 잠재력이 심각하게 훼손이 되어 있는 거예요. 아까 말씀하셨던 대로, 공장이 다 망가지는 등 이런 문제도 인력의 부재에 따른 것이라고도 보입니다. 또 오히려 제일 많이 논란이 되었던 것은 이 상황이 언젠가 끝날 것인지, 끝났을 때 베네수엘라가 다시 부활할 수 있는 것인지, 오히려 이런 문제에 대해 토론을 했던 것 같습니다.

김기현: 흥미롭네요. 인플레이션 자체가 의미가 있는 게 아니라 돈 50불만 있으면 어떻게 해서든지 살 수 있다... 정부 보조금, 가격 통제 때문에 그럴 텐데, 다른 일반 생필품 같은 것은 정부 통제로 싸게 살 수 있지만 맥도날드는 달러 가격으로 매겨지지 않습니까?

김지엽: 가격은 달러수준으로 매겨지나 암달러 환율로 거의 책정이 되는데, 암달러 환율을 고정 환율로 계산해서 언론들이 사용하기 때문에 황당한 금액들이 나오는 겁니다. 맥도날드 햄버거 하나에 백 불 2백 불 나오는데... 실제 이걸 암달러로 계산해보면 전 세계에서 제

일 싼 가격입니다. 그러니, 어떻게 보면 천원으로 맥도날드를 먹을 수 있는 나라임에도 공식환율로 계산하면 갑자기 20~30배씩 튀는 거죠. 맥도날드 하나에 삼백 불. 이게 공식환율인데 아무도 공식 환율로 사는 사람이 없어요.

손혜현: 베네수엘라뿐만 아니라 경제위기를 겪고 있는 다른 중남미 국가들도 경제 자체가 달러 경제권과 현지 화폐 경제권으로 나눠져 있다는 것이 가장 큰 문제인 것 같습니다. 그래서 이런 인플레 상황 하에 달러로 소득이 있는 사람은 말씀하신대로 암시장이 발전이 되어 있기 때문에 오히려 혜택을 받고, 현지 통화로 벌어서 생활하는 사람들 같은 경우에는 이러한 물가 상승 때문에 어려움을 겪는, 이런 양상이 베네수엘라 뿐 아니라 쿠바, 아르헨티나 같이 경제 위기를 겪는 다른 국가에서도 나타나고 있습니다.

이상현: 어떻게 보면 베네수엘라의 위기상황은 크게 차베스 이전, 차베스 집권기, 그리고 2014년 기점 이후 상황으로 나누어 볼 수 있는데, 이 세 가지 단계를 봐야 이해할 수 있을 것 같아요. 사실 그 이전에 어떻게 보면 소위 말하는 유가가 낮고 신자유주의가 실패하고, 부패, 범죄가 세계 최상위권인... 이런 문제가 디폴트로 있는 국가였으나, 차베스 시절에 기대와 달리 그렇게 잘 해결이 안 된 부분이 있잖아요? 어찌되었든 차베스 시절에 유가가 높은 상황에서 경제적, 사회적 현상이 개선되었다가, 2014년 이후에 다시 상황이 안 좋아졌어요. 그 세 단계를 보면 현재가 차베스 이전 상황에 근접해 있는 것은 사실인 것 같거든요? 꽤 오랜 기간 동안 식량도, 인프라도

부족하고, 여러 문제도 발생하고, 저도 통계가 믿을 만한지는 모르겠지만, 요새 식량 부족을 경험했는지 물어보면 대부분 경험했다고 대답한다고 합니다. 아까 말씀 하신 정부 배급 식량 박스인 클랩(CLAP, Comités Locales de Abastecimiento y Producción)을 다 먹지 않고 시장에 팔기도 하고... 그리고 손혜현 교수님 말씀하신 대로 달러 경제권은 그다지 큰 변화가 없는 상황이고요. 결국 정부보조 시스템을 마두로가 적극적으로 활용하고 관리하면서 어느 정도 유지가 되고 있는 그런 상황입니다. 제가 데이터를 보니 2017년에 클랩, 즉 정부보조식량지원을 받은 인구가 한 1,260만 명 정도 된다고 하네요. 지금 베네수엘라 인구가 한 3,000만 명 정도 되고요. 또 소위 말해서 조국카드(carnet de la patria)가 있다고 해요. 일종의 주민등록증인데, 이걸 가진 사람은 정부 보조를 받을 수 있는 자격을 갖게 되고, 한 1,700만 명 정도 발급 받았다고 해요. 차베스 이전에 있었던 상당수의 빈민들이 지금 이렇게 클리엔텔리즘적인 방법으로 지원을 받고 있는 상황입니다.

손혜현: 이번 5월 선거를 하며 선거 참여율이 낮을 것 같으니 투표장 옆에 천막을 설치하고 투표를 한 사람에 한해 이 까르넷을 발급해 주었다고 해요. 이번에 저조하긴 하지만 그래도 마두로를 지지한 사람이 많았던 게 이 까르넷을 받기 위해서였다고 얘기를 하더라고요.

김지엽: 재미있을 수 있는 부분이, 식량이라는 게 솔직히 자급자족이 가능한 나라인데도 일단 현지 생산을 잘 안 합니다. 그 이유로는 우선

생산을 해서 적정 가격을 책정한다는 것 자체가 불가능한 게 첫 번째입니다. 인플레이션이 심해서 가격 책정을 어떻게 할 수가 없습니다. 팔리는 가격이 지금보다 더 높아야 하는데도, 일단 불가능하고. 그래서 가격을 높게 책정하면 정부에서는 농산물을 수입해서 대체해버립니다. 그러면 정부 공식환율로 들어오는 식량들이기 때문에 경쟁이 안 됩니다. 그러기에 현재의 이중환율 제도, 그러니까 암달러로 정부 공식환율을 유지하려고 하는 정부의 노력 때문에, 현지 생산 자체에 대한 유입 요인이 전혀 존재하지 않습니다. 두 번째로는 확인되지 않은 사실이지만은, 식량 수입 자체가 이권을 가지고 있는 사업입니다. 그래서 차베스의 딸들이 아직도 이쪽에 관여하고 있다는 게 베네수엘라에서는 사실화된 얘기입니다. 그리고 아까 말씀하셨던 클랩 자체가 배급 위원회인데, 군부가 통제를 하도록 지난번 총선 때 바뀌었어요. 즉 군부 쪽에 식량 배급권을 준 거죠. 결국 이권이 걸려있어서 누가 원조를 해준다고 해도 자존심 때문에라도 받을 나라도 아닐뿐더러, 받게 될 경우 기존의 기득권들이 갖고 있는 이권을 뺏기게 되는 상황이기 때문에 용납할 리가 없다고 보셔도 괜찮습니다.

김기현: 자, 이야기를 정리해보면, 인플레이션이 50만%든 100만%든 그거 크게 의미가 없고, 사람들이 정부 보조가 많기 때문에 그럭저럭 먹고 살 길은 있다 이건데, 왜 이렇게 자기 나라를 떠나고 있는 거지요? 많은 사람들이 떠나는 것으로 알고 있는데 그 이유는 무엇인가요?

손혜현: UN 통계를 보면 지금까지 베네수엘라를 떠난 사람들의 숫자가 230만 명 정도에 달한다고 말하는데요, 가장 큰 이유는 식량 부족과 의약품 부족이라고 얘기하고 있습니다. 당장 당뇨병 환자같은 경우에는 인슐린도 맞아야 하는데, 국내에서 구할 수 없어서 국경을 넘을 수밖에 없는 상황이고. 또 국내에서는 일자리도 없고 하니 국경을 넘어가고... 그래서 대체로 보면 브라질로 떠나는 사람들의 연령대가 상당히 젊더라고요. 평균 20대 정도 되는 것 같아요. 그래서 경제적인 능력이 있는 사람은 남쪽으로 비행기타고 가는 것이고, 경제적인 능력이 없는 사람들은 주로 이웃 국가인 콜롬비아나 브라질, 에콰도르 등의 국경지대로 가는 것 같아요.

제가 이민자 숫자를 보니 제일 많은 이주자들을 받은 곳이 지금 한 백만 명 정도 받은 콜롬비아구요. 또 칠레가 굉장히 많은 이주자를 받았는데, 그 이유가 예전에 칠레와 페루의 군부독재 시절에, 그때는 베네수엘라가 잘 살았으니까 탄압을 피해서 베네수엘라로 대거 이주를 했대요. 그래서 지금 칠레에 오는 베네수엘라인들 중에 많은 부분이 예전에 그 베네수엘라로 이민을 갔던 사람들의 역이민이 되는 거죠. 그래서 콜롬비아 또한 30% 정도는 역이민자고, 칠레도 상당부분 역이민자예요. 반면, 아르헨티나는 역이민자라기보다는 기회를 찾아서 온 젊은 사람들이예요. 제가 이번에 아르헨티나 갔을 때 보니까 식당에서 서빙하는 사람들은 베네수엘라 사람들이 굉장히 많더라고요. 그리고 상점에도 베네수엘라 출신들이 나름 인기가 많아요. 대학 졸업 이상의 학력을 가진 고학력자들이

주로 아르헨티나까지 오기 때문인데... 굉장히 성실하고, 또 고학력자고, 이런 부분에 있어서 현지인들 보다는 인력의 질이 훨씬 더 좋다고 얘기합니다. 일단 스페인어를 쓰니까, 큰 거부감 없이 정착을 하는 것 같아요.

김기현: 그러니까, 이주를 떠나는 사람들이 꼭 못 먹고 굶주리는 사람이기보다는, 자기에게 맞는 수준의 사업을 할 만한 기회가 없고, 일자리가 부족하니 떠난다고 봐야할까요?

손혜현: 그런 사람들은 남쪽으로, 그러니까 경제나 사회가 안정된 곳으로 가고요. 먹고 살 것이 없고 당장 의약품도 못 구하고 이런 현실적인 문제에 당면한 사람들은 콜롬비아나 브라질, 에콰도르 같이 인접지역으로 이동하는 거죠. 보면 남쪽으로 간 사람들은 정치체제에 대한 불만, 그리고 미래에 대한 낙담, 이런 것 때문에 기회를 찾아 간 사람들이고, 대다수는 콜롬비아, 브라질로 갑니다.

김기현: 콜롬비아, 브라질 쪽으로 가는 사람들은 먹을 게 부족해서 그렇다?

손혜현: 콜롬비아, 브라질, 에콰도르 등 국경지역은 저소득층, 그러니까 그 수용국에서 서비스를 해 줘야 하는 사람들이 가는 것 같고, 칠레나 아르헨티나, 우루과이 까지 남쪽으로 내려가는 사람들은 나름대로 노동을 할 수 있는 사람들, 그러니까 숙련된 노동자들이 가는 것 같아요.

김지엽: 아까 얘기 해주신 것 중 젊다는 것에 주목해야 해요. 돈 벌 수 있는 젊은 사람이 코스타리카 같은 나라에 나가서 접시만 닦아도

생활비 쓰고 백 불씩 집에 송금을 해줘도 생활이 가능해 지는 구조가 된 거예요. 예전에는 도리어 가봤자 더 생활비가 많이 들어 별 도움이 안 되었었는데, 이제는 나가서 백 불만 송금해줘도 본국에 있는 가족들이 생활하는 데 전혀 지장이 없을 정도로 되니까 많이 나가는 거죠. 그리고 또 재밌는 것 하나가 그만큼 베네수엘라 사람들이 국가 의식이라고 할지, 민족 의식이라고 할지, 이런 게 전혀 없는 사람들이라는 것을 확인하실 수가 있어요. 근데, 이거는 정말 제 입장에서는 그런 판단을 해요. 그럼 민족성이 있고, 국가 의식이 있는 것이 좋은 거냐? 이런 가치 판단에 있어서는 말을 못 하겠어요. 예전에는 그런 게 필요하다고 생각을 했었는데, 베네수엘라에서 삼년 있다 보니 민족성, 국민 의식 이런 것들도 어떻게 보면 우리에게도 원래 없었을 수도 있고, 최근에 만들어진 감정일 수도 있고. 그거를 우리는 태극기 보고 울렁울렁 하는 게 있는데, 걔들은 이런 게 없네? 이렇게 볼게 아니고, 도리어 베네수엘라 입장에서는 우리가 더 이상한 거죠. 왜 우리가 국가에 의존하고, 국가에 내 인생을 맡겨야 하나? 어디에 있더라도 내 가족들, 내 친척들과 살 수 있다면, 즉 지속가능한 경제를 꾸릴 수만 있으면 되는 것 아닌가? 우리가 생각하듯 이민을 심각하게 고민하는 친구들이 아니라는 느낌을 받아요.

김기현: 제가 볼 때 중남미에서 국가의식이 특별히 부재한 나라가 베네수엘라와 아르헨티나 같습니다. 이 문제는 이따 위기의 원인을 논의할 때 깊이 있게 논의하기로 하죠. 이주 문제에 대해 더 첨언하실 내

용이 없으신가요, 이상현 선생님?

이상현: 2015년 이후 통계를 보면, UN난민기구도 있고 IOM이라고 국제이주기구가 따로 있는데, 양쪽을 합쳐보니 300만 명까지 늘었더라고요. 라틴아메리카와 카리브까지 합쳐서 240만 명, 나머지 60만 명은 유럽 쪽이라든가 미국 쪽이고요. 아까 말씀하신 대로 콜롬비아가 한 백만 정도 되는데 마두로 주장으로는 원래 왔던 사람들이 돌아가는 것이라 합니다. 제가 보기에는 30~50%정도로는 볼 수 있을 것 같습니다. 콜롬비아의 경우, FARC이랑 게릴라 때 난민이 한 200만 명까지 발생 했었거든요. 페루도 한 50만 명 보고요. 에콰도르, 칠레, 브라질, 파라과이까지. 카리브쪽도 꽤 많이 있고요.

김기현: 그러면 이제 난민 자격을 신청하는 사람도 있고, 이주로 가는 사람들도 있고... 주변 국가들이 잘 받아주나요?

손혜현: 난민을 신청하는 사람들은 극소수구요, 대부분 이민을 가는 거죠. 주변 국가들 같은 경우에는 국제 협정이 맺어져 있기 때문에 국경을 폐쇄하지는 못해요. 그래서 브라질, 에콰도르, 콜롬비아 이런 국경 국가들 같은 경우에는 국경을 오픈하고 있는 상황이나, 말씀하신 대로 난민과 수용국 국가 현지 주민들 간에 충돌이 일어나면서, 최근에 와서는 국경 단속을 엄격히 하고 있는 상황인거거든요. 그래서 계기가 되었던 게, 지난번 브라질 호라이마 주의 파카라이마라는 도시에서 베네수엘라 출신 이주자가 현지 상점 상인을 폭행 했대요. 그게 문제가 되어가지고 그 지역 주민들이 반이민 시위를 벌이고, 쫓아내고. 결국 천이백 명 정도가 다시 베네수엘라

로 돌아오게 된 사건이 있었다고 해요. 이 사건으로 인해 에콰도르, 페루도 국경 단속을 하고 있고. 예전에는 서류가 없어도 그냥 정해진 통로로 들어오면 다 받아줬어요. 거기서 거주할 수 있는 임시 체류증을 주고 그랬는데, 이제는 여권이 있어야 하고요. 이 여권도 그 날짜가 6개월, 1년 이정도 남아있는 사람들에 한해서만 받아주고. 국경을 넘나들 때도 공식적으로 발급받은 국경 카드 같은 게 있어야 넘나들 수 있게 하고. 이러면서 점차적으로 국경이 조금씩 닫히고 있는 그런 분위기긴 한데, 수용국 중앙정부는 인도주의적 차원에서 무조건 받아주라고 한대요. 그런 문제가 수용국의 중앙정부와 지방정부간의 갈등을 유발하는 요인으로 작용을 하니... 브라질 같은 경우 호라이마 주정부는 국경을 폐쇄해달라고 법원에 요청을 하고, 그것 때문에 중앙정부하고 또 심각한 마찰이 있었다고 합니다.

김지엽: 무역관 사무소 현지 채용 직원들이 한 6명 되는데, 그중 4명은 이중국적자입니다. 한 친구는 미국, 한 친구는 콜롬비아, 한 친구는 이탈리아. 아버지가 이탈리아 출신이어서, 이탈리아 대사관 가서 신청하면 국적이 나온대요. 베네수엘라는 이민 역사가 오래된 게 아니거든요. 1~2차 대전 때 온 사람들이 많아서, 신청만 하면 나온대요. 이중국적자가 반은 넘는다고 봐야 해요. 그런 상황이기 때문에 베네수엘라인이 브라질에 가서 폭행을 했다고 하는데, 여권을 보면 이탈리아인이고. 솔직히 국적 이런 게 그 친구들에게 큰 의미가 없고, 또 콜롬비아 경우에는 콜롬비아에서 넘

어온 사람들이 많기 때문에...

손혜현: 초기에는 국경을 접하고 있는 국가들이 베네수엘라 난민 수용에 대해서 상당히 적극적이었거든요. 그냥 무조건 받아주는. 그리고 과거에 신세진 부분도 있으니까 그 보답 차원에서도 베네수엘라 난민을 기꺼이 수용했는데, 이건 뭐 이민자수가 하루에도 오천 명씩 들어오고 또 급증을 하니... 특히 국경지역은 재정적으로 열악하고, 고용 문제도 심각하거든요. 그래서 기술 숙련도가 낮은 노동자끼리 일자리 경쟁을 하게 되니까, 이런 문제가 이제 지역 경제 차원에서 문제가 되고. 범죄에 대한 두려움, 그리고 공공서비스를 제공해야 하는 의무감. 그렇게 부담이 커지면서 외국인 혐오증이 또 확산되고 있는 그런 상황이구요. 또 이렇게 상황이 악화되니까 페루하고 에콰도르, 브라질 이런 국경국가들이 점차적으로 국경통제를 강화할 수밖에 없는 그런 상황이고. 말씀드렸듯이 국경 지역으로 넘어오는 사람들은 굉장히 가난한 사람들이고 베네수엘라에서도 취약계층이거든요. 그러다 보니까 수용국 입장에서도 그렇게 달갑지는 않죠. 그런데 저 멀리까지 가는 사람들은 베네수엘라에서 여유 있고 또 교육 받은 그런 사람들이기 때문에 수용국 입장에서도 노동 시장의 측면에서는 이민자를 받는 것이 유리하게 작용을 할 수도 있는 상황입니다.

위기의 원인

김기현: 자 그러면 위기 상황에 대해서는 우리가 마무리를 하구요, 이제 위기의 원인으로 한번 넘어가 봅시다. 여러 글들을 살펴본 결과, 기본적으로 이제 위기의 원인에 대해서는 석유의존 경제, 유가 하락, 이러한 사항을 거부하는 사람은 없는 것 같아요. 보수적인 시각에서는 포퓰리즘이 다 망쳐놨다고 하고. 반면 베네수엘라 정부쪽에서는 '경제전쟁(economic war)' 이런 얘기를 하는데. 선생님들께서는 전반적으로 위기 원인을 어떻게 보시는지요?

김지엽: 제가 베네수엘라에 있으면서 여러 분들과 얘기를 하면서 가장 크게 느꼈던 부분은 이중환율을 용인하게 되면서부터 이런 사단이 오게 된 게 아닌가, 하는 건데요. 그로 인한 사회전반에 걸친 부정부패가 만연해 있습니다. 기본적으로 베네수엘라 경제 지표를 보시면 석유가 대부분이라고 보시면 됩니다. 예전에는 천억 불의 수출을 했었는데, 요새는 수출 금액을 한 360억 불로 계산하시면 됩니다. 베네수엘라는 석유 원가가 낮습니다. 비용을 20% 잡은 것도 낮은 거고... 비용이 실제는 50억불 정도밖에 안되는데, 나머지는 리베이트 비용입니다. 그중 일부는 국채나 석유공사 회사채에 대해 이자를 갚아야 하는데, 이게 연 백만 불정도 된다고 합니다. 국제 사채는 주로 해외 투자자들, 주로 미국, 중국으로 알려져 있는데, 이쪽에서 벌어가는 것도 많고요. 기존에 천억 불 벌 때는 부담이 안 되었는데 반해, 현재는 부담이 되는 상황이고요. 나머지 금

액으로 생필품을 사다가 국민들에게 제공한다고 봐야 하는데, 수입의 경우, 아까 말씀 드렸듯이 백 원짜리 물건을 백 원에 안사옵니다. 150원 200원에 사옵니다. 수출업자에게 200원을 주면, 수출업자는 그 초과수익을 떼어가지고 리베이트로 돌려주는 구조입니다. 이 리베이트 비용을 취하는 게 정부 고위층으로 봐야겠죠. 생필품을 수입 후 공정환율로 시장에 푸는데, 이때 상당부분이 또 블랙마켓으로 흘러갑니다. 석유 국내 판매분에 있어서도 부패가 있습니다. 국경 지대에 가면 하루에 40리터밖에 휘발유를 살수 없게 되어 있는데, 그 이유는 기름을 많이 채운 후 콜롬비아에 가서 기름을 빼내 팔고 오면 이게 엄청난 수익이 됩니다. 국경 쪽에서는 석유가지고 이렇게 먹고 사는 사람들이 엄청나게 많이 있다고 보시면 되요. 블랙마켓에 간 제품은 베네수엘라에서는 이게 공정 환율로 계산하면 비싸지만 암시장 환율로 계산하면 매우 저렴한 가격이 되니까 콜롬비아에 가져다 팔면 오히려 돈이 남습니다. 콜롬비아나, 미국, 브라질로 넘어 갔다가 다시 번 돈을 가지고 시장 환율로 바꿔서 재투자를 하거든요. 이러한 형태로 돈이 돕니다. 또 이것이 바리오barrio라고 하는 빈민가 쪽에 잠적해 있는 마피아들이 돈을 버는 구조입니다. 이것뿐만 아니고요, 가끔 미국이 베네수엘라 산 석유를 수입 안 하면 어떻게 될 것인가 하는 의문을 던지는데, 그 가능성은 없다고 보시면 됩니다. 미국이 베네수엘라 석유를 사는 게 아니라, 미국에 가면 Citgo라는 PDVSA 자회사가 있어요. 이 자회사가 베네수엘라 생산량의 3분의 1정도를 사갑니다. 이걸 자체 정유를 해서 주유소까지 보유하고 판매를 하기 때문에... 그 수익이 얼만지, 어떻게 처리하는지 보고서를 저는 한 번도 본 적이 없었어요. 홈페이지에 들어가도 알 수 없고요. 아직까지는 전부 다 돈을 버는 구조긴 한대, 유가가 떨어지면서 정말로 힘들어 진 상황이기에 이걸 마두로가 언제까지 버틸 수 있느냐 그게 정말 궁금합니다. 그 원인에 대해 도덕성 이런 얘기를 하셨지만, 이게 어떤 정부 지배층의 부패뿐만 아니고, 서민들까지도 현재의 삶을 유지하는 데 있어 어느 정도는 다 자기 밥그릇을 만들어 주는 상황이라서 유지되고 있는 게 아닌가, 그렇게 저는 판단을 하고 있습니다.

김기현: 정확하게는 말씀하신 대로 2012년 수출 총액이 973억불인데 유가 하락 등의 이유로 2015년에 374억불로 오백억불이 감소했어요. 불과 3년 만에. 거기다가 말씀해 주신대로 새는 돈들이 많은 거죠. 손혜현 교수님께서는 위기의 원인에 대해 어떻게 생각하시는지요?

손혜현: 베네수엘라 현지 위기는 말 그대로 석유 의존 경제와 유가 하락 때문이라고 봅니다. 베네수엘라는 산유국이고, 그리고 최대 매장량을 가지고 있는 나라기 때문에 우리가 보기에는 배고픈 게 이해가 안 되는 나라죠. 그럼에도 베네수엘라가 가진 이 최대 장점이 오히려 약점으로 작용을 해서, 즉 석유에 지나치게 의존하다보니까 균형 있는 경제 구조를 발전시키지 못한 것이 큰 문제가 된 것 같고요. 그렇기 때문에 국제 유가가 요동칠 때마다 경제도 함께 요동칠 수밖에 없는 그런 상황이 만들어 진 것 같습니다. 그러니까 베네수엘라는 석유를 팔아서 벌어들인 외화로 공산품을 수입하는 구조인

데요. 유가가 떨어지면 소득도 낮아지기 때문에 외국에서 상품을 구입할 수 없는 그런 구조거든요. 베네수엘라의 이런 기형적인 구조는 비단 오늘날의 문제가 아니라 식민 통치 지배 시대로 거슬러 올라갈 수밖에 없는 구조예요. 16세기부터 스페인이 중남미를 지배하면서, 자국의 경제적 이익에 맞게 그 경제를 재편했기 때문에, 베네수엘라도 초기에는 뭐 사탕수수, 카카오, 커피 등을 재배하는 모노컬쳐가 발전될 수밖에 없었고, 석유가 발견이 되면서 이제 석유에만 특화한 산업 구조를 가지게 된 거죠. 결국 석유에만 의존하다 보니까 다른 산업에 대한 투자나 육성, 이런 것들을 소홀히 한 결과가 오늘날의 경제 위기를 초래한 것이 아닌가 하는 생각이 듭니다. 또 앞서서 석유 생산량이 많이 줄었다고 말씀을 하셨는데요, 그게 일일 약 300만 배럴 되다가 최근에 와서 지난 6월에는 일일 140만 배럴로 줄었고, 연말에는 100만 배럴 밖에 안 될 것이라 얘기하고 있습니다. 석유 사업이 가진 특성 상 계속해서 투자하고 개발해야 하는데, 베네수엘라 같은 경우에는 빼먹기만 하고 재투자를 전혀 안한 상황이어서, 지금 유가가 올라가고 있음에도 불구하고 그 유가 상승의 효과를 전혀 보지 못한다는 거죠. 그래서 앞으로 유가가 더 올라간다고 해도 베네수엘라 경제가 크게 나아질 만한 여지가 없다는 거죠. 거기에다가 미국의 경제 제제까지 덧붙여져서 베네수엘라는 지금 국제 시장에서 석유 가격이 오른다고 해도 크게 달라질 그런 여지는 없다고 볼 수 있습니다.

김기현: 손혜현 교수님께서는 석유의존 경제, 유가 하락 문제를 들어 주셨습니다. 여기서 잠깐 김지엽 팀장님께 질문 하나 드리겠습니다. 베네수엘라 석유 수출 원가가 낮다고 말씀해 주셨는데, 베네수엘라 석유가 초중질유라 생산과 정유에 들어가는 비용이 오히려 더 비싸다고 흔히 알고 있지 않나요?

김지엽: 콜롬비아 국경 쪽 마라카이보에서 나오는 석유는 품질 좋은 경질유입니다. 다만 최근에 매장량이 추가로 발견이 되고 있는 지역은 오리노코강 남부, 그러니까 브라질 쪽인데, 이쪽은 초중질유가 맞고요. 제가 알기로는 기준이 디젤, 가솔린 함유가 50%가 안 되면 중질유로 치는데, 그쪽은 30%가 안 된대요. 그래서 초중질유는 맞는데, 거기다가 나프타 등을 섞고 희석해서 증류도 가능하구요. 그래서 그 비용이 조금 더 들어간다는 건데, 아직까지도 베네수엘라 주력 석유 생산 지역은 마라카이보입니다.

김기현: 마라카이보 쪽 석유 수출 비중이 몇 퍼센트 정도 차지하는지요?

김지엽: 제가 근무할 당시, 수출량 200만 배럴 중 마라카이보 쪽이 한 80~90만 배럴 차지했었죠. 마라카이보 쪽 생산량은 미국으로 많이 가고 있고요.

김기현: 초중질유 생산 단가는 배럴당 어느 정도 하나요?

김지엽: 한 20불합니다. 경질유 같은 경우에는 제가 듣기로는 5불이 안 된다고 합니다. 게다가 인건비가 계산할 필요가 없을 정도로 낮기 때문에, 뭐 그런 거 따지면 더 낮아질 수 있다고 합니다. 경질유는 상당히 많이 남는 분야고, 중질유 같은 경우에는 그래도 한 30~40

불 남는 거니까요.

김기현: 그러니까 초중질유 같은 경우에는 서부 텍사스 유가가 한 30달러라고 치고, 여기는 생산 비용이 한 20달러라면, 이게 수출했을 때에 그 사람들이 정유하는 가격이 많이 들기 때문에 국제 유가가 30달러 정도면 경제성이 없어서 수출을 할 수 없지 않나요. 그러니까 국제 유가가 60달라는 되어야 초중질유가 어느 정도 수출을 위한 경제성을 가질 수 있지 않나요?

김지엽: 30불까지는 수출해도 채산성이 있다고 합니다. 원유가격이니까요. 정제를 하면 또 가격이 바뀌거든요.

김기현: 그러니까 정제비가 많이 드니까, 유가가 60달러는 되어야 경제성이 있다는 얘기지요.

김지엽: 일단은 초중질유의 경우에는, 베네수엘라 자체적으로 공장을 늘리고 있는 게, 그쪽에 적합한 정유소를 짓고 있거든요. 지금 현대건설에서 하고 있는 프로젝트도 초중질유 처리시설이라고 보시면 됩니다. 지금 한 50억불 규모의 프로젝트인데, 그 돈을 못 구해 지금 중단되어 있습니다. 50억불이 있으면, 밀가루 사서 뿌려야 하는 상황인데 그러다보니 투자를 못 해서 초중질유를 정유할 수 있는 쪽에다가 투자를 못하고 있는 게 현실이구요. 진짜 바닥으로 가고 있는 상황인데도 버티고 있는 게 신기하다는 게 교민들이 하는 얘기입니다.

김기현: 각국 생산 원유의 경제성 수준을 보면, 미국의 셰일가스가 한 60달러, 브라질의 쁘레살(pré-sal)이 60~70달러, 베네수엘라의 초중

질유가 한 70달러 정도라고 합니다. 그래서 지금처럼 유가가 50달러 이하이면 초중질유 수출은 사실 이익이 크게 남지 않는다. 유가가 60달러 이상으로 오르면 초중질유가 경제성이 생겨서 국가경제에 도움이 되지 않겠나, 그런 얘기가 있더라고요. 아무튼, 이상현 선생님은 위기의 원인을 어떻게 보십니까?

이상현: 포퓰리즘이라고 봐야죠. 다만 유가 하락과 생산량 감소가 동반된 형국이잖아요? 유가 하락은 국제 시장 유가 문제고 베네수엘라 생산량 감소 부분은 어떻게 보면 베네수엘라 문젠데. 제가 통계를 보니, 99년 당시 차베스가 처음 들어왔을 때 GDP 대비 한 13% 정도가 사회정책에 들어갔는데 그게 한 불과 한 7~8년 만에 40%까지 올라가니까, 돈 들어가는 거 맞죠. 말씀하신 대로 계속 유전개발도 해야 하고, 정유 부분도 꾸준히 투자해야 하는 게 사실 장치산업의 특성인데. 국영 석유회사는 그런 측면에서 독립성이 상당히 중요한 기구예요. 아르헨티나 등 다른 예를 봐도, 보통 국영 석유회사 사장들은 상당히 목소리가 크게 느껴지거든요. 사우디 같은데도 에너지 장관이나 국영 석유회사 사장 목소리가 크게 느껴지는 게, 그만큼 독립적이어야 장기적 투자를 확보할 수 있고요. 그렇기 때문에 또 역으로 보면 이렇게 좀 권위적인, 또는 권력이 큰 권력자가 등장하면 그만큼 미워하게 되고, 언론을 많이 타게 됩니다. 늘 독립적인 행보를 해야 하니까. 차베스 같은 경우에도 들어오자마자 20명 넘게 해고했잖아요? 이렇다 보니 생산량 감소하고, 또 인력 유출되고, 다시 생산량 감소하고... 말씀하신 대로 지금 상황에

서는 유가가 올라도 과연 그 문제를 해결할 수 있는가 의문이예요. 문제는 생산량 감소, 투자 부진의 원인에 소위 말하는 포퓰리즘이 있는 거죠. 감당 못할 분배가 작용한 것은 사실이구요. 제가 데이터를 보니, 베네수엘라가 예산 균형을 맞추려면 유가가 어느 정도가 되어야 하는가, 했을 때 올해 기준으로 223불가 되어야 budget balance를 맞출 수 있다고 하네요. 만약 생산량이 130만 배럴까지 낮아지면, 이 금액도 300불까지는 올라가야 할 겁니다. 사실상 사회지출비용이 많이 늘어났고, budget을 못 채우니 다른 사회 정책 영역에는 돈을 못 쓰고 있는 상황이고요. 베네수엘라 의료 프로그램인 바리오 아덴뜨로(Barrio Adentro)의 경우, 작년 이용자 수가 12만 명밖에 안된다고 합니다. 사실상 사회정책에서 의료 부분은 정지되었다는 거죠. 그래서 기초 의약품이 없어 난민이 발생하는 게 식량이 부족해서 보다 더 크다고 봐야죠. 바리오 아덴뜨로도 돈이 없어서 못 돌아가고요.

김기현: 네, 알겠습니다. 위기의 원인으로 부정부패 포퓰리즘과 함께 다들 석유 의존 경제와 유가 하락을 집어 주셨는데요. 이게 참 중남미 전체와 연관되는 중요한 이야기입니다. 후안 빠블로 뻬레스 알폰소라고 1960년대 베탕쿠르 집권기 장관을 두 번 역임하고 오펙 창설을 주도 했던 사람이 1970년대에 했던 유명한 이야기가 있어요. "과도한 석유개발, 무절제한 정부 지출, 비석유부분 개발 경시, 무엇보다 번영이라는 신기루의 허황됨을 경고한다. 만약 이 상태대로 우리가 계속 간다면 앞으로 10년 내지 20년 뒤면 우리는 석유 때문에

망할 것이다. 석유는 악마의 배설물이다." 우리도 차베스 정부가 있을 동안 왜 정부가 석유 의존 경제에서 벗어나기 위한 노력을 하지 않는가? 라고 여러 번 문제를 제기했었잖아요.

손혜현: 노력을 안 한 건 아니라고 봅니다. 차베스도 식량 자급을 위해 협동 농장이나 그 외에도 제조업에 대한 투자를 하긴 했지만, 그럼에도 성공하지 못한 거 같거든요. 결국 모든 경제나 사회 부문이 석유에 의존되어 있고 이게 오랜 기간 동안 구조화되어 있기 때문에, 이를 극복하는 게 쉽지 않다는 거죠. 사회가 거기에 길들여져 있는 부분이 있는 것 같고요.

김기현: 팀장님은 어떻게 생각하시는지요? 왜 석유의존 경제에서 벗어나지 못하는 걸까요?

김지엽: 아까 말씀 드렸듯 어떻게 보면 제일 핵심은 이중환율이에요. 베네수엘라 경제의 제일 큰 문제구요. 왜 이중환율 유지를 해야 하는가? 서민들에게 값싸게 공급을 하려면 환율을 낮춰야만 하거든요. 예를 들어, 지금은 우리가 환율이 500원이다. 그러면 미국에서 오는 1불짜리 수입제품을 500원에 살 수 있는 것이고, 이게 서민들에게 도움을 주는 경제가 됩니다. 석유를 통해서 벌어들인 부를 국민들에게 푸는 방법으로 이중환율을 쓰게 되는데, 문제는 그로 인한 베네수엘라 화폐의 평가절상이 국내의 생산을 심각하게 저하시켜요. 그래서 국내에서는 어떤 물건을 만들어도 해외에 수출할 수 있는 경쟁력이 생기질 않습니다. 아까 얘기했듯이 어떤 1불짜리 물건을 가져오면 500원에 팔면 되니까 싸지만, 국내에서 생산한 물건

은 500원만 되도 해외 가면 1불이 됩니다. 해외 시장에 나갈 경쟁력이 안 되는 거죠. 어느 정도 자체 시장이 규모가 되어 그런 다른 산업들을 키울 수 있다고 하면 수입을 막고 국내 산업을 키우면 되는데, 그 규모가 안 되기 때문에 국내 제조업에 아무리 돈을 쏟아부어도 수출 경쟁력을 가질 수 없는 상황이 되거든요. 성공할 수가 없는 구조죠. 이중환율 자체를 하려고 하는 유혹들이 너무 많고, 그럼 무슨 짓을 해도 국내의 생산이 늘어나질 않아요. 그리고 재밌는 것 중 하나가, 제가 보기에 베네수엘라 금 수출이 50억불 정도 됩니다. 근데 통계에 안 잡혀요. 분명 금광에도 외국이 투자하고 있고, 국내에서 전부 쓰이진 않을 텐데. 해외 통계를 보면 수출 금액이 0이예요. 그럼 둘 중 하나죠. 국내에서 다 썼거나, 밀수출을 했거나. 세금을 안내려고 하거나, 그 이익에 대한 세금을 안 내려고 하는 것. 광물 같은 경우에는 파내자마자 국가에 광물세를 내야 하니 그걸 안내는 거고, 소득세도 안 내는 거고. 게다가 수출해서 번 돈은 국내에 안 들어옵니다. 들어올 수도 없어요. 증빙이 없으니. 그대로 해외 계좌에 들어가 버리면서 국부 유출이 진행이 되는 건데, 아까 석유의 저주 말씀하셨지만 제가 볼 때는 그걸 풀 수 있는 방법은 없고, 어쩔 수가 없어요. 규모의 경제가 되어가지고 적어도 1억 이상의 인구를 갖췄을 때는 가능합니다. 내부 산업들을 투자를 해서 돌아갈 수 있게 해야 되는데, 그게 되지 않는 소규모 사이즈의 경제 같은 경우에는 석유가 있다 그러면 다른 산업 투자하기가 거의 불가능하고. 예를 들어, 관광 산업도 그래요. 관광 산업

같은 경우에는 그렇게 좋은 자원들이 많은데, 예전에는 비싸서 못 갔다는 거죠. 그만큼 물가가 비싸가지고 올 수가 없는 그런 형태이기 때문에, 관광 산업에 투자를 해도 너무 비싸서 성공을 시킬 수가 없는, 그런 악순환이 되풀이 되는 겁니다.

김기현: 그런 구조적인 매커니즘이 있는 거 같아요. 유가 상승하고 석유 수출이 증가하면 달러들이 막 들어오니까, 화폐 가치가 절상되고. 그러면 수입하는 게 훨씬 싸지니까 국내 제조업 꼭 할 필요가 있느냐, 외부에서 다 사서 쓰면 되지, 이런 식으로 제조업 망가지고. 물가 비싸지니까 관광업도 안 되고. 점점 더 의존하게 되고.

이상현: 사실은 말씀하신 게 소위 유명한 네덜란드병이잖아요. 해결책으로 나와 있는 게 두 가지 정도 있는데. 어쨌든 제조업이 아닌 분야에서라도 수출 경쟁력 있는 분야를 양성한다. 또는 다른 방법이 작은 나라가 할 수 있는 게, 바로 국부 펀드 문젠데. 사실 두바이, 아랍에미레이트 등이 다 하고 있는 분야거든요. 가까이는 칠레도 학생들이 아무리 데모를 해도 악착같이 돈 안 쓰고 국부펀드를 유지하고 있는데... 국부펀드 일체 안 하고 쓸데없이 돈을 쓰는 게 사실은 소위 말하는 포퓰리스틱한 재정운영이라고 할 수 있는 부분이고요. 사실 시장 규모와 상관없이 900억불씩 수출 할 때는 2~300억불 정도 뭐 국부 펀드 충분히 형성하고 최소한의 수출 경쟁력 있는 분야 양성도 가능했는데, 그런 측면을 안 한 것, 그게 바로 포퓰리즘이죠.

김기현: 이야기가 자연스레 포퓰리즘으로 넘어왔네요. 분명 석유의존, 유

가하락 만으로는 오늘날 베네수엘라의 심각한 위기 상황을 다 설명할 수는 없을 것 같아요. 석유의존경제, 유가하락이 베네수엘라만의 문제는 아니잖아요. 그런데도 베네수엘라 경제 문제가 이렇게 심각한 상황까지 오게 된 데에는 포퓰리즘 이야기를 빠트릴 수 없죠. 베네수엘라 정부는 economic war 얘기를 하지만, 정말 차베스와 마두로 정부가 그렇게 흥청망청 썼던 건가요?

제 생각엔 어쨌든 재정 수지 적자를 가지고 이야기를 해야 하지 않나 싶어요. 포퓰리즘의 정의에는 여러 가지 있지만, 경제적 포퓰리즘은 방만한 재정 운영, 이게 딱 정의인데. 2008년까지는 라틴아메리카 평균보다도 재정 수지 적자가 오히려 낮아요. 2005년부터 2007년까지는 오히려 재정 수지가 흑자였었어요. 그리고 2009년 비록 금융 위기 나고 나서 2009년 2010년은 재정 수지 적자가 커지는데, 사실 중남미 대부분이 그래요. 그때는 재정을 풀어가지고 경제를 살리려고 모든 국가가 그랬으니까. 칠레도 거의 재정수지적자가 GDP 5%까지 났었으니. 그러고 2009년, 2010년 그러다가 2011년 상황이 좋아지면 다른 나라들은 재정수지 적자가 줄어드는데, 2011년에 베네수엘라는 보니까 재정수지적자가 GDP의 4.0%, 2012년은 4.6%. 베네수엘라만 늘어나는 거예요. 다른 나라들은 상황이 나아지니 재정적자를 줄였는데, 베네수엘라만 안 줄이고 재정적자가 계속 늘어나는 거예요. 흥미로운 사실은 2013년 마두로 정부가 들어오고 나서는 약간의 긴축을 하면서 재정수지 적자가 GDP의 2.8%, 2014년에 1.9%, 2015년에 1.4%로 오히려 라틴아메리카 평균

보다 낮게 나오는 거예요. CEPAL 자료에 그렇게 나와요. 이걸 어떻게 설명할까요?

손혜현: 제가 가지고 있는 자료에는 2017년 재정수지적자가 GDP 대비 31% 정도라고 나오거든요?

김지엽: 별 의미가 없는 게, 어차피 재정수지는 현지화로 나오는데, 연초와 연말에 그 환율 자체를 따져보면 아무런 의미가 없어요. 세금을 얼마큼 걷어서 얼마큼 썼냐는 건데, 돈이 집행이 빨리 되었으면 나중에 세금을 거둬봤자 의미가 없는 얘기예요.

이상현: 역으로 경제학적으로 얘기하면, 사실 인플레이션 자체가 계속 돈을 찍어낸다는 거잖아요. 번 게 없이 돈을 찍어내니 인플레가 일어나고 재정 적자가 엄청나게 나고 있다는 거죠.

김기현: 거기에 답이 있는 거 같아요. 이게 재정 수지 적자가 줄어든 건 맞아요. CEPAL 자료도 공신력이 있는 자료니까, 믿어야죠. 2016년까지는 데이터가 나와요. 근데 어떻게 된 건지 보니까, 2013년부터 화폐 발행이 엄청 늘어나기 시작해요. 그래서 본원통화 늘어나는 걸 보니까, 2013년에 61%, 2014년에 87%, 2015년에 95%, 2016년에 144%, 2017년에 504%예요. 중남미 평균이 10~20% 정도예요. 인플레 감안한다 해도, 돈을 찍어서 균형을 맞춘 거죠. 막 찍어낸 거죠. 만일 찍어낼 만큼을 재정 수지 적자로 계산한다면, 마이너스 30%가 되는 거죠.

여기서 재미있는 것은 미국도 2008년에 거의 나라가 망했었죠. 경제를 살리기 위해 미국도 4조 달러 화폐를 발행했죠. 다만 미국이 가지는 힘은 기축 통화라는 점이예요. 미국의 인플레를 전 세계가 나눠 가졌잖아요. 베네수엘라의 경우 화폐 발행한 것이 그 나라 안에서 그대로 다 있으니, 그대로 인플레에 반영이 된 문제고요. 그러니까 미국 같은 나라는 망해도 살길이 있는데, 베네수엘라 같은 나라는 통화를 발행하면 문제가 자기한테 다 오는 거죠. 자국화폐가 기축통화가 아닌 나라들은 돈이 많을 때는 복지 좋지만, 돈이 없을 때는 허리띠를 졸라 매는 것 외에 방법이 없어요. 라틴아메리카의 포퓰리즘이 늘 그렇듯, 어려운 상황이 왔을 때 허리띠를 졸라 매지 못 하는 것. 기존의 소비 지출을 쉽게 줄이지 못하는 것 여기에 결국 포퓰리즘의 한계가 있는 것이라고 봅니다.

손혜현: 일단은 베네수엘라 위기가 심화된 게, 석유 의존 경제 하에서 유가가 하락하면서 석유 수입이 감소했고, 그로인해 재정 수입이 감소했고, 재정 적자가 증가를 했어요. 그러면 합리적인 정부 같으면 재정 긴축을 하거나 세수 확대를 해서 이 재정 적자를 메우기 위한 노력을 해야 하는데, 베네수엘라 같은 경우에는 그것보다 단기적인 정치적 이해관계 때문에, 그러니까 포퓰리스트 정책을 유지했기 때문에 극심한 인플레이션, 그리고 경제적 불균형 등의 결과를 초래한 거죠. 결국 재정적자를 메우기 위해서 긴축을 하거나 세수를 확대하기 보다는 화폐를 마구 찍어내거나, 아니면 해외 부채에 의존하거나, 이런 방식을 통해서 임기응변적으로 그 위기를 봉합하고, 이로 인해 이 위기가 더 큰 위기로 확산되는 이런 문제 때문에 베네수엘라의 문제는 포퓰리즘에 있다, 그렇게 얘기들 하는

데요. 그러나 포퓰리즘이 꼭 나쁜거냐? 사실 차베스 시기 돈이 많았을 때에는 포퓰리즘이 나쁜거냐 하면 그렇진 않거든요. 사회 전체적인 측면에서 보면 복지 정책으로 인해 일반 시민들의 건강, 삶, 교육 조건들이 좋아졌어요. 사회가 더 살기 좋아지고 중산층이 늘어났다면, 이 자체를 비판할 수만은 없거든요. 그런데 문제는 돈이 없으면 이 포퓰리스트 정책이 지속가능하지 않기 때문에 문제가 되고, 여기에 대한 대안이 필요하다는 거죠. 하지만 이 포퓰리즘은 국민들에게 복지 혜택에 대한 어떤 기대를 만들어놔요. 그래서 나라가 어렵고 힘들면 긴축하는 것이 당연하다고 생각을 해야 되는데, 국민들을 나라 사정이야 어떻든지 간에 이 복지에 대한 기대가 충족되지 않으면 정치적으로 불신을 하게 된다는 거죠. 그래서 포퓰리즘의 가장 큰 문제는 현실을 무시한 그런 복지에 대한 과도한 기대, 결국 이것이 문제가 아닌가 하는 생각이 듭니다.

이상현: 원론으로 돌아가서, 제가 아까 베네수엘라 케이스를 경제적으로는 분배 측면에서의 포퓰리즘으로 말씀 드렸는데. 사실 차베스의 경우, 페론 같은 고전적 포퓰리즘에 가장 근접한 현대 대통령이거든요. 포퓰리즘에 몇 가지 정의를 내리잖아요? 대중에 대한 리더십의 일방적 우위라든가, 아니면 민주주의 체제를 우회하는 대중동원 체계라든가. 사실 정치학에서 포퓰리즘을 민주주의와 구분해서 부르는 이유는 이런 정치적 측면에서 리더십의 일방적 우위라든가, 민주주의 체제를 우회라는 그런 정치 행위 측면을 중시하니까 포퓰리스트라 얘기하는 거예요. 차베스가 1999년 처음 들어와서 기

존에 실패한 신자유주의 체제, 아주 양극화된 체제에서 차베스가 실시한 복지정책에 대해 과도하게 비판하는 사람은 없어요. 다만 문제는 우리가 흔히 정의하는 어떤 민주주의적 체제가 아니라, 지금 얘기한 특성을 가진 정치적 측면에서 포퓰리즘적 체계 하에서 이루어졌다는 거죠. 사실 초기 형태에서는 자기가 뭐라고 이름을 붙이는 거는 상관이 없고 그게 민주주의 체계 하에서 작동하면 문제제기를 하지 않아요. 문제는 미국 경제위기 이후 2008년 넘어가면서 국제 경제가 조금씩 흔들리고 국가 체제의 경제적 부분에 있어 균열이 왔을 때 차베스가 한 것이 권위주의 강화였다는 점이죠. 기존의 민주주의 체제 안에서 작동되었던 선거 방식을 자꾸 권위주의 형식으로 우회해서요. 우리 정치학에서 얘기할 때, 차베스 체제나 마두로 체제를 뭐 하이브리드 시스템, 이렇게까지 정의하거든요. 민주주의와 권위주의가 섞인 형태. 차베스 전기와 후기는 사실 우리가 구분을 하고 있어요. 사실 국민투표를 졌음에도 자꾸 우회해서 다양한 방식으로 선거에 개입하기 시작하고... 사실 감당할 수 없는 복지 상태까지 가는 이유는 그런 민주주의 작동 체계가 어느 시점에선가부터 붕괴됐기 때문에 일어난 일이구요. 또 다양한 개념들이 나오죠. 포퓰리즘은 당연하고, 권위주의 나오고, 또 자기 정치 체계를 구축하는 데 있어 소위 말하는 클리엔텔리즘 구조도 나오고. 단지 어떤 일정 정도의 모순적인 상황에서 복지를 늘린 상황이 아닌, 그리고 그것을 감당하지 못할 정도로 만드는 정치 체제를 구축했다는 점에서 베네수엘라 문제가 발생한 것이라 봅니다.

김지엽: 포퓰리즘 관련해서 부정할 수 없는 것은 사실이고... 저는 시기를 봅니다. 언제부터 베네수엘라가 이렇게 되었나. 2012년 말부터 이렇게 되었거든요. 유가는 2013년 7월부터 떨어지기 시작했고요. 2012년 말이면 차베스가 아플 때부터거든요. 암 시인하고 그랬을 때부터 갑자기 환율이 뛰기 시작했어요. 정부가 달러를 못 풀었다는 거죠. 왜인가? 그만큼 빼돌리기 바빴다는 거죠. 차베스가 죽으면 아마도 추후 다시 정권을 못 잡을 거다, 그러니 빨리 챙겨서 튀자는 생각으로 부패가 상당히 심각해진 시기기도 합니다. 제가 말씀드리고 싶은 것은, 차베스 때에는 포퓰리즘이라도 어느 정도의 부패를 컨트롤할 수 있는 힘이 있었는데, 이게 2013년부터는 니콜라스 마두로는 꼭두각시라고 부르고 있는 상황에, 실권은 국회의장이 다 갖고 있고, 군부가 다 장악하고 있는 상황이고. 이 상황에서 전부 그 돈을 빼돌리는 데 혈안이 되어있다 보니까 지금의 이 상황을 만들지 않았는가 라고 보거든요. 포퓰리즘 자체에 대해서도 물론 그게 재정의 악화를 가져온 것도 사실이고, 문제의 발단이 된 건 사실이지만, 실제로는 이게 민주주의랄지, 공정한 거래를 할 수 있게 하는 감시 체제들이랄지, 이러한 시스템이 전혀 작동하지 않고 있어요. 그런 부분들이 오히려 더 직접적으로는 문제의 원인이 되지 않았을까. 저는 어떤 체제의 문제 보다는 그런 공정성, 부패에 대한 감시, 이런 것들이 좀 더 중요한 팩트가 되지 않을까라고 생각을 했습니다.

김기현: 좋은 지적인 것 같습니다. 베네수엘라가 이렇게 될 나라가 아니죠.

석유 매장량 세계 1위인 나라가 이렇게 될 수가 없는데. 팀장님께서는 포퓰리즘, 유가하락 이런 문제를 넘어 이중환율과 그로 인한 부정부패 문제를 일관되게 지적해 주셨습니다. 그와 관련하여 달러가 있으면 다 외국으로 빼돌려 놓는 문제. 그 양을 보니까 2003년에 530억 달러인데, 2015년에 1,750억 달러가 돼버려요. 지금 베네수엘라 총 외채가 1,200억 달러예요. 총 외채보다 훨씬 많은 돈이 해외에 유출되어 있으니, 경제가 제대로 돌아갈 수 없겠죠. 정말 심각한 문제인 것 같습니다.

그와 관련하여 베네수엘라 정부는 'economic war'을 위기의 원인으로 말하고 있는데, 그 주장은 뭡니까?

손혜현: 일단 식량과 의약품이 부족한 원인으로 대기업들이 생산을 하지 않고 사보타주를 하고 있기 때문에 그렇다고 하고요. 또 하나는 미국의 경제 제재로 베네수엘라 정부가 식량이나 의약품을 사오려고 해도 수입 대금을 결제 할 수 없는 상황이기 때문에 이 문제를 해결할 수 없다는 거죠. 지금 economic war의 주된 공격 대상은 미국, 그리고 민간 기업들(국내, 해외 대기업들)이예요. 예를 들어, 휴지를 만드는 킴벌리 같은 회사들도 이미 철수를 했거든요. 그러다보니까 오히려 휴지 값이 지폐보다 더 비싼 상황이 되는 거죠. 그래서 국내에서 충분하게 생산을 하지 못하기 때문에 현재의 경제 문제가 발생하고 있고, 그 배후에 미국과 대기업 세력이 있다, 그렇게 얘기하는 거죠.

김지엽: 베네수엘라 정부의 주장이 뭐 틀리다고 할 순 없지만, 원인은 분명

베네수엘라 정부가 제공한 거거든요. 경제적인 논리로 봤을 때 지금 베네수엘라는 경제 주체들이 투자를 할 수 있는 상황이 아니에요. 베네수엘라 정부는 정치 논리 때문에 그렇다고 왜곡을 하고요. economic war에 대해서만 말씀을 드리면, 실제로 그런 게 존재하지는 않는다고 봐요. 사업을 할 수 있는 여건이 전혀 안되기 때문에.

손혜현: 지금 저희가 베네수엘라 경제의 문제를 유가 하락이라고 얘기했죠. 그런데 베네수엘라 정부가 얘기하는 건, 유가가 떨어지기 시작한 시점이 2013년 이후인데 2014년에 사우디아라비아가 산유량을 늘려서 유가 하락을 부채질 했고, 여기에 미국과 이스라엘의 영향이 컸다는 거죠. 그래서 결국 베네수엘라의 문제는 유가가 하락하고 외화가 부족해지면서 시작되었는데, 거기의 배후에는 미국이 개입해 있다, 그러면서 미국을 비난하고 공격을 하는 겁니다. 결국 미국이 유가 하락을 주도해서 베네수엘라가 크게 손해를 봤다, 그렇게 보는 것 같아요.

위기의 출구

김기현: 자 이제 위기 극복이 가능한지, 출구는 어디 있는지 마지막 주제로 넘어가도록 하겠습니다. 최근 지난 8월쯤인가요, 마두로 정부가 비상 대책을 내놨죠. 그런 비상 대책이 일단 어떤 건지 어떤 분이 간결하게 정리해 주실 수 있으신지요?

이상현: 8월에 나온 대책이 있고, 10월에 나온 대책이 있습니다. 8월에 나

온 것은 볼리바르 소베라노를 도입하고, 그걸 가상화폐 페트로(PETRO)에 연동시키는 방안이에요. 국내 판매 유가 인상하고, 최저임금 3천% 인상하고, 재정적자를 제로로 하겠다. 즉 뭐가 문제인지는 이해하고 있는 거죠. 그리고 10월에 나온 얘기는, 달러가 자꾸 사용이 불가능해 지니까 유로화, 위안화 같은 화폐를 국내 외환시장에서 사용하게 한다, 즉 기본적으로는 외환 통제를 중단하겠다고 하는데... 아까 말씀드렸던 사항, 선거 때 만들었던 조국카드(carnet de la patria), 이걸 가지면 유가를 인상했어도 보조금을 받을 수 있다고 하더라고요. 유가 인상이 상당히 무력화 되었다고 하구요.

손혜현: 결국 화폐 개혁을 했는데, 이 화폐 개혁이 베네수엘라 위기에 근본적인 해결책이 되지 못한다는 거죠. 결과적으로 지금 국제 유가가 인상되고 있는 이 상황에서 베네수엘라가 그 산유량을 충분히 늘릴 수만 있는 상황이면 유가 상승의 혜택을 볼 수도 있거든요. 근데 지금 산유량이 급격하게 떨어지고 있는 상황에서도 전혀 혜택을 볼 수 없어요. 그 이유는 기술이나 개발에 투자를 해야 하는데, 민간 자본들이 들어오지 않는다는 거예요. 이 화폐 개혁을 해서 그 민간 투자자들에게 유리한 그런 환경을 만들어 줬느냐, 그건 절대 아니라는 거죠. 그래서 이 화폐 개혁이 결과적으로 오히려 물가 상승을 더 부추길 수 있는 그런 요인으로 작용을 하고, 투자 유치에도 부정적으로 작용을 할 수밖에 없기 때문에 문제가 됩니다. 예를 들면, 아까 임금을 삼천 퍼센트 인상시켜 줬다고 했잖아요.

그런데 영세 자영업자들이나 소규모기업의 경우, 노동자들에게 이만큼 임금을 지급할 능력이 안 돼요. 그래서 정부가 보증을 해준다고 하는데, 아무도 정부의 말을 신뢰하는 사업가들이 없는 거죠. 이런 상황에서 기업들이 들어와서 투자를 한다? 이건 생각할 수 없는 그런 상황이죠.

김기현: 화폐 개혁 보다 환율 통제 폐지 한 게 저는 더 크다고 생각이 되요. 이중환율 이걸 8월 달에 없앴잖아요. 공식환율이 1달러당 한 25만 볼리바르 푸에르떼였던 것을 이제 시중 환율로 모든 것을 통일한다, 이렇게 하니 순식간에 1달러당 600만 볼리바르 푸에르떼가 된거죠. 이렇게 너무 커지니까, 이제 화폐 단위를 10만 단위로 나눠 1달러당 60 볼리바르 소베라노로 바뀐 거고요. 중요한 건 화폐 개혁 자체보다는 그 이전의 환율 통제를 폐지했다는 점이예요. 그러니까 사실상 일원화한 거죠. 신뢰를 주기 위해 페트로하고 볼리바르 소베라노를 연동시키고요. 그리고 1배럴당 1페트로로 고정시켜 둠으로써 유가가 올라가면 페트로의 가치도 올라가고, 유가가 내려가면 그 반대로, 그런 식으로 고정시켜 둔 겁니다. 이제 환율 통제 안하고 그대로 두겠다 이거죠. 최저임금 상승은 그런 환율 통합에 따른 최소한의 조치고요.

손혜현: 그런데 환율 정책이 성공하려면 시장에 충분한 외화가 공급이 되어야 하거든요. 하지만 미국이 경제 제제를 하고 있어서 PDVSA가 이제 채권 발행을 못하게 생겼잖아요. 유일한 외화 공급원이 PDVSA인데, PDVSA가 못하게 되니까 이제 민간 기업들이 외환 시

장에 공급자로서 참여하게 허용을 해줬는데, 민간 기업들 중에는 그만한 능력을 가진 기업들이 없거든요. 그러다보니 화폐 개혁을 하고 환율 정책을 통해서 외환 시장을 안정화 시키려는 시도는 좋지만, 외환 시장에서 공급되는 그런 달러가 부족하기 때문에 결과적으로 이 암시장은 없어질래야 없어질 수가 없다는 거죠.

김기현: 그러니까 이제 다음 조치로 내세우는 게 우리도 긴축하고 재정적자를 감소해 나가겠다는 거고, 그걸 위해서 부가가치세를 12~16% 올려서 세수를 늘려가겠다. 그 다음에는 유가를 현실화해서 휘발유 보조금을 삭감하겠다. 물론 예외적으로 까르넷 있는 사람들에게는 보조금 주겠다. 그런데 보조금을 받는 사람이 약 1,700만 명 정도 되니 사실상 베네수엘라 국민들은 대부분 옛날 싼 가격의 휘발유를 쓰는 것이긴 하지만요. 어쨌든 이제 환율 통제는 하지 않겠다. 그 다음에 화폐개혁 하고, 페트로 연동해서 화폐의 신뢰성도 높이고, 정부도 재정 긴축 하겠다. 세수 늘리겠다. 그래서 가격을 안정시켜 가겠다. 그러면 외국 자본도 신뢰하고 들어오는 거죠. 관건은 과연 이런 조치로 가격 안정을 달성할 수 있는 것인가, 인데.

이상현: 제 생각엔 안 되는 게, 우선 페트로를 석유에다 연동을 해놨는데 그 규모를 몰라요. 사실 페트로에 연동해놓으면 돈을 마음 놓고 또 찍을 수 있어요. 사실 지금 구조 자체가 돈을 안 찍으면 유지할 수 없는 구조구요. 아까 말씀하셨듯이, 지금 그러기 위해서는 다른 식으로 하드 커런시가 들어와야 하는데, 들어올 방법도 없고요. 사실상으로 베네수엘라가 외채 서비스 중단한 상황이거든요. 사실

상 지불 금지 상태고, 채권 발행도 못하고, 이거 다 다시 하려면 채무 리스케쥴링도 해야 하고. 그런데 그거 하려면 제재도 다시 풀려야 하고. 제자리에서 계속 맴도는 얘기예요. 제재가 풀리지 않는 이상, 할 수 있는 게 없어요. 그리고 제가 찾아보니, 사실 보궐 선거기 때문에 마두로 임기가 내년 1월 10일까지잖아요. 앞당겨서 지난 5월에 대선했는데, 그걸 인정을 안 한다는 나라가 엄청 많아요. 우리나라도 안 했고. 한 나라를 찾는 게 더 쉬워요. 볼리비아, 러시아, 이런 국가들만 하고. 문제는 미국도, EU도 그렇듯 대선 자체를 외교적으로 인정을 안했기 때문에 국제정치 범주에서 내년 1월 11일이 되면 베네수엘라 정부를 인정하지 않는 게 돼버려요. 그럼 대사 송환 다 들어가고요. 그 다음날인 1월 11일부터 마두로 정권은 괴뢰정권이니까요. 불법 정권이 되죠. 국제적으로 인정받지 못하는 정권이 되기 때문에 지금까지의 경제 제재의 수준에서 외교제재, 정치 제재가 들어가기 때문에 대사 송환해야 하고요. 또 문제는 현재 콜롬비아에 망명 의회가 있어요. 대법원도 가있는 상황이고요. 그 쪽이 법적 인정을 받아요. 베네수엘라 정부 사람들은 다 비자 발급 중단될 상황이고요. 그리고 조사 들어가서 범죄행위 있으면 전 세계에서 억류될 수도 있는 상황이고. 그러니 내년 1월 11일이 되면 또 저희가 생각하지 못했던 상황이 일어날 수 있어요.

김기현: 어제 기사를 하나 보니까, 최근에 베네수엘라 인플레이션이 상당히 안정화되고 있다고 해요. 9월에 233%를 기록했는데 10월에는 148%를 기록해서, 연말에는 더 줄어들 것 같고요. 지금까지 축

적된 게 최근 12개월, 그러니까 작년 9월부터 금년 9월까지 하면 834%라고 해요. 그러니 100만% 이런 건 말도 안 되는 얘기 같고요. 그리고 아까 얘기했듯 8월 환율도 1달러당 60 볼리바르 소베라노 정도 했었잖아요. 지금 보니까 1달러당 64.74 볼리바르 소베라노예요. 변동이 크게 없어요 지금. 그러니 안정되고 있는 게 아닌가 싶은 생각이 드는데, 어떻게 생각하십니까? 일시적인 현상일까요?

손혜현: 사실 우리가 듣는 많은 정보들은 서방 언론을 통한 거고요, IMF나 월드뱅크처럼 미국의 영향력을 크게 받는 경제 기구를 통해서 듣는 거거든요. 그런데 최근에 미국의 중남미 정책 핵심은 베네수엘라에 집중되어 있어요. 그렇기 때문에 이 베네수엘라 정부의 정치적 정통성을 약화시키는 것이 사실 주된 과제인 것 같거든요. 트럼프 대통령이 베네수엘라에 군사적 액션을 취할 수 있다고 얘기했잖아요. 그때 미국의 외교 정책을 지지했던 중남미 대부분의 국가들이 그건 안 된다고 반대를 했어요. 그래서 미국이 무력적으로 베네수엘라에 개입할 수 있는 명분이 없거든요. 그래서 지금 명분으로 세우고 있는 것이 인도적인 위기, 그러니까 탈주자들, 피난민들 얘기하면서 인도적인 위기 때문에 국제 사회가 개입해야 한다고 얘기를 하고 있는 거거든요. 그렇기 때문에 어떻게 해서든지 미국은 정당한 명분을 통해서 베네수엘라 정부를 미국이 원하는 방향으로 선회시키려고 노력을 하고 있는 것 같아요. 우리가 알고 있는 이런 정보들이 과연 타당한 정보인지 여기서도 조금 의문이 들기는 해요. 그래서 말씀하신 대로 어쩌면 베네수엘라가 안정화되고 있는

국면일 수도 있다는 생각이 들기도 해요.

김지엽: 달러투데이(Dolar Today)라는 환율 앱이 있어요. 들어가면 환율이 바로 나오는데 보니까 달러당 볼리바르 소베라노가 은행 환율도 지금 243이고, 암시장 환율도 276이고, 그러니까 한 10% 차이 나는 거 정도면 아주 양호해진 거죠. 암시장 환율 자체가 국경에서 상인들이 쓰는 환율인데, 이걸 앱에 띄우면 사람들이 이걸 믿고 거래를 합니다. 아까도 포퓰리즘이나 부패 등 여러 원인에 대해 이야기를 했잖아요. 하지만 베네수엘라 정부가 최근 내놓는 정책은 이것들과 아무 상관이 없다, 그렇다면 원인이 해소가 안 된 건데. 지금의 위기를 해소시킬 수 있느냐에 대해서는 답이 뻔합니다. 절대 안 된다고 봐야죠. 그럼 정권이 바뀌어야 한다는 건데, 어떻게 보면 마두로가 엄청난 과오를 저지르는 걸 수 있어요. 이렇게 하다 정권이 넘어 갔을 때, 과연 중남미에서 사회주의 정권이 다시 등장할 수 있는가? 라는 의문에 끄덕일 수 없는 사람이 아무도 없다는 건데. 그렇다고 하면 지금은 어떻게 보면 자기들도 출구전략을 잘 세워야 하는 상황입니다. 다만 뺏기는 게 확실한데 안 뺏기려고 하다 보니 무리수를 두는 거구요. 결국 이런 복잡한 상황에서 어떤 전략이 나와야 되느냐, 이건 상당히 어려운 문제입니다. 현지에서 경제연구소랄지 이런 민간 분야에서 이제 늘 신문에 나오는 제목은 그거예요. 달러화(dollarization)를 할 거냐 말거냐, 라는 논쟁이 치열하다는 거죠. 지금 본인들도 알아요. 환율을 놔두고 자기 화폐를 운영했을 때에는 지속 불가능하다는 걸 알고 있으니 그에 대한 대

안이 뭐가 있겠느냐, 그거에 대해서 얘기를 하는 건데. 마두로 쪽도 그렇다면 비트코인으로 페트로를 만들어서 달러랑 연동시키면 달러랑 똑같은 효과를 내지 않겠냐? 그래서 그런 정책들이 나오는 건데, 모르겠습니다. 현지 업체들이 얘기하는 건 그래요. 지금 보고 있는 베네수엘라는 진짜 베네수엘라가 아니다. 분명히 이것보다 훨씬 더 시장이 컸고, 2008년 2009년만 해도 우리나라 삼성, 엘지가 제일 좋아하는 시장이 베네수엘라였고. 그만큼 제일 비싼 핸드폰을 쉽게 팔 수 있었던 고급 시장이기 때문에 언젠가 다시 돌아올 것이다. 또 어떻게 보면 석유 같은 경우에도 지금 못 퍼 올리고 있으니 나중에는 그만큼 더 잠재력이 커지는 거죠. 그만큼 미래에 투자할 가치를 강조하는 겁니다. 사실 비즈니스 상에서는 물론 지금 정부의 조달 시장이랄지 이런 부분의 비중이 크지만, 민간업체 바이어들도 상당히 큰 손입니다. 그래서 어떻게든 연결을 해가지고 조금이라도 비즈니스에 여지를 남겨 놓아야지 이삼년 후에 상황이 좋아졌을 때 큰돈을 벌 수 있을 것이라 얘기를 했는데, 2년이 다 돼가도록 바뀌는 게 없어서... 거기서 제가 또 보는 건 이 베네수엘라의 잠재력입니다. 사실 이런 상황을 이렇게 오래 끌고 갈 수 있었던 나라는 없거든요. 하이퍼 인플레를 2년 이상 버틴 나라가 처음이라고 그래요. 그런 면에서 보면 참 대단한 정권이라는 느낌도 들고, 뭐 그래서 아직도 연구해야 할 구석들이 있는 것 같습니다.

김기현: 그러니까 가격 안정, 이런 새로운 정책을 통해 국제 신뢰를 회복하고 외국 자본을 끌어와야만 석유에 대한 투자도 하는데, 유가

상승에도 불구하고 생산량이 줄어들어 그 혜택을 잘 보지도 못하고. 어쨌든 마두로 정부 하에서는 현 위기를 극복하기 어려울 것이다. 그래서 자연적으로 이제 정부 교체만이 출구가 아닌가라는 결론이 나는 것 같은데요.

손혜현: 어려운 부분이 있는 게, 베네수엘라 정치 상황이 극단적으로 분열되는 상황이거든요. 야권조차도 좀 단결되어 있으면 정부에 대한 위협 세력으로 존재할 수 있는데 최근의 상황을 보면 이 야권이 심각하게 분열이 되어 있어 그렇게 신뢰할 만한 정치적 대안이 될 수 없는 상황이에요. 그러다 보니 베네수엘라의 해법이라고 하면 유가에만 의존하면 안 되고, 석유에 과하게 의존하지 않는 그런 시스템을 만들어야 하는데. 그러려면 현재 마두로 정권은 안 되고, 경제와 정치를 안정시킬 수 있는 그러한 새로운 대안세력이 출연해야 하는데, 이게 야권이 심각하게 분열되어 있는 상황에서 대안 자체가 불투명하다는 게 결국 문제인거 같아요. 그래서 이념을 떠나 경제 성장을 위해서 자원 개발이나 투자 유치 등 빠르게 행동할 수 있는 정부, 이런 정부가 절실히 필요한 상황이고, 또 그러려면 공권력이 신뢰를 회복해야 되는 그런 상황입니다.

김기현: 마지막으로 정리를 해 주시죠. 이 출구에 대해서.

이상현: 대부분 하이퍼 상황에서 정권이 붕괴되었거든요. 대부분 하는 정책이 소위 말하는 충격요법, 이걸로 투자를 받고 하는 상황이 연출되어야 하는데. 말씀하셨다시피, 오래갈 수도 있는 게 처음에도 얘기 했지만 차베스 전의 상황이 그렇게 이상적인 상황은 아니었고,

또 그 모순에서 태동된 게 차베스 정부였기 때문에. 쿠바같이 갈 수도 있죠. 마두로는 그렇게 하고 싶겠죠.

김기현: 그런 방향으로 지지를 끌어낼 수 있을까요? 실질적 권력을 지고 있는 군부도 그런 방향을 원하지는 않을텐데.

이상현: 까르넷을 만드는 것과 같이 그 지지도를 만들려고 합니다만, 그러기에는 너무 많이 와 있거든요. 제가 보기에는 어떤 식으로든 정권이 붕괴 되겠지만...

김지엽: 아마 시나리오들이 몇 개 있는데요, 사실상 야권이 지금 되는 거는 쉽지 않고. 제일 그럴듯한 것은 친위 쿠데타 정도인데. 군부 쪽에서 쿠데타를 해서 어떤 다른 대안을 제시하는 형태로 가는 건데 그게 사회주의 모습일 거냐? 하면 아닐 수도 있다고 보고요. 뭐 그렇게 출구, 해법 이런 거를 얘기할 때 누구를 위한 거냐? 누구를 위한 해법이냐? 그런 얘기를 하는데. 솔직히 저는 베네수엘라인들을 위한 해법이나 출구는 잘 안 보여요. 대신에 우리가 외부인으로서 그 베네수엘라와의 관계에서 어떤 이득을 얻을 수 있는 해법이 무엇일까, 어차피 무언가 바뀔 거고 또 바뀌는 상황이라면 이제 어떻게 대비를 할 거냐, 이런 쪽에 고민을 하는 것이 오히려 현실적인 게 아닌가 하는 판단을 해봅니다. 다만 지금 뉴스를 보면서 베네수엘라인들을 너무 불쌍히 여긴다던가, 같이 괴로워하는 일은 안 하셔도 될 것 같아요.

김기현: 마지막 말씀이 굉장히 의미 있다고 생각이 됩니다. 과연 출구가 누구를 위한 출구인가. 이게 외국 투자자들이나 외국 기업가를 위한

출군지. 정말 베네수엘라인들을 위한 출구는 무엇인지. 그에 따라 출구도 다른 모습을 띌 수 있을 것이라 생각합니다. 어찌되었던, 장시간동안 흥미로운 토론이었습니다. 부분적으로 아주 심도 있는 토론을 요구하는 그런 주제들도 있었지만, 시간 부족으로 깊이 들어갈 수는 없었고요. 어쨌든 베네수엘라는 잠재력이 있는 나라다, 석유 매장량 세계 1위 국가다, 그건 분명한 사실인거 같고요. 앞으로 베네수엘라 상황이 어떻게 전개될지 흥미진진하게 살펴봐야 할 것 같습니다. 이상으로 시사토론회를 마치도록 하겠습니다. 수고하셨습니다.

2. 라틴아메리카 경제지표 2018

권기수(한국외국어대학교 교수)

Ⅰ. 거시경제지표

항목	단위	아르헨티나	브라질	칠레	콜롬비아	멕시코	페루	베네수엘라	중남미 전체
GDP 증가율	% (연증가율)	–2.6	1.3	3.9	2.7	2.2	3.8	–15.0	1.2
1인당 GDP 증가율	% (연증가율)	–3.9	0.5	3.1	1.9	0.9	2.6	–16.0	0.2
소비자물가 상승률	% (연증가율)	45.5	4.6	2.9	3.3	4.9	1.8	2,500,000	7.0
명목 GDP	십억 달러	475.4	1,909.4	299.9	336.9	1,199.3	228.9	96.3	5,234
1인당 명목 GDP	달러	10,667	9,127	16,143	6,761	9,614	7,118	3,300	8,395
실업률	%	9.4	14.2	7.2	10.7	3.6	5.2	7.3	9.3
총외채	십억 달러	261.5	649.0	180.4	126.2	342.6	75.3	138.9	1,898.7
수출	십억 달러	61.9	238.4	77.3	45.0	454.9	50.4	27.7	1,097.7
수입	십억 달러	63.0	183.9	70.5	48.5	471.2	42.9	9.3	1,078.8
무역수지	십억 달러	–1.1	54.5	6.8	–3.5	–16.4	7.5	18.3	18.9
외환보유고	십억 달러	53.0	381.2	37.4	47.5	179.6	58.5	8.8	857.3
경상수지	% (GDP 대비)	–3.7	–1.3	–2.5	–2.4	–1.3	–1.8	6.1	–1.6
재정수지	% (GDP 대비)	–5.6	–8.2	–1.9	–3.1	–2.0	–2.6	–1.4	–2.6

주 | 명목 GDP, 1인당 명목 GDP, 베네수엘라 소비자물가상승률은 IMF 통계 기준; 베네수엘라 총외채 및 재정수지는 2015년, 실업률은 2016년 기준

출처 | 유엔중남미경제위원회(ECLAC), 국제통화기금(IMF)

Ⅱ. 실물경제지표

1. 경제성장률

:: 2018년 중남미 경제는 소비 및 투자 등 내수회복에 힘입어 2년 연속 성장세를 기록했지만 그 성장 폭은 2017년보다 낮은 1.2%에 그쳤음.

| 민간소비와 투자, 정부지출이 모두 증가하면서 내수회복을 견인했음. 특히 민간소비는 2018년 1~9월 기간 전년동기대비 2.3% 증가하며 2018년 경제성장의 주요 견인차 역할을 했음.

| 교역조건 개선에 힘입어 수출도 증가세를 보였으나 내수회복으로 수입이 큰 폭으로 성장하면서 순수출의 경제성장 기여도는 마이너스를 기록함.

| 권역별로는 2018년에도 멕시코 및 중미 경제권이 남미 경제권의 성장세를 상회함.

- 남미 경제권은 아르헨티나, 베네수엘라 등의 경기침체로 2017년 보다 낮은 0.6% 성장에 그친데 반해, 멕시코 및 중미 경제권은 2%대의 성장세를 기록함.

| 국별로는 아르헨티나와 베네수엘라를 제외한 나머지 주요 국가들의 성장률이 전년보다 개선되는 모양새를 보임.

- 아르헨티나 경제는 경제위기 여파로 마이너스 성장(-2.6%)을 기록했으며, 극심한 정치경제 혼란을 겪고 있는 베네수엘라 경제도 5년 연속 최악의 경기침체를 벗어나지 못함. 그밖에 중남미 국가 중에서는 니카라과 경제가 정치적 혼란의 여파로 마이너스 성장을 기록함.
- 브라질 경제는 1930년대 대공황 이후 최악의 경기침체에서 벗어나 2년 연속 성장세를 이어갔으나 반등 폭은 1.3%로 여전히 미약한 수준임.
- 중남미 국가 중에서는 도미니카공화국, 파라과이, 볼리비아가 4%대 이상의 고성장을 기록함.

중남미 주요국의 경제성장률 추이 (단위: %)

국가	2014	2015	2016	2017	2018(a)
아르헨티나	−2.5	2.7	−1.8	2.9	−2.6
브라질	0.5	−3.5	−3.3	1.1	1.3
칠레	1.8	2.3	1.3	1.5	3.9
콜롬비아	4.7	3.0	2.0	1.8	2.7
멕시코	2.8	3.3	2.9	2.1	2.2
페루	2.4	3.3	4.0	2.5	3.8
베네수엘라	−3.9	−6.2	−16.5	−13.0(c)	−15.0(c)
중남미(b)	1.2	−0.2	−1.0	1.3	1.2

주 | (a)는 잠정치, (b)는 2010년 불변가격기준, (c)는 추정치
출처 | ECLAC

3. 수출입, 무역수지 및 경상수지

가. 수출(상품수출)

:: 일차산품의 국제가격 상승과 교역조건 개선에 힘입어 2018년 수출은 전년 대비 약 10% 증가함.

| 2018년 수출은 수출 물량 증가(전년비 4%)보다는 수출 가격 인상(6%)에 힘입은바 컸음.

| 상품별로는 에너지 가격의 급등에 힘입어 탄화수소(석유) 수출국의 수출이 가장 높은 성장세(13%)를 보임.

- 다음으로 광물가격 상승과 수출 물량 증가에 힘입어 광물 수출국의 수출이 11% 증가함.
- 그에 반해 아르헨티나와 우루과이에서 가뭄의 영향으로 농업 수출국의 수출은 5% 증가에 그침.

:: 국별로는 콜롬비아, 페루, 멕시코, 칠레, 브라질 등이 중남미 평균이상의 수출 증가세를 보임.

| 브라질은 주종 수출품인 석유와 대두의 가격 및 물량 증가에 힘입어 수출 증가세(9.7%)를 기록했으나 그 증가 폭은 2017년에 미치지 못함.

| 멕시코는 대미(對美) 자동차 수출 증가에 힘입어 지난해보다 높은 수출 증가세(11%)를 시현함.

| 그에 반해 베네수엘라는 석유 생산 급감으로 수출 감소세(-4.5%)를 보임.

중남미 주요국의 수출증가율 추이 (단위: %, 전년 대비)

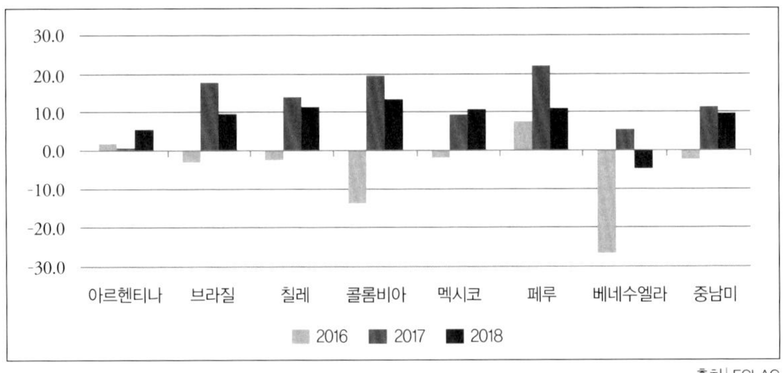

출처 | ECLAC

:: 지속적인 수출 증가로 중남미의 수출 규모는 2017년보다 973억 달러 증가한 1조 977억 달러를 기록함.

| 국별로는 멕시코가 4,549억 달러로 가장 큰 수출 규모를 기록했으며, 그 뒤를 브라질(2,384억 달러), 칠레(773억 달러), 아르헨티나(619억 달러), 페루(504억 달러), 콜롬비아(450억 달러), 베네수엘라(277억 달러)가 이음.

중남미 주요국의 수출 추이

(단위: 백만 달러)

국가	2014	2015	2016	2017	2018
아르헨티나	68,407	56,813	57,930	58,446	61,860
브라질	224,098	190,092	184,453	217,243	238,370
칠레	74,924	62,183	60,733	69,230	77,274
콜롬비아	56,899	38,275	33,091	39,597	44,982
멕시코	397,650	380,976	374,304	409,775	454,850
페루	39,533	34,414	37,082	45,275	50,396
베네수엘라	74,714	37,357	27,403	28,983	27,679
중남미	1,083,333	919,908	897,560	1,000,496	1,097,749

주 | 2018년은 추정치

출처 | ECLAC

나. 수입

:: 내수경제의 회복을 반영해 수입은 2년 연속 증가세를 보임.

| 2018년 수입은 수입 물량 및 가격 인상에 힘입어 지난해보다 높은 증가세(9.6%)를 시현함.

중남미 주요국의 수입증가율 추이 (단위: %, 전년 대비)

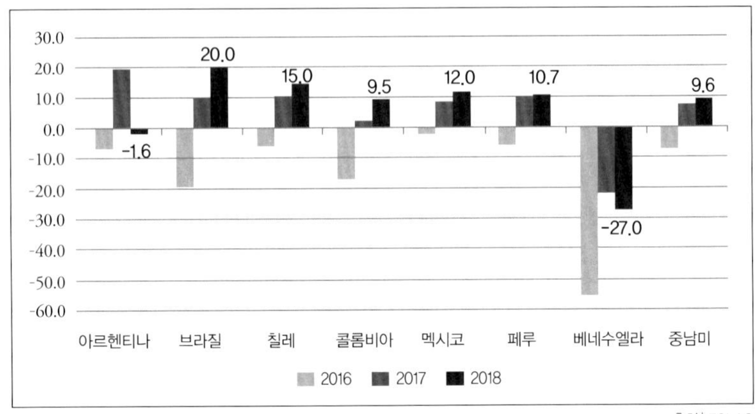

출처 | ECLAC

:: 중남미 주요국 중에서는 아르헨티나와 베네수엘라를 제외한 모든 국가에서 수입이 큰 폭으로 증가함.

| 브라질이 가장 큰 폭의 수입 증가세(20.0%)를 보였으며, 그 뒤를 칠레(15.0%), 멕시코(12.0%), 페루(10.7%), 콜롬비아(9.5%)가 이음.

| 그에 반해 아르헨티나(-1.6%)와 베네수엘라(-27.0%)에서는 경기침체 여파로 수입이 하락세를 보임.

:: 2018년 중남미 수입 규모는 전년보다 994억 달러 증가한 1조 788억 달러를 기록함.

| 국별로는 멕시코가 4,712억 달러로 가장 큰 수입 규모를 기록했으며, 그 뒤를 브라질(1,839억 달러), 칠레(705억 달러), 아르헨티나(630억 달러), 콜롬비아(485억 달러), 페루(429억 달러), 베네수엘라(93억 달러)가 이음.

중남미 주요국의 수입 추이

(단위: 백만 달러)

국가	2014	2015	2016	2017	2018
아르헨티나	62,429	57,176	53,505	63,993	62,985
브라질	230,727	172,422	139,416	153,215	183,857
칠레	68,580	58,718	55,293	61,308	70,504
콜롬비아	61,539	52,050	43,239	44,247	48,451
멕시코	400,440	395,573	387,369	420,765	471,239
페루	41,042	37,331	35,128	38,704	42,863
베네수엘라	47,508	36,901	16,370	12,801	9,345
중남미	1,105,630	981,650	911,859	984,395	1,078,843

출처 | ECLAC

:: 중남미 지역의 교역조건은 2017년에 이어 연속으로 개선됨.

| 상품별로는 탄화수소(석유) 수출국의 교역조건이 전년대비 9.4% 증가해 가장 큰 폭으로 개선됨. 특히 석유가격은 2017년대비 약 28% 증가했음.

| 농산물 수출국의 교역조건은 대두, 대두박, 옥수수 및 밀의 가격 인상 덕분에 3.4% 개선되었음.

| 그에 반해 광물 수출국의 교역조건은 구리, 철광 및 니켈 등 광물가격 인상에도 불구하고 수입 연료 가격의 상승으로 0.3% 개선에 그쳤음.

| 국별로는 콜롬비아의 교역조건이 가장 크게 개선(전년비 11.2%)되었으며, 그밖에 아르헨티나, 멕시코, 페루의 교역조건도 소폭 개선되었음.

중남미 주요국의 교역조건 추이 (단위: 2010 = 100)

국가	2014	2015	2016	2017	2018
아르헨티나	106.0	101.0	107.3	104.1	109.1
브라질	96.1	85.5	88.1	93.2	92.3
칠레	89.7	87.3	91.0	100.9	100.6
콜롬비아	91.5	68.9	68.1	79.7	88.6
멕시코	97.6	84.4	79.3	82.8	83.5
페루	93.8	87.8	87.2	93.5	95.3
베네수엘라	131.8	73.6	63.3	–	–
중남미	100.0	86.0	83.9	89.4	90.4

주 | 2018년은 추정치

출처 | ECLAC

다. 무역수지 및 경상수지

:: 수출 증가세에 힘입어 무역수지는 2017년에 이어 2년 연속 흑자를 시현함.

| 중남미 지역의 전체 무역수지는 2017년 161억 달러 흑자에서 2018년에는 189억 달러 흑자를 기록함.

| 그러나 국별로 무역수지는 상이한 특징을 나타냄.

- 2017년과 마찬가지로 브라질과 베네수엘라가 큰 폭의 무역흑자를 달성한데 이어 칠레, 페루도 무역흑자를 시현함.
- 그에 반해 콜롬비아, 멕시코는 지속적인 무역적자를 기록함.

중남미 주요국의 무역수지 추이 (단위: 백만 달러)

국가	2014	2015	2016	2017	2018
아르헨티나	5,978	−363	4,425	−5,547	−1,125
브라질	−6,629	17,670	45,037	64,028	54,513
칠레	6,344	3,465	5,440	7,922	6,770
콜롬비아	−4,640	−13,775	−10,148	−4,650	−3,469
멕시코	−2,790	−14,597	−13,065	−10,990	−16,389
페루	−1,509	−2,917	1,954	6,571	7,533
베네수엘라	27,206	456	11,033	16,182	18,334
중남미	−22,297	−61,742	−14,299	16,101	18,906

출처 | ECLAC

:: 외국인 투자기업의 이윤 송금 등 소득수지 악화로 2018년 중남미 지역의 경상수지적자 규모는 전년보다 소폭 증가했음.

| 국별로는 브라질의 경상수지적자가 가장 큰 폭(98억 달러 → 248억 달러)의 증가세를 보임. 그밖에 칠레와 페루의 경상수지적자가 큰 폭으로 증가함.

| 그에 반해 아르헨티나, 콜롬비아, 멕시코의 경상수지적자 규모는 무역수지 개선에 힘입어 축소됨.

| 베네수엘라는 중남미 주요국 중에서는 유일하게 경상수지흑자를 기록해오고 있음.

중남미 주요국의 경상수지 규모 추이

(단위: 10억 달러)

국가	2014	2015	2016	2017	2018
아르헨티나	−9.18	−17.622	−14.693	−31.324	−17.531
브라질	−104.181	−59.434	−23.546	−9.762	−24.838
칠레	−4.356	−5.579	−3.484	−4.102	−7.417
콜롬비아	−19.768	−18.586	−12.129	−10.359	−8.192
멕시코	−23.999	−29.776	−23.321	−19.354	−15.31
페루	−8.924	−9.168	−5.239	−2.414	−4.018
베네수엘라	4.919	−16.051	−3.87	4.277	5.903
중남미	−184.92	−173.336	−94.959	−82.126	−85.586

주 | 2018년은 추정치

출처 | IMF

:: 2018년 중남미 지역의 GDP대비 경상수지는 적자규모 증가로 전년보다 악화(2017년 −1.5% → 2018년 −1.6%)됨.

| 국별로는 브라질, 칠레, 페루의 경상수지가 악화된데 반해 아르헨티나, 콜롬비아, 멕시코의 경상수지는 개선됨.

| 중남미 주요국 중에서는 아르헨티나를 제외한 모든 국가들이 GDP대비 3%미만의 비교적 안정적인 경상수지적자 규모를 유지함.

중남미 주요국의 경상수지 추이

(단위: %, GDP 대비)

국가	2014	2015	2016	2017	2018
아르헨티나	−1.6	−2.7	−2.7	−4.9	−3.7
브라질	−4.2	−3.3	−1.3	−0.5	−1.3
칠레	−1.7	−2.3	−1.4	−1.5	−2.5
콜롬비아	−5.2	−6.3	−4.3	−3.3	−2.4
멕시코	−1.8	−2.5	−2.2	−1.7	−1.3
페루	−4.4	−4.8	−2.7	−1.1	−1.8
베네수엘라	2.3	−6.6	−1.6	2.0	6.1
중남미	−3.1	−3.3	−1.9	−1.5	−1.6

주 | 2018년은 추정치
출처 | IMF

4. 정부지출 및 재정수지

:: 2018년 중남미 지역의 재정지출은 지난해와 같은 안정적인 수준(GDP대비 20.8%)에 머묾.

| 남미 지역의 경우 중앙정부의 재정지출은 2017년과 같은 23.5%(GDP대비)를 기록했으며, 멕시코 및 중미 지역의 경우도 지난해와 같은 수준(18.4%)에 그침.

| 이와 같이 재정지출이 안정적인 수준을 유지하는 이유는 대부분의 중남미 국가들이 재정 불균형 개선을 위해 재정건전화 정책을 추진하고 있기 때문임.

| 재정건전화 정책의 추진 결과, 명목재정지출에서 금융비용(외채 상환 비용 등)을 제외한 기초재정지출은 2017년 18.6%(GDP대비)에서 2018년에는 18.4%로 소폭 감소함.

| 그 결과 중남미 지역에서 기초재정수지적자는 2017년 0.7%(GDP대비)에서 2018년에는 0.6%로 감소함.

:: 2018년 중남미 지역의 명목재정수지 적자(GDP 대비)는 중남미 각국 정부의 재정건전화 노력에 힘입어 전년대비 0.1%포인트 감소(-2.6%)함.

| 소지역별로는 중미 지역보다 남미 지역에서 재정수지 개선이 두드러짐.

- 중미 지역의 경우 기초재정수지는 2017년 0.1% 흑자에서 2018년 -0.1%적자로 반전됨. 정부부채에 대한 이자지급 확대로 명목재정수지 적자도 GDP대비 1.9%에서 2.3%로 확대됨.
- 그에 반해 남미 지역에서 기초재정수지 적자는 1.7%에서 1.1%로 감소함. 이 같은 적자 개선에 힘입어 명목재정수지 적자도 4.1%에서 3.7%로 축소됨.

| 국별로는 브라질(GDP대비, -7.7% → -8.2%)과 멕시코(-1.1% → -2.0%)를 제외한 모든 중남미 주요국에서 명목재정수지가 개선됨.

중남미 주요국의 명목재정수지 추이

(단위: %, GDP 대비)

국가	2014	2015	2016	2107	2018
아르헨티나	−4.2	−3.7	−5.8	−5.8	−5.6
브라질	−5.0	−9.1	−7.6	−7.7	−8.2
칠레	−1.6	−2.1	−2.7	−2.8	−1.9
콜롬비아	−2.4	−3.0	−4.1	−3.7	−3.1
멕시코	−3.2	−3.4	−2.5	−1.1	−2.0
페루	−0.3	−2.1	−2.2	−2.9	−2.6
베네수엘라	−1.9	−1.4	−	−	−
중남미	−2.8	−2.7	−2.8	−2.7	−2.6

출처 | ECLAC

:: 2018년 중남미 지역의 총정부부채(GDP대비)는 2017년보다 소폭 증가(0.1%포인트)한 59.4%를 기록함.

| 중남미 주요국 중에서는 브라질과 아르헨티나가 중남미 평균이상의 정부부채규모를 기록함.

- 아르헨티나의 정부부채(GDP대비)는 77.4%로 중남미 국가 중 가장 높은 수준이며, 브라질이 77.2%로 그 뒤를 바싹 쫓고 있음.
- 특히 아르헨티나의 경우 정부부채 규모는 IMF 지원금 인출(150억 달러), 페소화 가치 급락, 금리 급등 및 GDP 감소 등의 여파로 2017년 대비 20.3%포인트 급증함.

| 반면에 중남미 국가 중에서는 파라과이가 가장 낮은 정부부채 수준(16%)을 기록하고 있으며 그 뒤를 페루(22%)가 이음.

중남미 주요국의 총 정부부채(비금융부문) 추이

(단위: %, GDP 대비)

국가	2014	2015	2016	2017	2018
아르헨티나	44.7	52.6	53.3	57.1	77.4
브라질	58.9	66.5	70.0	74.0	77.2
칠레	24.1	27.6	30.7	32.1	32.0
콜롬비아	46.0	50.1	54.9	54.4	58.3
멕시코	40.1	44.2	49.4	46.9	46.1
페루	19.8	20.9	22.7	22.6	21.8
베네수엘라	28.5	31.7	–	–	–
중남미	55.5	56.7	57.8	59.3	59.4

출처 | ECLAC

5. 실업률

:: 2018년 실업률은 지난해와 같은 수준인 9.3%를 기록함.

| 국별로는 브라질, 멕시코에서 실업률이 소폭 감소함.

| 그에 반해 아르헨티나, 칠레, 콜롬비아, 페루 등에서 실업률은 다소 악화되는 모양새를 보임.

:: 그러나 고용시장에 신규 노동자의 진입 확대로 실업자 수는 오히려 소폭 증가함.

| 2018년 중남미 지역의 평균 실업자 수는 2,290만 명으로 2017년보다 24만 명, 2014년보다는 710만 명이 늘어나 2000년초 이래 가장 높은 수치를 기록함.

:: 2018년 중남미 노동시장의 특징은 취약한 고용여건을 반영해 임금 고용보다 자영업이 빠르게 증가하고 있다는 점임.

| 특히 아르헨티나, 브라질, 코스타리카, 콜롬비아, 에콰도르, 멕시코, 파나마, 파라과이, 페루 등에서 임금 고용보다 자영업이 빠른 증가세를 보임.

중남미 주요국의 (도시)실업률 추이 (단위: %, 연말 기준)

국가	2014	2015	2016	2017	2018
아르헨티나	7.3	6.5	8.5	8.4	9.4
브라질	7.8	9.3	13.0	14.5	14.2
칠레	6.7	6.4	6.8	6.9	7.2
콜롬비아	10.0	9.8	10.3	10.5	10.7
멕시코	5.3	4.7	4.3	3.8	3.6
페루	4.5	4.4	5.2	5.0	5.2
베네수엘라	7.2	7.0	7.3	–	–
중남미	6.9	7.3	8.9	9.3	9.3

주 | 2018년은 9월까지 추정치
출처 | ECLAC

Ⅲ. 금융·외환지표

1. 환율

:: 2017년과 비교해 2018년 중남미 대부분의 국가에서 외환시장의 변동성이 컸음.

| 중남미 주요국에서 대통령 선거를 둘러싼 정치경제적 불확실성 증대, 미중 무역갈등 심화, 미국의 금리인상정책에 따른 글로벌 금융시장 불안 등이 중남미 외환시장 불확실성의 주요 요인으로 작용함.

:: 이 같은 외환시장 불안으로 대부분의 국가에서 통화가 평가절하되었음.

| 중남미 주요국 중에서는 아르헨티나, 브라질, 칠레, 콜롬비아 등이 평균 8% 이상의 큰 폭의 통화가치 하락을 경험함.

| 남미 주요국 통화 중에서는 아르헨티나 페소화가 채무 디폴트 우려로 가장 큰 폭(102.6%)의 가치 하락을 기록함.

:: 그에 반해 2017년 말부터 NAFTA 재협상, 급진적 성향의 대통령 후보의 부상 등으로 변동성이 컸던 멕시코 외환시장은 중남미 국가에 중에서는 가장 안정적인 행보를 보임.

| 2018년 멕시코 페소화의 가치는 오히려 2017년대비 0.1% 상승했는바, NAFTA 재협상의 성공적 타결과 암로(AMLO) 후보의 당선으로 정치적 불확실성이 크게 개선되었기 때문으로 풀이됨.

중남미 주요국의 환율 추이

(단위: 달러 대비, 연말 기준)

국가	2014	2015	2016	2017	2108	
					환율	2017년 대비 변동률(%)
아르헨티나	8.55	13.01	15.85	18.60	37.68	102.6
브라질	2.66	3.90	3.26	3.31	3.87	16.9
칠레	607.38	707.34	667.29	615.22	694.02	12.8
콜롬비아	2,392.46	3,149.47	3,000.71	2971.63	3247.03	9.3
멕시코	14.72	17.21	20.73	19.66	19.64	−0.1
페루	2.99	3.41	3.35	3.24	3.37	4.0
베네수엘라	12.00	13.50	672.92	9.98	9.98	0.0

주 | 플러스는 환율 상승(자국통화가치 하락), 마이너스는 환율 하락(자국통화가치 상승)을 의미

출처 | 각국 중앙은행

2. 금리

:: 물가 하락세를 반영해 2017년 감소세로 돌았던 금리는 2018년 들어 다소 상승세로 반전됨.

| 중남미 7개국 기준으로 정책금리는 2017년보다 0.9%포인트 증가한 9.7%를 기록함.

:: 그러나 국별로 금리 정책은 상이한 특징을 보임.

| 2018년 중남미 각국에서 금리인상의 일차적인 목표는 물가안정에 있었지만 다른 한편으로는 환율시장의 변동성 완화를 위한 성격도 강했음.

| 중남미 주요 국가 중에서는 아르헨티나, 멕시코, 베네수엘라가 대표적으로 금리 인상을 단행했음.

- 특히 아르헨티나 정부는 2018년 10월 기존의 물가목표제를 대신해 본원통화의 증가를 통제하는 방식으로 인플레이션 정책을 변경함.

| 그에 반해 브라질, 콜롬비아, 페루 등은 경기진작을 위해 2018년 상반기에 오히려 금리를 인하했음.

중남미 주요국의 정책금리 추이 (단위: %)

국가	2014	2015	2016	2017	2018
아르헨티나	26.7	27.0	28.8	26.4	37.5
브라질	11.0	13.6	14.2	9.8	6.6
칠레	3.7	3.1	3.5	2.7	2.5
콜롬비아	3.9	4.7	7.1	6.0	4.3
멕시코	3.2	3.0	4.2	6.8	7.6
페루	3.8	3.4	4.2	3.8	2.8
베네수엘라	6.4	6.2	6.5	6.4	6.5
중남미	8.4	8.7	9.8	8.8	9.7

주 | 중남미 수치는 7개국 단순 평균
출처 | ECLAC

3. 소비자물가상승률

:: 중남미 지역의 소비자물가는 2015년 이후 감소세에서 벗어나 증가세로 반전됨.

| 2018년 소비자물가는 전년대비 1.4%포인트 증가한 7.0%를 기록함.

:: 그러나 소비자물가 상승은 지역별로 다른 특징을 보임.

| 남미 지역에서는 소비자물가가 3.5%포인트(5.0% → 8.5%) 증가한데 반해, 멕시코 및 중미 지역에서는 1.7%포인트 하락(5.9% → 4.2%)함.

- 남미 지역에서는 콜롬비아를 제외한 주요국에서 소비자물가가 모두 상승함. 특히 아르헨티나와 브라질에서 물가상승 폭이 비교적 컸는바, 그 이유는 공공서비스요금의 조정, 에너물가 상승, 운송업자의 파업에 따른 공급비용 상승 등에 기인함.

| 그에 반해 멕시코 및 중미 지역에서는 국제유가 하락에 따른 연료비용 감소, 환율 하락(통화가치 상승)에 따른 수입물가 인하 등에 힘입어 소비자물가가 하락함.

중남미 주요국의 소비자물가상승률 추이 (단위: %, 연말 기준)

국가	2014	2015	2016	2017	2018(a)
아르헨티나	23.9	27.5	38.5	25.0	45.5
브라질	6.4	10.7	6.3	2.9	4.6
칠레	4.6	4.4	2.7	2.3	2.9
콜롬비아	3.7	6.8	5.7	4.1	3.3
멕시코	4.1	2.1	3.4	6.8	4.9
페루	3.2	4.4	3.2	1.4	1.8
베네수엘라	68.5	180.9	–	–	–
중남미(b)	6.3	7.9	7.3	5.6	7.0

주 | (a)는 2018년 10월까지 12개월 기준, (b)는 베네수엘라 미포함
출처 | ECLAC

4. 국가위험도

:: 중남미 지역의 국가위험도(EMBI+ 기준)는 2018년초 이후 글로벌 금융시장의 불확실성 증가와 투자자들의 위험회피성향 확대 등의 여파로 지속적으로 상승함.

| 그 결과 2018년 중남미 지역의 국가위험도는 2015년에 가까운 수준으로 후퇴함.

| 국별로는 중남미 주요국 모두에서 국가위험도가 상승했음.

- 특히 그 중에서도 중남미 정치경제 불안의 진원지인 아르헨티나와 베네수엘라의 국가위험도 상승이 두드러졌음.

중남미 주요국의 국가위험도 추이 (단위: bps, EMBI+, EMBI Global, 연말 기준)

국가	2014	2015	2016	2017	2018
아르헨티나	719	438	455	351	652
브라질	259	523	328	240	260
칠레	169	253	158	117	140
콜롬비아	196	321	227	174	189
멕시코	182	232	232	189	211
페루	181	246	175	111	126
베네수엘라	2,295	2,658	2,138	5,780	5,884
중남미	491	584	483	466	550

출처 | ECLAC

5. 주가

:: 2018년 중남미 주식시장은 글로벌 금융시장의 불안 여파로 대체로 저조한 실적을 보임.

| 그러나 중남미 국별로 주가 실적은 상이한 특징을 보임.

- 정치경제적으로 불안한 아르헨티나, 브라질, 베네수엘라의 주가가 상승세를 보인반면에 칠레, 콜롬비아, 페루, 멕시코의 주가는 오히려 마이너스 성장세를 보임.

| 국별로는 베네수엘라의 주가가 전년대비 27.1% 증가해 가장 빠른 신장세를 보였으며 그 뒤를 브라질(14.1%), 아르헨티나(1.1%)가 이음.

- 그에 반해 멕시코의 주가가 전년비 16% 하락해 가장 큰 폭의 하락세를 보였으며, 그밖에 콜롬비아(–12.5%), 칠레(–7.3%), 페루(–3.1%)의 주가도 하락세를 면치 못함.

중남미 주요국의 주가 추이

(단위: 연말 기준)

국가	2014	2015	2016	2017	2018	
					주가	2017년 대비 변화율(%)
아르헨티나(MERV)	8,579	11,675	16,918	29,975	30,292	1.1
브라질(BOVESPA)	50,007	43,349	60,227	77,020	87,887	14.1
칠레(IGPA)	18,870	18,151	20,734	27,981	25,949	–7.3
콜롬비아(COLCAP)	1,512	1,153	1,352	1,514	1,325	–12.5
멕시코(IPC)	43,146	42,977	45,643	49,354	41,459	–16.0
페루(LIMA)	14,794	9,849	15,567	19,974	19,350	–3.1
베네수엘라(IBC)	3,859	14,588	31,705	1,263	1,605	27.1

출처 | Bloomberg

6. 외환보유고

:: 2018년 중남미 지역의 총 외환보유고는 전년대비 소폭 감소(-0.2%)한 8,573억 달러를 기록함.

| 중남미 주요국 중에서는 멕시코와 브라질을 제외한 주요 모든 국가에서 외환보유고가 소폭 감소했음.

| 이와 같은 외환보유고 감소는 환율 안정을 위한 외환시장 개입과 국제수지적자에 기인함.

:: 국별로 외환보유고 규모는 브라질이 3,812억 달러로 가장 크며, 그 뒤를 멕시코(1,796억 달러)가 잇고 있음.

| 브라질과 멕시코 양국의 외환보유고가 중남미 전체 외환보유고의 65.4% 비중을 차지함.

| 중남미 주요 7개국 중에서는 베네수엘라의 외환보유고 규모(88억 달러)가 가장 작음.

중남미 주요국의 외환보유고 추이 (단위: 백만 달러, 연말 기준)

국가	2014	2015	2016	2017	2018(a)
아르헨티나	31,443	25,563	38,772	55,055	52,988
브라질	363,551	356,464	365,016	373,972	381,168
칠레	39,957	38,459	39,883	38,708	37,395(b)
콜롬비아	47,328	46,740	46,683	47,637	47,506(b)
멕시코	195,682	177,597	178,025	175,450	179,562
페루	62,353	61,537	61,746	63,731	58,533(b)
베네수엘라	22,077	16,367	10,992	9,662	8,829
중남미	857,144	811,729	830,956	859,326	857,344

주 | (a)는 2018년 11월 말 기준, (b)는 2018년 10월말 기준

출처 | ECLAC

7. 국가신용등급

:: 2019년 2월말 기준으로 중남미 국가 중에서는 멕시코, 칠레, 콜롬비아, 파나마, 페루, 우루과이, 트리니다드토바고 등이 국제 신용평가기관으로부터 투자적격 등급의 평가를 받음.

| Moody's, S&P, Fitch 등 세계 3대 신용평가기관 모두로부터 투자적격 등급 판정을 받고 있는 국가는 멕시코, 칠레, 콜롬비아, 파나마, 페루, 우루과이 등 6개국임.

| 중남미 국가 중에서는 칠레가 가장 투자등급이 양호한 국가로 평가됨.

:: 2018년에 중남미 국가 중에서는 정치경제 혼란의 여파로 아르헨티나와 에콰도르의 신용등급이 한 등급씩 하향 조정됨.

중남미 주요국의 국가신용등급 (2019년 2월 28일 기준)

국가	Moody's		S&P		Fitch	
	등급	평가일자	등급	평가일자	등급	평가일자
과테말라	Ba1	2016. 06. 30	BB	2016. 10. 27	BB+	2011. 11. 21
도미니카공화국	Ba3	2017. 07. 20	BB−	2015. 05. 20	BB−	2014. 11. 21
멕시코	A3	2017. 04. 27	BBB+	2016. 08. 23	BBB+	2013. 04. 28
베네수엘라	Caa3	2016. 03. 04	SD	2017. 11. 14	C	2017. 11. 05
볼리비아	Ba3	2017. 08. 01	BB	2014. 05. 16	B+	2011. 11. 21
브라질	Ba2	2017. 05. 26	BB−	2018. 01. 11	BB	2016. 05. 05
아르헨티나	B3	2017. 03. 06	B	2018. 11. 13	B	2016. 05. 10
에콰도르	B3	2016. 11. 23	B−	2017. 06. 29	B−	2018. 08. 17
엘살바도르	Caa1	2017. 04. 13	B−	2016. 12. 08	BB−	2013. 07. 16
우루과이	Baa2	2017. 07. 13	BBB	2017. 05. 30	BBB−	2017. 09. 21
칠레	Aa3	2017. 08. 24	A+	2017. 07. 13	A+	2011. 11. 21
코스타리카	Ba2	2017. 02. 09	BB−	2016. 02. 25	BB+	2011. 11. 21
콜롬비아	Baa2	2016. 05. 26	BBB	2016. 02. 16	BBB	2013. 12. 10
트리니다드토바고	Ba1	2017. 04. 25	A−	2016. 04. 22		
파나마	Baa2	2015. 12. 01	BBB	2012. 07. 02	BBB	2011. 11. 21
파라과이	Ba1	2016. 06. 21	BB	2016. 06. 15		
페루	A3	2017. 08. 23	BBB+	2013. 08. 19	BBB+	2013. 10. 23

주| 음영으로 표시한 부문은 투자적격 등급을 의미함.

출처| Moody's, S&P, Fitch

2019 라틴아메리카 – 위기와 혼돈

발행일 | 2019년 6월 28일
지은곳 | 서울대학교 라틴아메리카연구소
편집자 | 임태균
펴낸곳 | 동명사 | 우 10881 경기도 파주시 회동길 50(문발동) | (031)955-7200(대표)~2

ISBN | 978-89-411-8203-0 93950
이 저서는 2013년 故이성형 교수의 뜻에 따라 설립된
'서울대학교 이성형 교수 학술기금'의 지원을 받아 수행된 연구임.